文渊 管理学系列

第2版

创新创业基础

Foundation of Innovation and Entrepreneurship

刘志阳 林嵩 路江涌 主编

机械工业出版社
CHINA MACHINE PRESS

全书基于数智时代背景,从创新创业基础理论、思维与实践三大层面展开,不仅涵盖了认识创业、创新基础、创业者、精益创业、创业机会、可行性分析、商业模式、创业团队、创业融资、企业创建与成长等核心内容,还融入了社会创业等新内容。针对创业项目选择、创业团队组建、创业计划编写、创业融资、初创企业管理等初创团队可能遇到的问题,本书提供了系统的理论知识和相关解决方案。全书还涵盖了行业前沿企业和初创企业实践等大量案例,设计了本章要点、行动学习、思维训练、问题回顾和参考文献等配套内容,可以帮助读者高效拓展创业知识和提升创新创业能力。

本书可以作为普通高等学校的创业基础课教材,还可以作为希望了解创业知识的社会从业人员的参考读物。

图书在版编目(CIP)数据

创新创业基础 / 刘志阳, 林嵩, 路江涌主编. -- 2版. -- 北京:机械工业出版社,2025.2. -- (文渊·管理学系列). -- ISBN 978-7-111-77746-5

Ⅰ. C913.2

中国国家版本馆 CIP 数据核字第 2025E0G998 号

机械工业出版社(北京市百万庄大街 22 号 邮政编码 100037)

策划编辑:吴亚军　　　　　　　　责任编辑:吴亚军　贾　萌
责任校对:任婷婷　张雨霏　景　飞　责任印制:单爱军
保定市中画美凯印刷有限公司印刷
2025 年 4 月第 2 版第 1 次印刷
185mm×260mm・16.75 印张・2 插页・368 千字
标准书号:ISBN 978-7-111-77746-5
定价:59.00 元

电话服务	网络服务
客服电话:010-88361066	机　工　官　网:www.cmpbook.com
010-88379833	机　工　官　博:weibo.com/cmp1952
010-68326294	金　书　网:www.golden-book.com
封底无防伪标均为盗版	机工教育服务网:www.cmpedu.com

文渊 管理学系列

「师道文宗 笔墨渊海」

文渊阁 位于故宫东华门内文华殿后，是故宫中贮藏图书的地方，中国古代最大的文化工程《四库全书》曾经藏在这里，阁内悬有乾隆御书"汇流澄鉴"四字匾。

文渊 管理学系列

作者简介

刘志阳 上海财经大学商学院讲席教授、博士生导师。上海财经大学科研处处长、创业学院执行院长，中国社会创业研究中心主任，国家高层次人才特殊支持计划入选者，兼任教育部创新创业教育指导委员会委员、中国高教学会创新创业教育分会秘书长、中国企业管理研究会社会创业专业委员会主任等职务。作为首批教育部虚拟教研室负责人，主讲"创业管理""创业学"课程入选国家级一流本科课程。主要研究领域为社会创业、数智创业和新兴产业发展。在《管理世界》、Journal of Management Studies、Small Business Economics 等国内外期刊发表论文近百篇。先后获霍英东教育基金，宝钢优秀教师奖、上海市教学成果特等奖、上海市哲学社会科学优秀论文奖、上海市决策咨询成果奖等荣誉。

林嵩 中央财经大学商学院教授、博士生导师。现任中央财经大学商学院院长兼MBA教育中心主任，中国行为法学会金融法律行为研究会常务理事，入选"教育部新世纪优秀人才支持计划"。主要研究领域为创业管理与中小企业成长。先后主持多项国家自然科学基金项目等国家级、省部级项目，在《管理评论》、Academy of Management Journal 等国内外主流期刊上发表论文数十篇。

路江涌 国家自然科学杰出青年基金获得者，教育部长江学者特聘教授，北京大学光华管理学院教授、博士生导师，香港大学经济学与企业战略方向博士。研究方向包括创新创业和国际商务等，在中文权威期刊上发表论文30余篇，在国际主流学术期刊上发表论文50余篇；在哈佛商学院案例库和亚洲案例研究中心共同出版案例10余篇；最新著作包括《共演战略画布》《图解创新管理经典》《图解企业成长经典》《共演战略》《共演战略观》等。入选"教育部新世纪优秀人才支持计划"等人才计划，曾获"中国管理学青年奖"等多项奖项和荣誉。

PREFACE 前言

2020年以来,以新一代人工智能革命为核心的新兴科技浪潮兴起,全球产业竞争格局呈现出数字化、智能化、大模型化等鲜明特征,也催生了各种前所未有的机遇与挑战。在数智技术的驱动下,创新与创业已经不再局限于传统的工厂、商铺或实验室,而是逐渐融入大数据平台、智能制造车间、共享经济生态,涉及人类生活的方方面面。这些技术一方面为创业提供了更高效的研发和运营工具,另一方面也为传统产业升级和商业模式创新带来了新需求。新时代的创新创业活动,除了在经济领域发挥拉动就业、拉动投资、增加产值等功能,也在社会层面彰显出越来越多的人文关怀与社会价值。社会创业、可持续发展、公益创新等已经成为当前创新创业领域研究的新热点,为包容性发展和可持续发展注入了更多的新内容。上述变化充分说明,创新创业不仅是一种新型的经济发展方式,更是一种面向未来的社会生活动力。《创新创业基础 第2版》正是这些变化下的研究成果。在数智时代,"创新创业"不仅是一条个人职业发展的全新赛道,更是一种关乎社会整体活力的系统性工程。经济的繁荣、社会的进步乃至文化的嬗变,都在很大程度上取决于"创造性的力量"能否在大众中被充分激发,能否在制度与资源的支撑下开花结果。本书正是基于这样一种使命感与责任感,希望通过深入浅出的理论阐述与引导性教学设计,为更多读者拨开创业迷雾,帮助他们认知自我、洞察市场,并在更高层面理解创新创业活动的社会意义。

本书基于数智时代的广阔背景,紧扣"创新创业"这一主题,从理论、思维与实践三大层面展开,为读者呈现一个逻辑严密、环环相扣的知识体系。全书共分为11章,分别从认识创业、创新基础、创业者、精益创业、创业机会、可行性分析、商业模式、创业团队、创业融资、企业创建与成长以及社会创业等多个维度展开,并辅以大量案例与行动学习、思维训练等模块,帮助读者在实践中内化理论、在理论中反思实践。全书在内容组织上没有刻意设置章节的知识壁垒,而是通过相互衔接、相互印证的方式,构建出一条流畅而完整的逻辑主线。总的来说,本书以创业者为核心，以创业机会为导向，以资源与团队为关键支点，通过对工具与案例的深入剖析，使读者对创业的前因后果、关键要素和演化路径形成系统化理解。

本书有以下三个方面的特色，能够更好地满足新时代对创业教育与实践指导的需求：

1. 理论与实践的并行互证。本书在阐释创业理论和相关模型时，强调与实践情境的深度结合。通过相对精练的概念说明，读者能快速了解创业活动的主要脉络；同时，结合书中呈现的来自行业前沿与初创企业的大量案例，读者能了解到理论在现实情境中的应用及其成效。这样的"理实交融"让概念本身更易被理解和记忆，也让读者能够更全面地反思该理论在不同语境下的适应性与局限性。

2. 适配数字时代的多元内涵。书中充分吸纳了数字经济、平台经济、智能制造、共享模式、线上线下融合、社会媒体营销等新兴话题，为读者勾勒出当前创业活动的多元态势。无论读者是立志于在互联网科技领域创业，还是打算为传统行业注入数字化元素，都可以通过书中所揭示的逻辑框架，找到思考与实践的切入点。

3. 综合性与可操作性的平衡。本书尝试在创新创业教学与实践二者之间找到平衡，既从宏观视角探讨创业生态与环境，又通过较易上手的行动学习、思维训练及问题回顾等模块，引导读者进行自我思考与小范围模拟实践。通过这种教学与实践的交互式融通，本书能够更好地提升读者在现实创业活动中的实践能力。

本书第 1 版编者包括：刘志阳、林嵩、路江涌、邱振宇、陈咏昶、刘彪文、江辛、李宏贵、杨兴凯、尤利群、邓汉慧、徐宏玲、杨林、张立艳。参与第 2 版编写的人员及具体分工如下：刘志阳（第 1 章）、林嵩（第 2 章）、李天旭（第 3 章）、姚栋华（第 4 章）、王娅男（第 5 章）、郭梦琪（第 6 章）、林嵩（第 7 章）、路江涌和沈睿（第 8 章）、王娅男（第 9 章）、路江涌和杨雪程（第 10 章）、郭梦琪（第 11 章）。在再版过程中，秉持"取精用宏"的理念，一方面延续了第 1 版的学术规范与体系结构，另一方面也根据社会环境与技术应用的最新变革，对书中部分案例进行了及时增补与修订；既注重对已有章节的升级，也努力引入了一些更能体现新兴趋势的内容。本书的再版离不开前版贡献者所留下的宝贵财富，因此，我们在此向所有为上一版做出重要贡献的人士表示最诚挚的感谢：正因为他们的汗水与智慧，才让本书在各方面的呈现更具深度与广度。

刘志阳　林嵩　路江涌

2024 年 12 月 1 日

目 录

前言

第 1 章　认识创业 …………………… 1
引例　智慧医疗：数字时代的医疗创新 … 1
1.1　数字时代的创新创业 ……………… 3
1.2　创业内涵 …………………………… 9
1.3　创业要素 …………………………… 12
1.4　创业过程 …………………………… 20
1.5　创业类型 …………………………… 21
本章要点 …………………………………… 22
行动学习 …………………………………… 23
思维训练 …………………………………… 23
问题回顾 …………………………………… 23
参考文献 …………………………………… 24

第 2 章　创新基础 …………………… 25
引例　小鹏汇天：飞行汽车赛道黑马 …… 25
2.1　创新历史进程 ……………………… 26
2.2　创新理论模型 ……………………… 31
2.3　创新思维 …………………………… 36
2.4　创新与创业 ………………………… 41
本章要点 …………………………………… 44
行动学习 …………………………………… 44
思维训练 …………………………………… 45
问题回顾 …………………………………… 45
参考文献 …………………………………… 45

第 3 章　创业者 ……………………… 46
引例　一个传奇企业家的创业故事 …… 46
3.1　创业者人格特质 …………………… 47
3.2　创业者素质 ………………………… 50
3.3　创业者选择 ………………………… 54
本章要点 …………………………………… 58
行动学习 …………………………………… 58
思维训练 …………………………………… 59
问题回顾 …………………………………… 59
参考文献 …………………………………… 59

第 4 章　精益创业 …………………… 61
引例　小米科技的精益创业之路 ……… 61
4.1　精益创业概述 ……………………… 63
4.2　精益创业的三大法宝 ……………… 66
4.3　精益创业画布 ……………………… 71
本章要点 …………………………………… 76
行动学习 …………………………………… 76
思维训练 …………………………………… 76
问题回顾 …………………………………… 77
参考文献 …………………………………… 77

第 5 章　创业机会 …………………… 78
引例　从校园创业到潮玩巨头：王宁
　　　与泡泡玛特的崛起之路 ………… 78
5.1　创意与创业机会 …………………… 80

5.2 创业机会来源 ·················· 87
5.3 创业机会识别 ·················· 89
5.4 创业机会评价 ·················· 98
本章要点 ···························· 101
行动学习 ···························· 102
思维训练 ···························· 102
问题回顾 ···························· 103
参考文献 ···························· 103

第 6 章 可行性分析 ············ 104
引例 马斯克的创业奇迹之路 ········ 104
6.1 商业可行性分析 ················ 105
6.2 可行性分析工具 ················ 109
6.3 创业计划书撰写 ················ 116
6.4 创业计划书评估 ················ 123
本章要点 ···························· 126
行动学习 ···························· 126
思维训练 ···························· 126
问题回顾 ···························· 127
参考文献 ···························· 127

第 7 章 商业模式 ················ 128
引例 三只松鼠的商业模式 ·········· 128
7.1 商业模式概述 ···················· 129
7.2 商业模式内容 ···················· 135
7.3 商业模式设计 ···················· 144
本章要点 ···························· 148
行动学习 ···························· 148
思维训练 ···························· 149
问题回顾 ···························· 150
参考文献 ···························· 150

第 8 章 创业团队 ················ 152
引例 谁在管理小红书：斯坦福同
　　　学会和挖来的大厂高管 ······· 152

8.1 创业团队概述 ···················· 153
8.2 创业团队的构成 ················ 156
8.3 创业团队的组建 ················ 163
8.4 创业团队的管理 ················ 168
本章要点 ···························· 179
行动学习 ···························· 179
思维训练 ···························· 180
问题回顾 ···························· 180
参考文献 ···························· 180

第 9 章 创业融资 ················ 182
引例 一家虚拟的社交类企业的
　　　融资历程 ······················ 182
9.1 融资方式 ························· 184
9.2 创业投资 ························· 189
9.3 创业融资决策过程管理 ········ 194
9.4 创业融资注意事项 ·············· 197
本章要点 ···························· 199
行动学习 ···························· 200
思维训练 ···························· 200
问题回顾 ···························· 200
参考文献 ···························· 201

第 10 章 企业创建与成长 ········ 202
引例 SHEIN 的创建与发展 ········ 202
10.1 企业创建 ······················ 203
10.2 成长环境 ······················ 207
10.3 成长阶段 ······················ 213
10.4 成长战略 ······················ 219
10.5 价值创新战略 ················ 224
10.6 共演战略 ······················ 226
10.7 企业传承 ······················ 237
本章要点 ···························· 241
行动学习 ···························· 241

思维训练 ································ 242
问题回顾 ································ 242
参考文献 ································ 242

第11章 社会创业 ················ 244

引例　从沙漠到绿洲：SEKEM的社会
　　　创业之路 ····················· 244
11.1　社会创业内涵 ················ 245
11.2　社会企业的类型 ·············· 249
11.3　社会创业的现状 ·············· 252
11.4　数字时代社会创业运行机制 ····· 255
本章要点 ································ 260
行动学习 ································ 260
思维训练 ································ 260
问题回顾 ································ 261
参考文献 ································ 261

第 1 章 认识创业

> 我们正处在一场静悄悄的大变革中,它是全人类创造力和企业家精神的胜利。我相信,它对 21 世纪的影响将等同甚至超过 19 世纪和 20 世纪的工业革命。
>
> ——杰弗里·蒂蒙斯(Jeffry A. Timmons)

【学习目标】

学完本章后,你应该能够:
- ☑ 了解数字时代的创新创业
- ☑ 了解创业意义
- ☑ 了解创业内涵
- ☑ 掌握创业的要素
- ☑ 掌握创业过程

引例　　智慧医疗:数字时代的医疗创新

互联网和数字化已为众多行业带来颠覆性变革,医疗健康领域也不例外。在供给侧,人工智能、机器人、精准医疗、3D 打印、虚拟现实、远程医疗等新技术正逐步应用在医疗服务中,从而控制成本、提升效率和优化质量。在需求侧,科技不断改变患者对医疗的期望,越来越多的患者希望在日常生活场景中得到更高效、便捷、舒适的医疗服务。在此背景下,作为医疗服务体系的核心,医院通过智慧升级进行自我变革的时机已到。此外,智慧医院也是智慧城市建设必不可少的组成部分。

智慧医院变革的五大趋势

趋势一：全周期健康管理

不断升级的健康理念及对生活品质的追求，使消费者需求从医疗向健康延伸，包括健康管理、健康生活、疾病预防和康复护理等全周期服务；支付方控费压力亦进一步加深了此转变。以新加坡为例，政府成立保健促进局（Health Promotion Board），通过宣传循证医学与疾病预防知识，鼓励居民养成健康生活习惯，从而降低疾病发生率与风险。此外，新加坡保健促进局还重点推进非医疗机构的患者护理路径，从而减少居民医院就诊次数。

趋势二：高质量临床结果

医疗失误与过度医疗造成了巨大的资源浪费。美国研究表明，门诊误诊率可高达5%，约10%的患者死亡由误诊造成。世界卫生组织估计，即使在发达国家，每年也有7%的住院患者发生医疗感染。由于过度医疗，仅在美国每年就造成超过2 100亿美元的医疗资源浪费。以上数据表明，医疗服务体系急需提升诊疗质量，而医院作为医疗服务的主体需要实现根本性转变。

趋势三：零售化健康服务

在成熟市场，单一医院为全体患者提供全部服务的模式正被逐步取代，医院与其他医疗服务提供方（如家庭医生、诊所、药房、康复中心等）不断深入整合，形成相互依存的生态系统。在中国，政府正通过大力发展家庭医生服务、社区卫生中心和第三方服务机构，推动医疗服务去中心化。

趋势四：主动型患者参与

如今，全球各地的患者掌握着越来越多的医疗知识，并积极参与医疗决策过程。他们主动问询信息，并开始明确表达治疗和支付方案偏好。同时，技术创新使线上问诊、多学科诊疗等新型医疗模式更加可及，推动医院向以患者为中心的运营模式发展。

趋势五：精细化开支管理

日益增加的医疗开支使支付方和医院对成本控制的需求更为迫切。全球主要国家卫生开支均持续增长：美国医疗支出占GDP的比重超过17%；中国医疗支出占GDP的比重约为6%，且逐年上升，许多省市面临医保预算压力。各国医疗系统都在推动基于价值的支付方式改革，推动医疗机构与支付方共同承担风险，如美国引入按治疗事件支付（episode of care）的方式，中国试点按疾病诊断相关分组付费（DRG）的方式等。

资料来源：根据网络公开资料改编，未来已来：智慧医院发展之路，麦肯锡白皮书，McKinsey Greater China，2019年7月。

    智慧医疗通过人工智能＋实体医疗打造的健康空间，正在改变传统的健康消费模式，重塑人们的生活方式。随着数字技术的发展，在数字经济的赋能下，线上线下的深度融合创造了更高效的新业态。在此背景下，创业将面临更多的机遇与挑战。创业到底是什么？创业的动因何在？创业有哪些类型？创业包含哪些要素？数字创业的过程是怎样的……这些是每个创业者在确定创业之前必须认真思考的问题，本章正是从创业的概念入手，为你打开创业之门。本章将为我们后续创业学习奠定基础。[①]

1.1 数字时代的创新创业

1.1.1 数字经济的新时代

随着互联网、云计算、大数据、人工智能等新一代数字技术的突破，数字经济逐渐成为世界经济增长新的驱动力。党的二十大报告明确指出，要加快发展数字经济，促进数字经济和实体经济深度融合，打造具有国际竞争力的数字产业集群。2022年，我国数字经济规模达到50.2万亿元，同比名义增长10.3%，已连续11年显著高于同期GDP名义增速，数字经济占GDP比重达到41.5%，我国数字产业化规模达到9.2万亿元，产业数字化规模为41万亿元，占数字经济比重分别为18.3%和81.7%，数字经济的二八比例结构较为稳定。其中，第三产业、第二产业、第一产业数字经济渗透率分别为44.7%、24.0%和10.5%，同比分别提升1.6、1.2和0.4个百分点，第二产业渗透率增幅与第三产业渗透率增幅差距进一步缩小，形成服务业和工业数字化共同驱动的发展格局（更多数据详情可登录国家互联网信息办公室官方网站）。海量数据是线上线下数字经济蓬勃发展的真实脉动。随着居民消费升级，我国数字经济整体上仍然呈现快速增长态势，预计到2030年，我国数字经济总量占GDP的比重将超过50%。数字技术的应用正在逐步主导经济、社会等各个领域。数字经济发展培育的新动能，已经成为国民经济发展的"助推器""倍增器"，将推动经济社会更高质量地发展。

1. 数字经济的内涵[②]

数字经济是以数字化的知识和信息为关键生产要素，以数字技术为核心驱动力量，以现代信息网络为重要载体，通过数字技术与实体经济深度融合，不断提高经济社会的数字化、网络化和智能化水平，加速重构经济发展与治理模式的新型经济形态。数字经济具体包括四大部分：一是数字产业化，即信息通信产业，具体包括电子信息制造业、电信业、软件和信息技术服务业、互联网行业等；二是产业数字化，即传统产业应用数字技术所带来的产出增加和效率提升部分，包括但不限于工业、农业、服务业、智能制造、车联网、平台经济

[①] 刘志阳. 创业管理 [M]. 北京：高等教育出版社，2020.
[②] 资料来源于《中国数字经济发展研究报告（2023年）》。

等融合型新产业新模式新业态；三是数字化治理，包括但不限于多元治理，以数字技术＋治理为典型特征的技管结合，以及数字化公共服务等；四是数据价值化，包括但不限于数据采集、数据标准、数据确权、数据标注、数据定价、数据交易、数据流转、数据保护等，如图 1-1 所示。

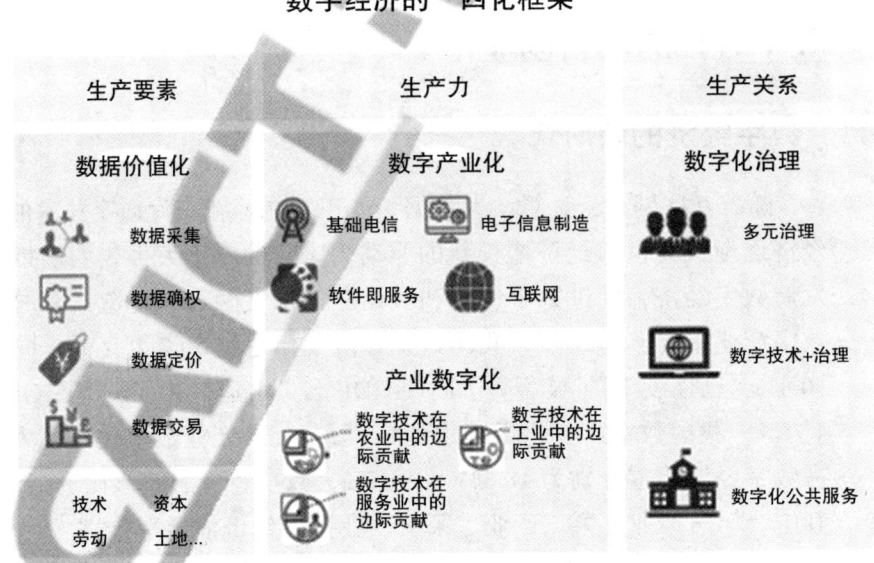

图 1-1　数字经济的"四化框架"

资料来源：中国信息通信研究院。

数字经济的发展依赖数据、技术和算力三个核心要素的紧密整合与相互促进，数字要素的有机结合推动了数字经济的快速发展。数据的深度挖掘和广泛应用，技术的不断创新和深度融合，算力的持续增强和智能优化，三者共同构建了一个高效、智能、安全的数字经济生态系统。

（1）数据。数据作为数字经济的原材料，是分析、决策和创新的基础。数据之所以成为数字经济的核心要素，是因为它在价值创造、决策支持、个性化服务、效率提升、新业态催生、创新驱动、资源优化配置，以及社会进步等方面发挥着关键作用。通过深度挖掘和分析，数据能够揭示商业机会、市场趋势和消费者行为，为企业提供决策依据，优化产品和服务，推动新商业模式的产生。此外，数据的高效利用还能提升资源配置的合理性，增强企业的市场竞争力，并促进社会各方面的进步。随着数据量的爆炸式增长和分析技术的进步，数据资产的价值不断被放大，成为推动经济增长和社会创新的重要驱动力。

（2）技术。技术是数字经济的催化剂，它通过不断的创新和突破，为数据处理提供了强大的工具和平台。人工智能、大数据、云计算、物联网、区块链等前沿技术的应用,不仅极大地提高了生产效率,还催生了智能制造、智慧农业、数字医疗等新型业态。技术的自主创新能力,尤其是关键核心技术,是确保数字经济安全、自主、可控的关键环节。

(3)算力。算力则是数字经济的引擎,它为海量数据的存储、处理和分析提供了必要的计算资源。它不仅是支撑大规模数据处理和复杂计算任务的基础,更是推动技术创新和业务模式创新的关键力量。强大的算力使得对海量数据的处理成为可能,通过分析和挖掘数据,能够将它转化为宝贵的信息和知识,为企业决策提供支持。算力的快速发展也促进了人工智能、机器学习等技术的创新,这些技术在医疗、教育、交通等多个领域发挥着重要作用,极大地提高了生产效率和生活质量。此外,算力还是云计算、边缘计算等新型业务模式的基石,为工业自动化、智能制造、智慧农业等提供了强大的动力,加速了传统产业的数字化转型,提高了生产效率和产品质量。强大的算力基础设施能够吸引高科技企业和人才,推动经济增长,提升国家的国际地位。

2. 数字经济的特征

(1)数据成为经济发展的关键生产要素。在农业时代,经济发展依靠的关键生产要素是土地和劳动;在工业时代,经济发展依靠的关键生产要素是资本和技术;在数字时代,经济发展依靠的关键生产要素是数据。数据是未来国家和企业之间竞争的核心资产,是未来的新石油。农业时代和工业时代的关键生产要素都面临着稀缺性的制约。然而,当数据成为一种关键生产要素时,只要有人的活动,数据的生产就是无穷尽的,加之数字技术可复制和共享,数据从根本上打破了稀缺性生产要素的制约,成为推动经济持续发展的根本保障。

(2)数字基础设施成为新的基础设施。在数字时代,数据成为推动经济发展的关键生产要素,并改变了基础设施的形态,数字基础设施成为新的基础设施。一方面,国家正在加大投入,推动网络、云计算、云储存等信息基础设施的推广普及,加强对公民数字素养的培训;另一方面,越来越多的企业开始利用数字技术对传统的基础设施进行数字化改造,实现数字化转型。

(3)供给和需求的界限日益模糊。在传统的经济形态中,供给侧和需求侧是相互分离的。在工业时代早期,物质比较稀缺,需求的满足取决于供给的产品。著名的萨伊定律指出:供给会自动创造出需求,这表达了在物质稀缺的时代供给侧和需求侧之间的关系。即便是经济发展到一定阶段,稀缺的问题已基本得到解决,完全按照消费者的需求来生产相关产品在技术和效率层面也是不可能的,因为供给侧和需求侧分离的状态并没有改变。然而,到了数字时代,数字技术的成熟正推动供给侧和需求侧逐渐走向融合。

3. 数字经济促进创新创业蓬勃发展

在新一轮科技革命和产业变革的带动下,依托充满活力的巨大市场和庞大的制造业体系，中国企业的创新能力正在不断提高。特别是在数字技术的应用及政府的大力推动下，中国正在数字经济领域掀起新一波创新创业浪潮，创业企业、创业投资、创业平台的数量呈现爆发式增长，创业群体迅速扩大，全社会创新创业蔚然成风。

（1）数字化催生新产业、新业态和新模式。在数字时代，数字知识和信息转化为关键生产要素。信息技术创新、管理创新和商业模式创新相融合，不断催生新产业、新业态和新模式。数字经济的发展以及互联网创新科技成果的涌现催生出一批全新的产业形态，如移动支付、共享经济、人工智能等。在全球数字技术与数字经济快速发展的背景下，以大数据分析、社交媒体、云计算和智能制造等数字技术与商业机会相融合的商业新模式正在不断涌现。例如，新兴的数据服务公司通过出售数据和服务，为行业提供更专业的解决方案。这种新型商业模式正成为数字时代重要的创业模式。

（2）数字化与传统行业深度融合。在数字时代，传统行业迎来数字化驱动的转型升级热潮，不断催生智能化生产、网络化协同、个性化定制、服务化延伸等新型模式。数字技术与实体经济融合已成为数字产业增长的重要引擎。2018年，我国产业数字化规模达24.9万亿元，同比名义增长23.1%，表明我国数字技术、产品、服务正在加速向各行各业融合渗透。从"机器换人""工厂物联网"到"企业上云""ET工业大脑"，从数字化车间到智能工厂，数字技术对制造业的融合改造正在向更深层次推进。旅游、物流、金融、交通等行业正在深化大数据的运用，推动着这些领域向平台型、智慧型、共享型融合升级。当前，大数据、人工智能、云计算等数字技术更新换代的速度越来越快，数字化浪潮为传统行业的深化发展带来崭新机遇，传统行业插上数字翅膀，正在发生数字化蝶变。

（3）数字技术降低创业门槛。在数字时代，创业门槛降低主要体现在三个方面。第一，数字技术的应用使得成本较为低廉的信息资源成为新的创业要素，减少了中间环节和沟通成本。第二，数字创业基于线上线下相结合的创业网络的资源整合和团队组建，突破了传统实体模式，大大降低了沟通成本和资源获取成本。例如，车库咖啡、氪空间等各类创新型孵化器，依托其背后巨大的投资人网络，大大降低了创业者团队组建和融资等活动的成本。第三，数字技术能把市场信号更快、更准确地传递给创业者，并加快创业者和需求方之间的信息交换，通过线上方式实现供需精准匹配。例如，云计算等数字技术产生的ICT（information and communication technology，信息和通信技术）服务更有效地支撑了中小企业创业，为中小企业提供了进入全球市场和增加合作创新的机会。这种数字技术背景下的创业趋势将会不断改变社会生活和经济发展的模式。

（4）数字技术促进产品和服务更新。在数字时代，以数字技术为基础的创新创业在多个领域并发进行，商业领域的新模式和新业态持续涌现，产业组织形态和实体经济形态不断被重塑。在多数情况下，创新创业过程包含着新产品或新服务的诞生，这对创新创业能否成功来说具有关键作用；而从整个经济社会的角度来看，这无疑是产品和服务不断更新的重要推动力。

创业案例

浪潮云洲：创造智能化的工业互联网平台

智能化和互联网颠覆了人们的衣食住行，并将进一步颠覆更多的传统制造业。传统制造业如何与互联网结合起来，让生产过程更智能？浪潮云洲以工业互联网平台为核心，布局工业智能设备、工业通信、工业安全、工业软件、行业解决方案五大产业链，锤炼云网边端软硬一体、精益+智能专业服务、产业融合平台运营、工业安全全栈可信四大核心能力，聚焦装备、电子、化工、采矿、钢铁、能源、食品、园区八大关键行业，致力于成为具有国际影响力的工业互联网平台运营商。

以平台核心技术为例，浪潮云洲近期围绕数据连接与处理能力、模型与应用能力，重点突破了数十项核心技术，包括大容量高并发区块链应用支撑、云边协同大数据批流融合等，并将核心技术以服务的形式赋能生态，提供精益+智能服务、产业融合平台运营、工业安全等业务服务。

在平台赋能方面，浪潮云洲工业互联网平台持续强化"连接·安全·机理模型"基本能力，不断提升解决方案供给能力，深度赋能园区和行业数字化转型。

针对中小企业"缺资金、缺人才、缺技术"，以及数字化"不会用、不敢用、不易用"的现状，浪潮云洲探索服务收费方式，提供敏捷式改造服务，在"不停工、不停产"的情况下，助力实现低成本快速改造。

未来，浪潮云洲将汇聚更广范围生产要素资源，聚焦数据新要素，加快平台推广应用，打造具有国际影响力的综合型工业互联网平台，推动制造业生产方式和企业形态根本性变革。

资料来源：浪潮云洲连续四年入选国家级双跨工业互联网平台，浪潮官网，2022年5月26日。

1.1.2 创新创业是经济增长的重要引擎

在中国，鼓励创新创业活动及倡导企业家精神对经济的快速发展起到了重要作用，也改变了人们对于中小企业在经济发展中地位的认识。在过去的很长一段时间内，人们一直认为大企业创造了整个社会中绝大多数的就业机会、产品和服务，是经济发展的主导力量。人们都习惯于在体制内就业，创业被认为是不务正业。但随着越来越多的社会精英在各个领域的创业取得成功，尤其是在他们所创造财富的刺激下，更多的群体参与到了创业活动中。《全球创业观察中国报告》表明，中国创业活动的质量，创业者的产品创新性、创业成长性和国际化程度都得到了改进。同 G20 经济体相比，中国高成长创业企业的比例高于 G20 经济体的平均水平。《中国青年创业发展报告（2022）》指出，青年创业呈现出年轻化、高学历、启动资金规模小的特征。创业主力军的学历以本科和专科为主，集中在农林牧渔、批发零售和教育文化等行业。近七成创业青年的启动资金规模在十万元以下。超半数青年创业者盈亏存在波动，七成青年创业者在三年内开始赢利。54% 的大学生创业者参加过创业大赛，62% 的新兴科技青年创业者认为创业园区、孵化器等创新创业平台对其创业成功帮助大，56.2% 的返乡创业者是大学生。这些数据清晰地展现了中国全民创业的火热状态。当今的中国，无疑是全球创业活跃度最高的国家之一，也是继美国之后的全球第二大创业投资集中地。

与创业活动相呼应的是，中国中小企业已有 9 000 多万家，这反映了此类企业已经成为我国经济发展不可或缺的重要力量。数据显示，中小企业贡献了 50% 以上的税收、60% 以上的 GDP、70% 以上的技术创新、80% 以上的城镇劳动就业。中小企业俨然已成为市场经济最活跃的群体，是创造社会财富的主体之一，是推动经济增长和社会发展的重要助燃剂。

创业聚焦

全球创业观察

全球创业观察（Global Entrepreneurship Monitor，GEM）研究项目是 1999 年在考夫曼基金（Kaufmann Fund）的资助下，由美国百森学院（Babson College）与英国伦敦商学院（London Business School）的学者联合发起和成立的。全球创业观察是一个旨在研究全球创业活动态势和变化、发掘国家或地区创业活动的驱动力、研究创业与经济增长之间的作用机制和评估国家创业政策的研究项目。全球创业观察每年都会发布研究报告，其中，创业是指创业者投资兴办实业及相关的经济活动。研究的根本目的是回答以下广受关注的问题：创业活动率在不同国家和地区存在差别吗？创业活动与国民经济的增长有联系吗？为什么有些国家的创业活动率比其他国家的高？哪些措施可以提高创业活动率？

1.1.3 创业是影响人一生的决策

创业对于一个人的意义绝不仅仅是金钱、财富、权力、地位和声誉，更多的是理念的改变、精神层面的提升，以及生活方式的重塑。当你为一个创意灵机一动并付诸行动时，你可能想象不到，它可能成为影响你一生的决策。创业集聚的是一种精神、一种力量，激发了我们蓬勃向上的激情，正在影响和改变着越来越多的人。

1. 自我实现：创业者的精神支柱

按照马斯洛的需求层次理论，人的需求大概分为五个层次。其中，第五层次就是自我实现，即从认识自己升华到实现自己的人生价值，使自己能够融入社会，并成为对社会有贡献的一分子。一般创业者的自我意识都很强，在他们身上有一种本能、一种冲动、一种超乎寻常的自我意识，一旦环境允许、条件具备，这些东西就会爆发出来。

2. 拥有权力：创业者的生存支点

尼采认为，人生来就渴望权力，渴望支配别人，因此，创业者并不需要掩藏对权力的渴望。一般来说，创业者对权力的欲望会更加强烈一些，当然，这是以自身能够服众和尊重别人为前提的。创业是个体实现对别人支配的一个重要途径，能够将自己正确的意识贯穿于整个创业团队当中，通过自己的指挥取得成功，从而得到别人对自己权力的尊重和认可，是每个创业者创业的动因之一。

3. 渴望自由：创业者的生存空间

创业的动因可能源于对自由的渴望。对自由的渴望、不喜欢被束缚也是人的一种本性。随着时代的进步，人类自由拓展的空间更加广阔，尤其是在当下这个数字时代。但是自由并不意味着可以为所欲为和放纵散漫，创业者对自由的渴望在于有一个充分表达、实现自己意志与理想的空间，即一个自由发挥的空间。

1.2 创业内涵

创业一词在中文中最早出现于《孟子·惠王下》：君子创业垂统，为可继也。这里创业的意思是开创基业。表示这个意思的另外一个出处是《出师表》：先帝创业未半而中道崩殂。因此，在《辞海》中，创业被理解为开创基业。创业一词在英文中有多种表述方式，涉及创业企业、创业者、创业活动（创业行为）、企业家精神和创业环境等。

从创业企业层面看，表示创业企业一词的有"venture""start-up""business venture""new business venture"等。国际上有关创业企业的认定方法表述还很不统一，有的是从创建时间上判断，认为创业企业是指创建不满三年的企业；有的是从企业雇员规模上判断，认为其是指少于五十人规模的企业；也有的认为其是一种处于早期阶段的企业类型，没有时间或规模的明确界定。

从创业者层面看，表示创业者一词的是"entrepreneur"。它有两层意思：一是企业家，通常被理解为在一个已经成型的企业中负责经营和决策的领导人；二是创办人，通常被理解为即将创办新企业或刚刚创办新企业的领导人。需要强调的是，那些在成熟企业内部推动企业创业的企业家在本质上也是创业者。当然，无论是创办人还是企业家，都不是指企业中执行日常管理职能的普通经理人员，二者之间是有明显差别的。

从创业活动（创业行为）层面看，表示创业活动（创业行为）一词的有"entrepreneurship""venturing business""venturing""corporate venturing"。有学者提出创业活动是指从零开始创建新企业，即狭义的创业活动概念。也有许多学者指出，创业不仅是新创企业的专利，企业内的所有创建活动都可以被理解为创业活动，即广义的创业活动概念。本书倾向于以广义概念来理解和论述创业活动。

从企业家精神层面看，普遍认为表示企业家精神一词的是"entrepreneurship"。企业家精神的本质在于不断创新，这是创新创业活动的驱动力。创业与企业家精神能够相互促进，形成企业家精神与创新型创业之间的良性循环，从而不断推动创业活动的高质量发展。

从创业环境层面看，表示创业环境一词的是"entrepreneurial environment"。一般来说，创业环境是包括经济、制度、政策等在内的综合性环境。创业环境是影响创业活跃程度的关键要素，它的优劣直接影响创业效果。随着数字技术的发展，创业环境发生了巨大的变化。数字媒体和信息技术为创业创造了新的条件，也为创业创造了新的机会。

综上所述，本书认为，创业是在企业家精神驱动下，不拘泥于当前资源约束，对创业机会进行识别和开发的活动过程，是创业者主导的、高度综合的不确定性管理活动。

1.2.1 创业是机会识别和开发的过程

创业首先是一种活动过程。谢恩（Shane）和维卡塔拉曼（Venkataraman）认为，创业作为一个商业领域，致力于理解创造新事物（新产品或服务、新市场、新生产过程或原材料、组织现有技术的新方法）的机会是如何出现并被特定个体所发现或创造的，这些人是如何运用各种方法去利用或开发它们，然后产生各种结果的。该定义强调创业包含两个过程：一是创业机会识别，包含创业机会的发现与创造，这是创业的前提；二是创业机会开发，即创业者通过组织创业资源创造出新颖的产品和服务，或实现其潜在价值。

在机会开发过程中，哈佛大学的霍华德·史蒂文森（Howard Stevenson）强调，创业作为创业者的活动过程与当时他所控制的资源无关。事实上，大多数创业者都经历了白手起家的过程。例如，我国晋江、温州等创业比较发达地区的绝大多数创业者，在企业创建初期，自身往往没有多少创业资源，但这并不妨碍这些创业者借用或是整合本地或外地的资源实现创业目的。因此，整合资源也是机会开发过程中创业者能力的体现,也被认为是创业过程的本质特质之一。

1.2.2 创业是由创业者的企业家精神驱动的结果

创业者是创业的主体要素,创业过程与创业者的企业家精神高度相关,是企业家精神的价值体现。阿玛尔·毕海德(Amar Bhide)认为,创业就是通过奉献必要的时间和努力,承担相应的经济、心理和社会风险,并得到最终的货币报酬和个人满足,以及自主性创造出有价值的新东西的过程。素有创业教育之父之称的杰弗里·A.蒂蒙斯(Jeffry A. Timmons)在《创业学》(*New Venture Creation*)一书中强调,创业是一种思考、推理和行为的方式,它为机会所驱动,需要在方法上全盘考虑,并拥有和谐的领导能力。

在成熟企业中,企业整体的力量超过了企业家个人的力量。而创业则不同,在企业创建初期,创业者既是企业发展方向的制定者,也是真正的业务实践者。更精确地讲,创业活动本质上是创业者的创业动机、创业品质和创业技能再现的结果。例如,在创建新东方的艰难过程中,很多最初参与创建的人都退出了企业,没有创始人俞敏洪的不懈坚持,就没有如今的新东方。

企业家精神很多时候与创新高度相关。约瑟夫·A.熊彼特(Joseph A. Schumpeter)认为,创业者具有创新性,创新通过克服自由系统的矛盾而使之延续。创业者在发现和利用机会、创造新价值这一过程中,往往采取的是技术创新、产品创新、原材料创新、市场创新或是组织创新的方式,所以这一创业过程既是价值创造过程,更是创业者发挥创新精神的体现。需要指出的是,很多机会型创业确实采取的是创新的形式。

1.2.3 创业是复杂管理和不确定性管理活动

创业是一种管理活动。传统企业管理活动强调计划、组织、领导和控制,是一种标准化、常态化的管理活动。与之相比,创业管理强调的是对机会识别和开发的管理,是一种复杂的、具有不确定性的管理。管理活动与创业活动的逻辑区别如表1-1所示。

表1-1 管理活动与创业活动的逻辑区别

	管理活动的逻辑	创业活动的逻辑
对未来的认识	预测:把未来看成过去的延续,可以进行有效的预测	创造:未来是人们主动行动的某种偶然结果,预测是不重要的,重要的是如何创造未来
行为的原因	应该:以利益最大化为标准,通过分析决定应该做什么	能够:做你能够做的,而不是根据预测的结果去做你应该做的

（续）

	管理活动的逻辑	创业活动的逻辑
采取行动的出发点	目标：总目标决定子目标，子目标决定了要采取哪些行动	手段：从现有手段开始，设想能够利用这些手段采取什么行动，设定哪些目标，这些子目标结合起来最终构成了总目标
行动路径的选择	既定承诺：根据对既定目标的承诺来选择行动的路径	偶然性：选择现在的路径是为了使以后能出现更多更好的路径，因此路径可能随时变换
对风险的态度	预期回报：更关心预期回报的大小，寻求能使利益最大化的机会，而不是降低风险	可承受的损失：在可承受的范围内采取行动，不去冒超出自己承受能力的风险
对其他公司的态度	竞争：强调竞争关系，根据需要对顾客和供应商承担有限的责任	伙伴：强调合作，与顾客、供应商甚至潜在的竞争对手共同创造未来的价值

资料来源：READ S, SARASVATHY S D. Knowing what To do and doing what you know: Effectuation as a form of entrepreneurial expertise[J]. *Journal of Private Equity*, 2005, 9(1): 45-62.

1.3 创业要素

创业是一项艰苦的事业，也是一个复杂和复合的系统。创业需要的前提、条件、资源和要素，不是仅有一个想法、一个机会就可以的，也不是依靠创业者的个人聪明就可以实现的，更不是有了运作的资本就可以成功的。创业需要充分发挥创业者的个人才能，集合团队人力资本的智慧，在足够的资金和人脉的支撑下，通过创业目标的指引才能完成。可以说，创业者及其创业团队、创业机会、创业资源等共同构成了创业的要素。这些要素对不同的创业类型和方式来讲并不是必须具备的，它们的作用在不同的创业方式中也是不同的，但是它们构成了一般的创业要素。⊖

1.3.1 创业者及其创业团队

作为创业主体要素的创业者是创业概念的发起者、创业目标的制定者、创业过程的组织者，也是创业结果的承担者。创业者的个人素质决定了创业的成败，个人素质包括创业者的性格、能力、知识结构以及他的精力和时间。作为一个创业者，必须具备一定的特性和素质。

创业者可以分成以下几种类型。

（1）酝酿者（prospectors）。这类创业者处于创业的早期阶段，他们正在探索和评估创业想法，但尚未采取实际行动。他们可能在进行市场研究、制订商

⊖ 孙红霞，马鸿佳. 机会开发、资源拼凑与团队融合：基于 Timmons 模型[J]. 科研管理，2016(7)：97-106.

业计划或寻找潜在的合作伙伴。

（2）初学者（novice entrepreneurs）。初学者是那些首次尝试创业的人，他们可能缺乏实际的商业运营经验。这类创业者可能需要更多的指导和支持，从而帮助他们克服创业过程中的挑战。

（3）熟练者（serial entrepreneurs）。熟练者是那些具有多次创业经历的创业者，他们在商业运营和管理方面拥有丰富的经验。他们通常能够利用以往的经验来指导新的创业项目，并可能在多个行业或领域内成功创业。

（4）持续者（continuous entrepreneurs）。持续者在成功出售或关闭一个企业后，会立即投身于新的创业项目。他们具有不断追求创新和增长的动力，能够在不同的项目中持续地创造价值。

（5）拓展者（portfolio entrepreneurs）。拓展者在管理现有企业的同时，还会涉足新的创业项目。他们能够有效地分配资源和注意力，同时在多个企业中寻求增长和扩张。

每种类型的创业者都有其独特的特点和需求，了解这些类型有助于创业者自我定位，以及为不同的创业阶段和需求制定相应的策略和计划。同时，这也有助于投资者、政策制定者和教育者更好地理解和支持创业者。此外，在当今的数字时代，创业团队可以由来自全球的个体、机构和组织构成。因此，对虚拟团队等新型创业团体来说，人才、文化差异和地理空间限制等因素不再是创业的最大障碍。研究发现，50%的企业都是由创业团队创建的，由团队创建的企业通常拥有更多样化的技能和竞争力基础，可以形成更广阔的社会网络和企业网络，从而可以获得更多的资源。

1.3.2 创业机会⊖

创业的关键是识别到机会且有意愿真正采取创业行动。越来越多的创业学者认为，在创业的所有要素中，创业机会是核心要素。研究者认为，拥有企业家精神的创业者视改变为常态，强调改变会使机会多于风险，把改变视为一种机会而加以利用。创业者为什么、什么时候、怎么样利用机会是机会和创业者特性的特征函数。然而，机会来自哪里是一个最容易被忽视的问题。机会的认知是一种预先的思考方式，实际上，事后才能验证先前预测的机会是否实现。为什么某些个体能识别机会而其他个体却不能？这主要是由于个体之间存在三个方面的差异：知识差异、认知差异和行为差异。将专业知识与商业知识结合起来，不仅需要创业者的技能、才能、洞察力，还需要既不是太稳定也不会波动过大的外部环境。机会的搜索与识别过程受到创业者认知行为的影响，因而

⊖ 刘志阳，李斌，任荣伟，等. 创业管理 [M]. 上海：上海财经大学出版社，2016.

不同类型的创业者识别机会与收集信息的能力和过程将有所不同。经验可以增强创业者识别机会的能力，但是创业者由于只拥有企业的经历，其收集的信息可能有限且范围比较窄；初学者由于没有经验，往往会收集更多的信息，但因为不熟悉环境，收集到的有效信息相对要少一些。此外，有经验的创业者因创业过，会建立广泛的联系，这为他们提供了与机会相关的信息，因此他们不需要采取预先行动来搜寻机会。如果他们创业成功，那么投资者、其他创业者就会将创业计划送到他们手中。还有学者指出，创业者从创业经验中学习的能力，可能会影响他以后收集的信息数量和质量。因此，基于经验的直观推断对信息的收集和机会的识别非常重要。研究还表明，在机会的发现与创造上，习惯于通过创建新企业来创业的熟练者，比习惯通过管理层收购（management buy-out，MBO）或管理层换购（management buy-in，MBI）来创业的熟练者更具有主动性，并更有可能采取预先行动。

随着数字技术的发展，创业环境确实变得更加多样化和动态，创业机会也因此呈现出不同的特征。生存型创业机会是指创业者把创业作为其不得不做出的选择，必须依靠创业为自己的生存和发展谋求出路。机会型创业机会是指将创业活动视为一种个体偏好、一种实现某种目标（如实现自我价值、追求理想等）的手段。生存型创业机会和机会型创业机会是两种不同的创业动机和目标的体现。

1. 生存型创业机会

生存型创业（necessity entrepreneurship）机会通常是由外部环境或个人生存压力驱动的，创业者可能因为失业、经济困难或其他生活压力而选择创业作为一种谋生手段。生存型创业往往更注重短期的经济效益，从而确保基本生活需求的满足。数字技术通过电子商务、远程工作等方式，为创业者提供了新的收入来源，提供了更多的在线平台和工具，帮助创业者以较低的成本开展业务。

2. 机会型创业机会

机会型创业（opportunity entrepreneurship）机会是由对市场机会的识别和利用驱动的，创业者可能因为看到了市场中的缺口或需求，所以选择创业来满足这些需求。这类创业更注重长期的增长和扩展，以及通过创新来实现更大的市场潜力。数字技术通过大数据分析、人工智能等技术，帮助创业者更好地识别和评估市场机会，促进了新产品的开发等创新活动，提高了创业项目的竞争力。

 创业案例

萝卜快跑：数字时代的创业机会

2024年2月27日，萝卜快跑全自动无人驾驶车辆驶过武汉杨泗港长江大桥及白沙洲长江大桥。自此,武汉成为全国首个实现智能网联汽车横跨长江贯通运营的城市,百度也成为全国首个提供全无人跨江出行服务的企业。

2024年2月28日,百度公布最新的2023年财报,数据显示年营收1 345.98亿元,净利润大涨39%,远超预期,其中,AI出行领域,萝卜快跑累计向公众提供乘车服务超过500万次。2023年第四季度内,萝卜快跑服务单数同比增长49%,达到83.9万单,在武汉地区全无人驾驶订单比例达到45%。

这两个消息其实是在说一件事:随着萝卜快跑商业化进程加快,无人驾驶商业化进入拂晓时刻。现在无人驾驶出租车行业的情况,跟网约车大战有点类似,都在跑马圈地抢市场。不同的是,当年是资本战,比拼的核心在于谁融更多的钱,然后用钱去抢用户。现在时代变了,无人驾驶出租车行业更多的是技术战,拼的是谁的技术更领先。毕竟,积累更多的数据,就能落地更多的场景,从而在更多的城市实现商业化运营。这种跑马圈地式的落地,会带来一个结果,即能够快速提高无人驾驶出行服务的市场渗透率。一旦市场渗透率达到10%,那么商业化的爆发增长是大概率事件。

资料来源:根据网络公开资料改编。

1.3.3　创业资源

创业者一旦识别机会并获得相关的信息,下一步便要获取所需的资源并有效地组织现有资源。由于创业本质上是一个通过识别机会、利用资源进而开发机会的过程,因此,对创业者而言,资源就像画家的颜料和画笔,只有当他们有了创作的灵感时才会在画布上挥毫泼墨。成功的创业者需要运用特殊的态度、策略和技术,才能以较小的成本把握机会所必需的那部分资源,从而获得对企业的控制。创业者必须识别和找出自己所拥有的资源,并根据自身的资源特点来确定创业企业的经营方向。

创业资源是指企业创立以及成长过程中所需要的各种生产要素和支撑条件。因此,在创业过程中,创业者应当积极拓展创业资源获取渠道。创业资源对于创业的重要意义不只是单纯的量的积累,创业过程还是一个各类创业资源重新整合以获取竞争优势的过程。因此,在创业过程中,不仅要广泛地获取创业资源,更要懂得如何整合这些资源。创业之初,创业所需的各项资源往往只能依靠创业者通过自身努力而获取。由于新创企业具有高度成长性,很快就能发展到一定规模,创业者这时就会发现,通过自身努力获取的资源远远不能支撑企业持续发展,为了使企业能够持续发展,获取外部组织给予企业的资源就显得相当必要了。

根据资源基础理论,创业资源可以分为核心资源和非核心资源。在此基础上,可以将创业资源分成以下七个维度,如图1-2所示。

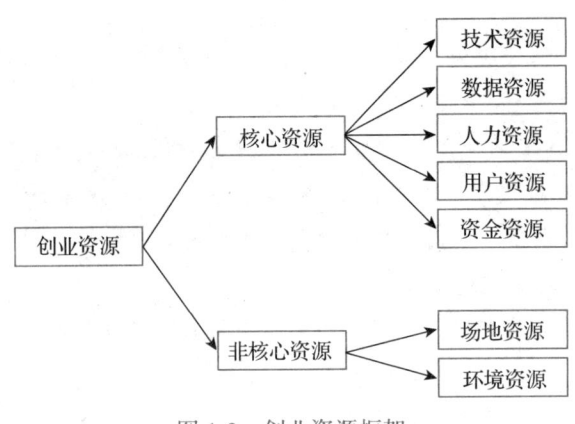

图 1-2 创业资源框架

（1）技术资源。对于初创企业而言，积极地引入具有商业潜力的科技成果，并加强与高校及科研机构的合作，是加速产品开发、提升市场竞争力的关键策略。例如，通过应用数字技术，结合线上与线下的创业网络，不仅可以有效整合资源和构建团队，还能打破传统实体创业的局限，显著降低沟通和资源获取的成本。这种方法有助于企业在激烈的市场竞争中获得显著优势。

（2）数据资源。在数字时代，数据已经成为企业不可或缺的生产资料，其价值贯穿于生产、营销和管理决策的各个环节。通过大数据分析和人工智能技术，企业能够从海量信息中挖掘出商业机会和风险点，从而提高决策的准确性和效率。数据不仅为创业者提供了创新和优化产品的基础，还帮助他们在营销策略上更精准地定位目标客户。此外，数据的整合和共享也为跨行业合作提供了便利，促进了资源共享和互利共赢。然而，随着数据安全和隐私保护法规的完善，企业在利用数据资源时也必须注重数据治理和合规性，确保合法、安全和道德。

（3）人力资源。高素质人才的获取与培养是现代企业，尤其是高科技创业企业可持续发展的核心。这些知识密集型企业依赖人才的专业知识、技能和创新能力推动技术进步和市场竞争力。为了吸引和保留这些关键人才，企业需要提供有竞争力的薪酬福利、职业发展机会、培训支持，以及积极、开放的工作环境，从而激发员工潜力，促进个人和职业成长。此外，企业应注重人才的多元化和包容性，从而促进团队创新和满足不同市场的需求。通过这样的人才战略，企业能够在知识经济时代中保持领先地位，实现持续的成功和发展。

（4）用户资源。用户是指那些企业能为之长期提供一种产品或服务，能感知到企业的存在，并能长期与企业保持联系的人。在互联网的世界里，用户是产品持续创造价值的基础，没有用户的产品是没有意义的。随着数字时代的来临，用户的注意力被进一步分散，用户资源的重要性越来越凸显。

（5）资金资源。资金资源对于任何一家企业来说都非常重要，尤其是新创企业。无论是进行产品研发还是生产销售，新创企业都需要大量的资金，如何有效地吸收资金资源是每个创业者都极为关注的问题。

（6）场地资源。场地资源是指企业用于研发、生产和经营的场所。良好的场地资源能够为企业大幅度降低运营成本，提供便利的生产经营环境，使它在短期内积累更多的用户或质优价廉的供应商。

（7）环境资源。环境资源可以分为宏观环境资源和微观环境资源。作为一种外围资源，环境资源影响着新创企业的发展。创业者只有认清创业的各种环境因素及其发展趋势，才能真正抓住机遇，避免环境的威胁，实现成功创业。

创业者应在创业过程中识别企业的核心资源，并立足于核心资源，充分发挥非核心资源的辐射作用，实现创业资源的最优组合。这就是创业资源运行机制的基本思路。

资源整合对于创业过程的促进作用是通过创业战略的制定和实施实现的。对创业企业来说，战略定位不清晰、核心竞争力不明确是其发展的主要障碍。有效的资源整合能够帮助创业者重新认识企业的竞争优势，制定切实可行的战略规划，为新创企业的成长打下良好的基础。一方面，战略的制定和实施需要一定的资源支持，只有拥有充分的资源，战略才有制定和实施的基础。因此，新创企业拥有的创业资源越丰富，创业战略就越有保障。另一方面，创业资源还可以适当校正企业的战略方向，帮助新创企业选择正确的创业战略。因此，企业获取的创业资源越多，创业战略的实施就越有利。根据上述分析，创业资源与创业过程之间的关系如图1-3所示。

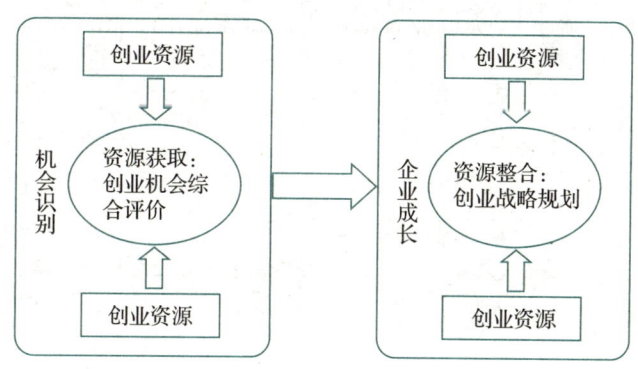

图1-3　创业资源与创业过程的关系

创业聚焦

蒂蒙斯的创业过程模型

蒂蒙斯提出了一个影响深远的创业过程模型，如图1-4所示。蒂蒙斯认为，创业过程是创业机会、创业资源与创业团队之间适当配置的高度动态平衡过程。创业机会、创业资源与创业团队都是创业过程的关键构成要素，其中，创业机会是创业过程的核心要素，创业过程实质上是识别与开发创业机会的过程；创业资源是创业过程的必要支持，是开发机会谋求收益的基础；创业团队是在创业过程中识别和开发机会、整合创业资源的主体，是新创企业的关键构成要素。

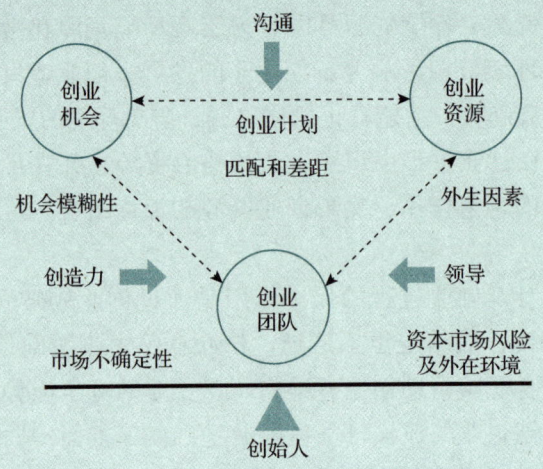

图 1-4　蒂蒙斯的创业过程模型

蒂蒙斯运用创业机会、创业资源与创业团队三要素概括创业过程的复杂性，采用三要素的动态平衡过程总结创业过程的动态性。蒂蒙斯认为，随着时空变迁，机会模糊性、市场不确定性、资本市场风险及外在环境等因素对创业活动的冲击，创业过程充满风险与不确定性，创业机会、创业资源与创业团队三要素也会因相对地位的变化而产生失衡现象，此时创业团队扮演着调整活动重心从而获得创业机会与创业资源相对平衡的核心决策者角色。在创业初期，机会挖掘与选择是关键，创业团队的决策重心在于迅速整合创业资源以抓住创业机会。随着新企业的创立与成长，创业资源日渐丰富，企业面临更为复杂的竞争环境与市场环境，创业团队的决策重心转向合理配置资源以提高创业资源使用效率，构建规范管理体系以抵抗外部竞争与不确定性等。

资料来源：薛红志.融合复杂性与动态性的模型 [M]// 张玉利.创业研究经典文献述评.北京：机械工业出版社，2018：44-49.

1.3.4　创业方式

创业者决策风格的不同可能会导致他们的思维方式在组织性、系统性上存在差异，相应地，他们建立的组织的特征也会有一定的差别。创业方式和相应的企业组织形式可以概括为以下四种。

1. 新创企业

新创企业是创业最主要的方式，是指创业者利用商业机会通过整合资源创建一个新的、具有法人资格的实体的过程。这一法人实体应能提供产品或服务，以获利和成长为目标，并能创造价值。采用新创企业方式形成的组织形式通常是处于发展早期阶段的初创企业,《全球创业观察报告》将这类初创企业定义为成立时间在 42 个月以内的企业。但新创企业由于受到内外部资源限制,在创建之初往往会面临新创弱性问题,这也是导致很多新创企业失败的主要原因。

2. 公司创业

公司创业是指组织更新的过程,既包括通过市场开发或引进产品、流程技术和管理创新来创建新企业,也包括企业的理念再定义、再组织以及制度创新。大企业中的官僚程序和流程会导致组织刚性,而公司创业有助于改进这些官僚程序和流程,降低组织刚性,因此,公司创业的研究对象主要是大企业。纵向研究表明,环境因素对公司创业及其绩效影响很大,而且公司创业对处于不利环境下的企业尤其有效,但它的影响需要比较长的时间才能完全体现。此外,当企业存在短视行为,创业活动得不到高层继续支持时,公司创业可能会出现问题。

3. 特许经营

特许经营是创业者为了使风险和不确定性最小化而选择的一种创业组织方式,特许经营权拥有者以合同约定的形式,允许被特许经营者有偿使用其名称、商标、专有技术、产品及运营管理经验等从事经营活动的商业经营模式。由于有较为成熟的模式可供复制,加上特许经营权拥有者的相关支持,采用特许经营的创业方式客观上可以增加创业成功的概率。在美国,加盟已成为众多普通创业者选择的重要的创业起步方式。

4. 家族企业继承

由于家族企业的建立与传统的创业定义相符,有学者提出了家族企业的继承是否也具有创业属性的问题。兰斯伯格(Lansberg)认为,继承对家族企业的发展很重要,但维持家族在管理上的主导地位,从长远来看可能会影响企业的适应和生存能力。家族企业往往是在继承者不能或不愿经营企业时,通过 MBO 或 MBI 而生存下来的。当然,继承人也可以通过把家族企业分成两个或多个独立的企业从而摆脱其负担和义务。不过,对长期投资更有力的承诺、对产品与服务质量更多的关注、对雇员与经理人员的培训,以及管理研究更大的投资也会对家族企业的继承产生积极的影响。兰斯伯格还提出继承有三种形式:转移继承,即企业形式的延续;演进继承,涉及所有权和控制权的根本改变,从而形成一个更复杂的家族企业系统;退出继承,形成一个更简单的家族企业。此外,一些学者指出,由于家族成员在经营中起到了关键作用,家族企业应与其他类型的组织进行区分。

1.4 创业过程

创业过程可以分为四个阶段，每个阶段的重点如表 1-2 所示。

表 1-2 创业过程的四个阶段

第一阶段： 识别与评估商业机会	第二阶段： 准备并撰写创业计划	第三阶段：获取创业 资源与组建团队	第四阶段： 管理新创企业
1. 创新性与机会之窗的长度 2. 机会的估计价值与实际价值 3. 机会的风险与回报 4. 机会与个人技能、目标 5. 行业竞争分析	1. 封面页 2. 目录 3. 框架 • 商务活动描述 • 行业描述 • 营销计划 • 财务计划 • 生产计划 • 组织计划 • 运营计划 • 总结 4. 附录或图表	1. 创业者的现有资源 2. 资源缺口与目前可获得的资源供给 3. 通过一定渠道获得其他所需资源 4. 形成核心团队	1. 管理方式 2. 成功的关键因素 3. 当前问题与潜在问题的辨识 4. 控制系统的完备化

- 第一阶段是识别与评估商业机会。在这一阶段，创业者需要识别并评估潜在的商业机会，确定其可行性和市场潜力。
- 第二阶段是准备并撰写创业计划。创业者需要准备并撰写详尽的创业计划，这通常包括市场分析、财务预测和运营策略等。
- 第三阶段是获取创业资源与组建团队。创业者需要积极获取必要的创业资源，如资金、技术、人才等，并组建一个高效的团队。
- 第四阶段是管理新创企业。创业者管理新创企业涉及日常管理方式、找到成功的关键因素、识别问题和持续改进，从而确保企业的稳定发展和竞争力。

由于创业是一项高度综合、复杂的动态管理活动，在创业过程中需要认识到以下几点。

1. 创业最重要的是平衡风险

创业是一种思考、推理和行动的活动，它不仅要受机会的制约，还要求创业者有完整缜密的实施方法和讲求高度平衡技巧的领导艺术。创业不仅能为创业者，也能为所有参与者和利益相关者创造、提高和实现价值，或使价值再生。商业机会的创造和识别是这个过程的核心，随后就是抓住商业机会的意愿与行动，这要求创业者有甘冒风险的精神。创业者面对的既有个人风险，也有财务风险，但所有风险都必须是经过计算的，创业者要不断平衡风险和潜在回报，这样才能掌握更多的胜算。创业者要精心规划战略来合理安排他们的有限资源。

2. 创业不仅仅是创办企业

现在的创业已经超越了传统的创建企业的概念，而是把各种形式、各个阶段的企业和组织都包括进来。因此，创业可能出现在新企业和老企业中、小企业和大企业中、高速发展的企业和缓慢发展的企业中、私人企业和大学生等创业群体中，创办企业只是创业的最初内容。

3. 创业需要把握创业机会

创业机会在被发现之前可能只是一个看似没有潜力或潜力很小的机会。在很多时候，被一些风险投资者否决的项目，到了另外一些风险投资者那里却能创造出传奇式的成功故事。例如，Quicken 软件的制造公司——Intuit 公司，曾被 20 个风险投资者否决，但公司的创始人没有放弃，最终获得了资金支持。

4. 创业需要随时做好准备

技术、市场、竞争的高度动态性和易变性的特征，使我们不可能完全了解市场行情和竞争对手的现状及未来，创业过程中需要随时应对各种不确定性的挑战。因此，我们必须培养一种善于规划和随机应变的习惯，不断综合大脑信息和内心感受，不断对自己的选择进行重新评价，直到这个过程成为自己的第二天性。此外，我们还需要做好应对创业失败的准备，将失败视作成功的铺垫。

5. 创业不是有序和可预测的

创业的世界充满着矛盾和混乱。昨天的规律到了今天，也许成了一纸笑谈，而到了明天，可能又会成为金科玉律。如果我们总是认为市场应该按照我们的预测去发展，那么我们恐怕就会被市场淘汰。要想在这个世界上茁壮成长，我们不仅要擅长处理各种模糊、混沌和不确定性，还要掌握颇有预见性的管理技巧。

1.5 创业类型

随着创业活动的活跃，创业活动的类型也呈现多样化的趋势。理论界与实践界主要从以下两个方面划分创业类型，如图 1-5 所示。

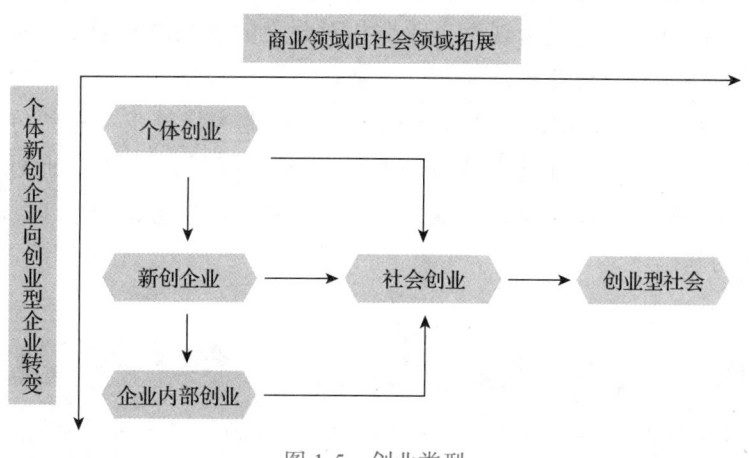

图 1-5 创业类型

1. 基于创业形式的分类

从创业形式上可以把创业分为复制型创业、模仿型创业、演进型创业、创新型创业。

（1）复制型创业是指创业者完全复制与翻版自己熟知的企业经营模式而进行的创业，创新的成分较低。

（2）模仿型创业是指创业者模仿已取得创业成功的企业经营模式而进行的创业。虽然它也属于无法给市场带来多少新价值的创业，创新成分较低，但与复制型创业的不同之处在于，其创业过程对创业者而言具有较大的冒险成分。从严格意义上讲，复制型创业和模仿型创业都属于生存型创业。

（3）演进型创业是指创业者以自己拥有的专业特长和技术成果为核心竞争力进行的创业。这种创业具有风险高、收益高的特点，难点在于组织创新，是一种机会型创业。这种形式的创业虽然为市场创造了新的价值，但对创业者而言，本身并没有太大的改变，做的也是比较熟悉的工作。这种创业类型强调的是企业家精神的实现，也就是创新的活动，而不是新组织的创造。企业内部创业（或内创业、公司创业）就属于这一类型。

（4）创新型创业是指突破传统的经营理念和经营模式，创造性地开发和引导市场以满足用户的现有需求及潜在需求。这种创业同样具有高风险、高收益的特点，但能够创造巨大的社会价值，是一种开拓型创业。这种类型的创业，除了为创业者本身带来极大改变外，也给个人前途带来了诸多不确定性。这种类型的创业者如果想要获得成功，必须在创业者能力、创业时机、企业家精神、创业策略、商业模式设计、创业过程管理等各方面都做得很好，并能够实现协同搭配。一般来说，演进型创业和创新型创业是当前社会倡导的主流创业形式。

2. 基于创业领域的分类

从创业领域上可以把创业分为独立型创业和内创型创业。独立型创业是指创业者抓住商业机会，创办新企业，追求企业利润，并使企业更好地生存与发展。内创型创业是指现存企业在相对独立的组织内开创新的事业，从而谋求企业的持续成长与发展。

如图1-5所示，在商业领域内部，企业家精神正在重塑传统的企业组织形式和行业边界，并越来越多地表现为企业内部创业行为。此外，创业正从商业领域向社会领域拓展，表现为当下越来越多的社会创业行动，这也正是大众创业的基础。

本章要点

- 数字经济是继农业经济、工业经济之后的一种新的经济社会发展形态，包括数字产业化、产业数字化、数字化治理、数据价值化四大部分，能给创新创业带来新的机会，促进创

- 新创业的蓬勃发展。
- 创业企业是市场经济中最具活力的参与者，它们是创造社会财富的关键力量之一，并已成为促进国家经济增长的重要推动力。
- 创业是影响人一生的决策，创业对创业者的意义不仅在于财富的积累和地位的提高，还在于它是创业者表现自我、超越自我、实现自由的过程，也是实现个人梦想和愿景的重要途径。
- 创业是机会识别和开发的过程；创业是由创业者的企业家精神驱动的结果；创业是一种管理活动，是对机会识别和开发的管理，是一种复杂管理和不确定性管理活动。
- 创业的要素包括：创业者及其创业团队、创业机会、创业资源、创业方式等，只有发挥这些要素的合力，创业才能取得成功。
- 创业过程可以分为识别与评估商业机会、准备并撰写创业计划、获取创业资源与组建团队、管理新创企业四个阶段。

行动学习

1. 学习目标：创业者的创业过程分析。
2. 实施流程

　　第一步，根据你关注的创业领域，寻找一位创业者。

　　第二步，认真准备和设计访谈提纲，访谈问题聚焦于了解被访谈创业者的创业过程，同时，你也可以就创业者的独特性、创业、创业活动以及创业思维的理解或不清楚的问题进行讨论。

　　第三步，将访谈时间控制在1h左右，访谈时要做好访谈记录，如果对方允许，最好录音。

　　第四步，访谈时一定要注意创业者的表情、思考以及停顿等细节。

　　第五步，访谈结束后一定要仔细整理，思考你所访谈的创业者的创业过程细节、创业者身上具有的独有特征，以及从创业者身上所得到的感悟，并汇报访谈成果。

思维训练

　　结合对创业者的访谈，尝试回答以下问题。
1. 你访谈的创业者具有哪些创业思维？
2. 你访谈的创业者在创业行动上是否符合本章所讨论的创业过程模型？
3. 如果说情境影响行为甚至是行为背后的思维，结合访谈及创业情境，你同意这样的观点吗？如果同意，你还认为创业者是天生的吗？当别人说创业不能教时，你能提供有依据的反驳吗？
4. 创业有趣吗？为什么？
5. 有人说：80%的创业项目都可能是失败的，但80%的创业者的人生都是成功的。对此，你怎么评价呢？

问题回顾

1. 创业的意义在哪里？
2. 什么是创业？
3. 创业的基本要素是什么？
4. 创业的过程是怎样的？
5. 数字技术的发展给创业带来了什么样的影响？

参考文献

[1] CONNELLY B L, IRELAND R D, REUTZEL C R, et al. The power and effects of entrepreneurship research[J]. Entrepreneurship theory and practice, 2010(34): 131-149.

[2] NAMBISANA S.Digital Entrepreneurship: Toward a digital technology perspective of entrepreneurship[J]. Entrepreneurship theory and practice, 2016，6(41): 1-27.

[3] PORTER M E. Strategy and The Internet[J]. Harvard business review, 2001, 79(3).

[4] DAVIDSON E, VAAST E. Digital entrepreneurship and its sociomaterial enactment [C]. Hawaii international conference on system sciences. IEEE Computer Society, 2010.

[5] STEVENSON H H, JARILLO J C. A Paradigm of entrepreneurship: entrepreneurial management[J]. Strategic management journal, 1990, 11(1): 17-27.

[6] 张玉利.创业研究经典文献述评[M].北京：机械工业出版社，2018.

[7] 蒂蒙斯，斯皮内利.创业学：原书第6版[M].周伟民，吕长春，译.北京：人民邮电出版社，2005.

[8] 巴隆，谢恩.创业管理：基于过程的观点[M].张玉利，谭新生，陈立新，译.北京：机械工业出版社，2005.

[9] 清华大学二十国集团创业研究中心，启迪创新研究院.全球创业观察2018/2019中国报告[R].北京：清华大学二十国集团创业研究中心，2019.

第 2 章 创新基础

> 不创新,就灭亡。
>
> ——亨利·福特(Henry Ford)

【学习目标】

学完本章后,你应该能够:
- ☑ 了解技术创新的发展历史
- ☑ 了解创新的基本理论模型
- ☑ 掌握创新思维的基本特点和构成要素
- ☑ 了解创新与创业之间的关系

引例　小鹏汇天:飞行汽车赛道黑马

在广州小鹏汇天的总部,三台炫酷的飞行汽车吸引了众多参观者的目光。这些高科技产品是小鹏汇天的成果,而公司背后的故事同样引人注目。

赵德力,小鹏汇天的创始人,用十年时间将一个草根想法打造成亚洲规模最大的飞行汽车公司。故事始于一台飞行摩托,经过1 500多次的试验和失败,2018年6月,赵德力驾驶它首次成功升空。这次成功给了他巨大的鼓舞和信心,也标志着他从自我怀疑中走出,从一个认为自己是失败者的人,变成了一个行业的领跑者。

赵德力以其聪明、勤奋和对市场的敏锐洞察力,带领小鹏汇天在飞行汽车领域取得了显著成就。2020年9月,小鹏汇天正式成立,何小鹏作为大股东担任董事长,赵德力担任总裁。公司迅速发展,如今已成为亚洲最大的飞行汽车公司,估值超过十亿美元。

小鹏汇天的发展历程充满了挑战和创新。从最初资金短缺的两人团队，到现在近1 000人的研发团队，其中85%的成员拥有硕士或博士学位，超过25%的成员具有航空背景。公司在飞行汽车领域的探索从未停歇，累计研制出五款飞行汽车产品，包括原型机、旅航者T1、旅航者X1、旅航者X2，以及正在研发中的一体式和分体式飞行汽车。

面对飞行汽车商业化的最大挑战——安全，小鹏汇天从产品设计层面入手，确保了飞行汽车的安全性。动力系统是飞行汽车的另一个关键，小鹏汇天自主研发了ENP（energy、network、propulsion）动力总成技术架构，以满足飞行汽车对电池的高要求。

展望未来，赵德力对低空经济的发展充满信心，并看到了更多的未来可能性。小鹏汇天的短期目标是推出分体式飞行汽车"陆地航母"，计划在2026年开始量产交付，售价不低于100万元。而公司的终极目标是实现一体式的飞行汽车，预计在2028—2030年量产。

小鹏汇天的故事是关于梦想、创新和坚持的故事。赵德力的愿景是让每个人都能驾驶自己的飞行汽车，在城市上空自由穿梭。虽然道路漫长，但小鹏汇天正朝着这个目标稳步前进。

资料来源：任娅斐.小鹏汇天：飞行汽车赛道黑马[J].中国企业家，2024，（7）：18-22.

创新是时代发展的核心动力，也是当前最热门的术语。创新是创业活动的基础。缺乏创新，很难开发真正具有市场潜质和产品差异化特征的创业项目。因此，对于创业的学习，离不开对创新基础的掌握。本章是对创新的介绍，主要内容包括创新历史进程、创新理论模型、创新思维以及创新与创业。

2.1　创新历史进程

从世界层面探讨技术创新，主要关注的是发生在一个或多个国家的重大技术革命。这种创新的技术应用到社会生产上，能够积极提升整个社会的劳动生产率，甚至引领整个社会的商业发生变化。在世界商业史上，这也被称为工业革命。一般认为，到目前为止，世界性的工业革命已经发生了三次，每一次工业革命都是由技术的重大突破所引起的。了解历史有助于我们理解创新活动的一般规律，有助于我们对未来的科技发展进行探索性的预测。

2.1.1　第一次工业革命

第一次工业革命以英国为起点和中心并非偶然。英国在17世纪中后期打败荷兰获得对海洋的控制权后，大规模地扩展海外贸易和开辟海外殖民地。新航路开辟后，英国成为大西洋航路的中心。英国相应地在政策和制度方面不断进行调整，使商业贸易成为社会的核心，有力地促进了经济的快速发展。传统的工场手工业的生产已经不能满足英国国内外市场不断扩大的需求，整个社会对工业生产领域的新技术有着迫切的需求。

在当时的英国工业中，棉纺织工业是最有利可图的行业。通过长时间的发展，英国已经拥有一批运行良好的手工作坊，也有一整批技术工人。因此，在这样的行业中，技术的出现和迭代更为容易。1733年，飞梭被发明出来，直接改变了当时纺织业落后的手工编织方式，使工作效率提高了两倍。1764年，手摇多锭纺纱机（又称珍妮机）出现，它一次可以纺出许多根棉线，极大地提高了劳动生产率。不过这种手摇的机械依赖人工，仍有很多不足。1769年的水驱动纺纱机就是为了应对这一问题而问世的。1779年，一款综合珍妮机和水驱动纺纱机的优点而成的新型纺纱机（骡机）成为当时最新的技术产品，该机可同时旋转三四百个纱锭。

尽管纺织工业不断推进，但动力不足的约束始终存在。在蒸汽机出现之后，这一问题终于迎刃而解。1782年，瓦特吸收前人的研究成果，成功研制了可以从两侧推动活塞的蒸汽机。这一具有划时代意义的技术创新，使蒸汽机成为一种强大且方便的动力机，一举解决了工业发展中动力不足的问题。

1806年，英国基本完成了棉纺织业的机械化和动力化改造。英国棉布的产量和质量都得到大幅提高。棉纺服装不仅穿着舒适，而且价格低廉，成为当时欧洲乃至全球的热销商品。1800年，英国棉纺织品出口额占出口总额的25%，1828年，这一比例达到了50%。棉布成为人类历史上第一个全球性的商品。与此同时，瓦特改良的蒸汽机（如图2-1所示）逐渐应用于化工、冶金、矿山、交通运输等部门。到19世纪中叶，英国的主要工业基本实现了以蒸汽机代替传统的人工或水力驱动的生产方式，机器大工业取代了以手工技术为基础的家庭手工业和车间工业。

图 2-1　瓦特蒸汽机

英国工业革命使得英国的社会生产力迅速发展。在短短几十年的时间里，工业革命使英国从一个落后的农业国一跃成为当时世界上最先进的资本主义工业强国，英国被称为世界工厂。在工业革命期间，依托强大的技术革新力量，英国建立了强大的纺织业、冶金业、煤炭业、机械业和运输业。到了19世纪中叶，英国几乎完全垄断了世界市场。

英国的工业革命也对其他资本主义国家的工业革命产生了重大影响。凭借资本在不同地域间的迅速流动，其他很多国家开始学习英国的成就和经验。1825年，英国受国内、国际上多种因素的影响，取消了机器出口禁令，这使得技术在国家间的扩散更为迅速。1825—1840年，英国的机器出口额从20 000英镑增加到600 000英镑，是原来的30倍。与此同时，英国的新技术和技术人才不断外流。德国、法国、美国等国家也相继迅速实现了工业革命。

2.1.2　第二次工业革命

随着第一次工业革命的发展，英国成为当时世界上最强大的国家。英国的繁荣一直持续到第一次世界大战。在这个阶段，尽管英国的工业处于世界领先水平，但已经有明显的征兆显示危机即将到来。实际上，在第一次工业革命中占据绝对优势的机器设备此时已经显得陈旧，但从资本家的角度看，技术和设备的更新并不是首选，因为这需要大量的资金投入。作为最大的殖民帝国，英国拥有巨大的销售市场、原材料生产市场和廉价劳动力市场，即使在技术和质量水平较低的情况下，资本家仍然可以从殖民地获得巨大的利润。但从国家的发展来看，当这个国家不能跟上技术的更新换代时，超越和淘汰就将发生。

第二次工业革命的标志是以电机为代表的电力技术。发电机、电动机、电灯等电气设备是这一时期的重要发明。到了19世纪90年代，远距离电流传输技术实现重大突破。与此同时，发明于18世纪初的内燃机在19世纪末基本得到了完善。这些发明为工业提供了比蒸汽机更方便的非生物动力，并迎来了电气时代和内燃机时代。

拓展阅读

第二次工业革命中的一些发明如下：

1808年，英国科学家戴维发明电弧灯；

1831年，英国科学家法拉第发现电磁感应并制成电机模型；

1857年，英国企业家荷尔姆斯制成可供照明使用的蒸汽动力永磁电机；

1857年，英国科学家惠斯通发明了励磁式发电机；

1866年，德国工程师西门子提出了发电机的工作原理，并由西门子公司的一个工程师完成了人类第一台自励式直流发电机；

1878年，英国工程师斯旺制成了以碳丝通电发光的真空灯泡，这是爱迪生完成电灯发明的先导；

1876年，美国发明家贝尔发明了电话；

1885年，美国发明家乔治·威斯汀豪斯根据前人的专利，制成交流发电机和变压器。

资料来源：阎康年. 三次技术革命和两次产业革命的历史经验[J]. 世界历史，1985(4): 1-9.

第二次工业革命的代表国家是美国和德国。

美国在南北战争（1861—1865年）结束之后清除了封建和殖民地的影响，这为资本主义经济全面发展扫清了障碍。大量欧洲移民，特别是英国人，开始涌入美国。富饶辽阔的西部土地的开发，为新技术的使用提供了广阔的土地。铁路的发展使得幅员辽阔的美国能够实现便捷的交通。以蒸汽为动力的农业机械迅速发展，为大规模工业化积累了技术。与此同时，美国一方面积极引进英国和德国的电力技术，另一方面大力激励自己电力技术的发明和发展。1879—1914年，美国电气工业的产值增长了135.6倍，达到3.6亿美元。电气技术的兴起，一方面可以用于机器动力，另一方面则从根本上改变了通信技术。随着电报、电话等技术的发明，美国的通信技术飞速发展，到1924年，美国已有500家电台。第二次工业革命的另一个重大技术变革是内燃机的发明和应用，它促进了汽车和航空工业的崛起。美国在19世纪90年代才引进汽车制造技术，凭借丰富的石油和钢铁资源，其汽车工业的发展速度超过了其他国家。1908年，福特的T型轿车成功地从生产线中推出。1929年，美国注册汽车总数达到2 675万辆，平均每四个人中就有一个人拥有汽车，美国成为名副其实的汽车王国。

在第二次工业革命中，德国的崛起与美国几乎是同步的。从19世纪中期开始，随着英国实施自由贸易政策，德国取消了对外的机器禁运。德国借机从英国引进了大量先进的机械设备，并通过引进、消化、吸收和创新，实现了国内钢铁工业的发展。1840—1870年，德国生铁和钢产量分别增长了六倍和八倍以上。在工业化进程中，德国政府的推动发挥了巨大作用。18世纪，德国的一些大的联邦已经建立了相对开明的专制主义制度，它们主张政府在经济发展中扮演积极的角色。在这一背景下，各联邦政府制定了一系列促进经济、教育和科技发展的政策，鼓励技术创新。在19世纪上半叶，德国各联邦已经开始不同程度地进行农业改革和社会改革。德国统一后，随着中央集权政府的建立，德国经济真正进入快速发展时期。

整体来看，第二次工业革命极大地促进了生产力的发展，对人类社会的经济、政治、文化、军事、科技和生产力都产生了深远的影响。不过，就整个世界范围来看，几个主要的资本主义国家的经济发展是不平衡的。美国和德国取代老牌的资本主义强国英国和法国，成为世界经济中的领先国家。新兴大国与旧帝国主义在殖民地、财富、资源和劳动力方面的激烈竞争带来了全世界范围的战争，世界格局发生了巨大的变化。

2.1.3 第三次工业革命

第二次世界大战之后，世界的技术革命中心从欧洲转移到了美国。美国从19世纪末开始，通过第二次工业革命积攒了雄厚的经济实力，积累了丰富的技术。两次世界大战期间，美国本土没有受到大战的破坏，社会环境较为稳定，不少国家的科技人才纷纷前往美国。第二次世界大战之后，美国尤其重视基础科学的理论研究，并且积极鼓励科技成果的推广和转化。这些因素使得美国迅速成为第三次工业革命的发起地。

以电子计算机为代表的信息技术是第三次工业革命的标志性技术。1946年2月14日，由美国军方定制的世界上第一台电子数字积分计算机（electronic numerical integrator and calculator，ENIAC）在美国宾夕法尼亚大学问世。这台电子计算机是美国军方为了满足火炮弹道轨迹计算的需要而定制的。因此第三次工业革命与前两次的一大显著不同就是，它并不是由商业需求所引发的。ENIAC使用了17 840支电子管，占地170m^2，重达28t，功耗为170kW，运算速度可以达到每秒5 000次的加法运算。ENIAC的问世具有划时代的意义。

在电子计算机出现以后，美国贝尔实验室的威廉·肖克利、约翰·巴丁和沃尔特·布拉顿发明了基于锗半导体的、具有放大功能的点接触式晶体管。虽然这个发明在当时没有特别高的商业价值，但是其发明意义重大，它的出现为集成电路、微处理器以及计算机内存的产生奠定了基础。1978年，电子计算机的运算速度达到了运算1.5亿次/s。20世纪90年代以来，随着芯片技术的不断发展，电子计算机朝着更快、更小的趋势发展。与此同时，集成电路和电子计算机行业的飞速发展，造就了如今美国加利福尼亚州电子工业密布的硅谷。

电子计算机的出现和普及，使得信息成为全世界范围内人们生活、生产中必不可少的联结工具，信息对整个社会的影响逐步提高到绝对重要的地位。20世纪90年代以来，依托电子计算机存在的互联网行业迅速发展，各个社会维度的信息量、信息传播和处理速度都以几何级数的方式快速增长，很多人也把这一时期称为信息时代。

第三次工业革命不仅极大地推动了人类社会经济、政治、文化领域的变革，也影响了人类的生活方式和思维方式。随着科技的不断进步，人类的衣、食、住、行、用等日常生活的各个方面也在发生重大的变革。

拓展阅读

第四次工业革命已经在进行中，并且正在加速发展。以下是一些表明第四次工业革命已经到来的迹象和证据。

人工智能、物联网、大数据分析、机器人技术等关键技术已经在多个行业中得到广泛应用。许多制造企业已经开始实施智能制造系统，利用传感器、机器学习和自动化来提高生产效率和质量。数字技术正在推动新的商业模式和服务，如电子商务和共享经济等。企业和组织越来越依赖数据分析来做出决策，从市场趋势预测到个性化营销策略。技术变革对社会结构、就业市场和人们的生活方式产生了深远的影响，如远程工作和在线教育的普及。政府和国际组织正在制定新的政策和法规应对技术变革带来的挑战，如数据隐私保护和网络安全等。

第四次工业革命的影响在不断发展和深化。企业和个人需要不断适应和学习新技能，从而充分利用这次工业革命带来的机遇。同时，也需要解决由此带来的挑战，如就业结构变化、技能差距扩大和伦理等问题。

人工智能（artificial intelligence，AI）通常被认为是第四次工业革命的关键驱动技术之一。第四次工业革命的一个核心特征是自动化和智能化水平的提升，人工智能技术正是实现这一目标的关键。人工智能技术的发展和应用，包括机器学习、深度学习、自然语言处理等，正在改变我们处理数据、解决问题和执行自动化任务的方式。这一技术正在被应用于各个行业，从制造业到医疗保健，从金融服务到交通运输，人工智能都在提高效率、降低成本，并创造新的商业模式和服务。

尽管人工智能是第四次工业革命的重要组成部分，但这场革命还包括其他技术，如物联网、高级自动化、增材制造（3D打印）、虚拟现实（virtual reality，VR）和增强现实（augmented reality，AR）等。这些技术的融合和发展共同构成了第四次工业革命的全貌。

2.2 创新理论模型

纵观世界范围内的历次工业革命，技术创新的产生、发展和演进都具有一定的规律。尽管每一次重点技术的突破都有其偶然性，但从历史的进程来看，创新规律总体上有很多相似的地方。多年来，众多学者根据技术创新的诞生及其演化过程，开发了一系列技术创新模型。他们提炼了创新活动的一般规律，特别是不同要素对于技术创新促进作用的发生机制。这些理论构成了创新领域的基础理论。

2.2.1 线性模型

线性模型主张技术创新活动是单向线性演进的。从这一过程中，我们可以较清晰地看到技术创新活动的层次递进环节。只有上一个环节的创新活动结束后，才能够进入下一个环节，这一过程是单向的。线性模型可分为技术推动模型、市场驱动模型和技术推动–市场驱动模型。

1. 技术推动模型

技术推动模型是创新的最简单模型，也是最早为学者所关注的模型。这一模型以技术本身的演化作为核心线索。围绕技术的产生和发展，不同人群相继投入各类管理活动，最终得到创新产出。技术推动模型的最初阶段是技术的基础研究，而后将进入技术的应用研究和开发研究层面。最终，成形之后的创新成果将用于生产与销售。这一过程如图2-2所示。

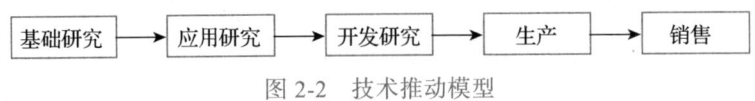

图 2-2 技术推动模型

2. 市场驱动模型

事实上，在技术推动模型中，市场所占的比重非常小。在研发人员把技术推向销售之后，市场的影响才得以发挥。这种思路具有一定的风险，因为需求在一开始的阶段没有被重视。在技术创新的历史上，忽视市场需求而盲目开发的技术例子数不胜数，毫无疑问，它们最终都失败了。为了解决这一问题，市场驱动模型从另一个角度对技术创新过程进行了阐释。与技术推动模型不同，市场驱动模型把市场需求方提到首要地位。只有对市场进行客观全面的分析之后，才能够进入技术的研发环节。以市场为导向的技术创新在人类历史上取得了很多成功，特别是诞生于企业内部的技术创新。市场驱动模型如图2-3所示。

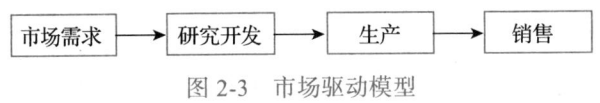

图 2-3 市场驱动模型

3. 技术推动－市场驱动模型

技术推动模型和市场驱动模型都只强调了技术或市场在创新中单方面的重要作用。但是从创新的实际发展过程来看，单一的元素很难影响创新的演进。在大量的创新实践中，技术和市场的角色本来就是不可直接区分开的。因此，一些学者在技术推动和市场驱动两种基本线性模型的基础上，进一步发展了技术推动－市场驱动模型。该模型将技术推动和市场需求看作技术创新的两个共存动机，二者共同决定了技术创新的发展方向和实施动力。根据这一模型，在技术创新活动中，企业应将技术演化规律与市场需求特征相结合，寻找技术研发活动的突破口，依据技术和市场的需求开发产品，并用于生产和销售。该模型如图2-4所示。

2.2.2 复杂模型

线性模型是对技术创新活动的一种简单概括，它强调技术创新演进的阶段性逻辑。随着学者对技术创新活动的深入研究，这种单向的线性模式受到了极大挑战，于是需要复杂的过程模型来描述技术创新活动的演变。

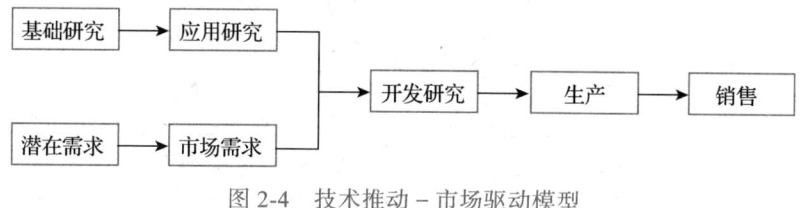

图 2-4　技术推动 – 市场驱动模型

1. 交互作用模型

技术创新的交互作用模型出现在 20 世纪 80 年代。该模型仍然强调技术进化和市场需求是技术创新的重要驱动力，但它们对技术创新的影响不是单向的、线性的，而是相互交织在一起的，共同推进了技术创新的进程。同时，技术和市场需求对技术创新在不同阶段的影响是不同的。在技术创新的初始阶段，两者的结合是项目创意的主要来源。企业必须基于技术和市场的需求来寻找与开发可行的创意。在技术创新的后期阶段，企业则需要通过识别技术和市场的特征来布置生产与运作流程，并且面向市场进行销售。此过程如图 2-5 所示。

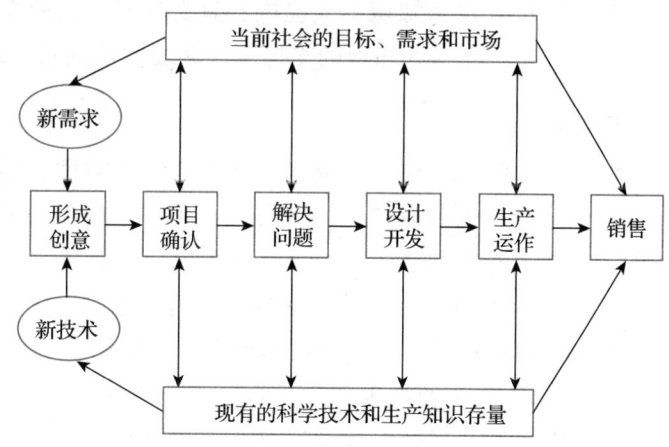

图 2-5　交互作用模型

2. 链环 – 回路模型

1986 年出现的链环 – 回路模型是对技术、市场、创新关系的重新阐释。在这一模型中，不同要素之间的关系存在着不同的回路，如图 2-6 所示。根据链环 – 回路模型，企业的基础研究活动和创新活动是分离的。在图 2-6 中，箭头 D 的方向意味着创新活动是由企业的基础研究推进的。企业的基础研究成果会应用到企业的发明、测试、生产、销售等环节。箭头 C 的方向则意味着由"潜在市场—发明设计—设计细化测试—再设计生产—销售"等组成的技术创新链条，依托这一链条，存在着 F 和 f 两个技术创新的正反馈和负反馈过程。

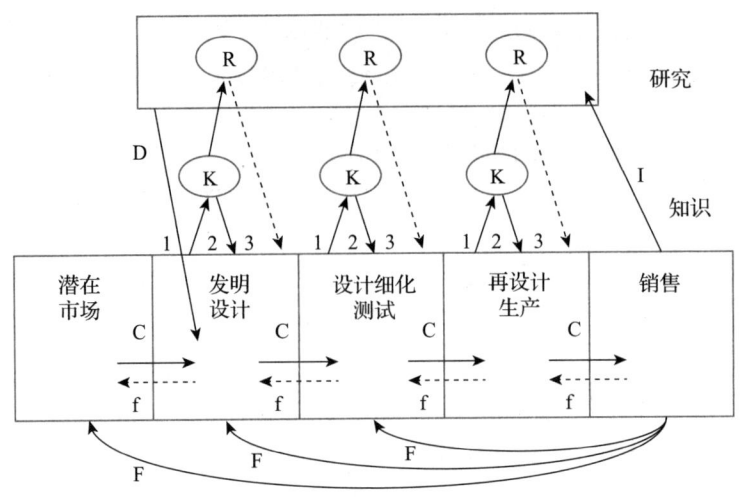

图 2-6 链环-回路模型

C 表示企业现有的技术知识存量,围绕这一元素,企业可以对知识进行开发,再回到基础研究活动中,完成技术创新活动所需要的知识储备。这样的链条大致有两类:图 2-6 中 1-K-2 的作用链表明,在技术创新的特定环节,企业可以直接从现有技术知识中获得支持,实现技术创新的有效推进;1-K-R-3 的作用链表明,当现有技术知识不能提供有效支持时,企业需要在现有知识的基础上加强基础研究,在基础知识的支持下,完成技术创新活动所需的理论储备。

3. 并行模型

并行模型的思想与上述主张链式或交互式的技术创新模型不同。这一模型认为技术创新活动中所涉及的不同流程、不同环节和不同要素并不是单向或多向流动的,而是并行发展的,如图 2-7 所示。因此,各个不同的模块的发生时间并不存在明显的界限,而是彼此平行发展的。比如,在企业进行技术雏形的研究和设计的同时,企业也可以着手对已经部分实现的技术或产品进行小批量生产制造,甚至可以进行试营销。可以看出,并行模型对于企业的组织能力要求更高。因为这涉及不同部门之间的沟通和协调问题。如果不能在组织层面对创新过程进行详细的界定,那么并行模型的风险会非常大。

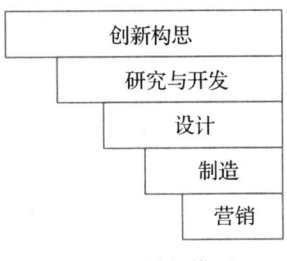

图 2-7 并行模型

2.2.3 产业成长模型

不论是线性模型还是复杂模型,这些模型所关注的都是一个企业内所发生的创新过程。当我们关注区域或产业层面的技术创新发展时,上述模型的解释程度就不够了。实际上,从几次世界范围的技术创新浪潮来看,技术创新虽然一开始发生在某个个体或某个组织中，但是很快就会蔓延到整个产业。这个过程引发了很多学者的关注，阿伯内西（William J. Abernathy）和厄特巴克（James M. Utterback）提出的 A-U 模型是其中的代表。A-U 模型把产业的发展分为流动阶段（fluid stage）、过渡阶段（transition stage）和特定阶段（specific stage）。同时，产业内的创新活动也区分为产品创新和工艺创新，前者是产品本身的创新，后者则是在产品生产加工过程中的创新。在不同阶段，技术创新活动的发展特点如下。

（1）流动阶段。从产业的发展阶段来看，流动阶段属于产业发展的前期。这意味着产业内没有太多的从业者，产业的主要技术和主导产品也没有被充分开发，甚至就连产业本身有没有潜在空间也有很强的不确定性。在这一阶段，产业内的企业主要致力于产品层面的创新，会在基础研发方面投入更多的资源。由于产品本身尚未有清晰的解决方案，产品的加工制造工艺层面不是企业的创新重点。

（2）过渡阶段。在过渡阶段，经过前期大量企业的研发投入，产业内已经形成了较为成熟的技术。相当一批企业已经开发出商业化的产品。在这一阶段，如何将实验室中的产品进行批量生产，并且在市场上推广，甚至应对同行业者的竞争，是企业的经营重点。在过渡阶段，企业仍在持续地进行产品创新，因为从产业发展的角度来看，产品层面的推陈出新和技术迭代仍可能对企业的发展形成影响。不过，工艺创新的比重已经超过了产品创新。大部分企业开始架设生产加工流水线，同时在市场开拓、渠道开拓上投入资源。

（3）特定阶段。特定阶段属于产业发展的成熟阶段。经由前两个阶段的开发，行业内的主导产品已经非常成熟，企业的产品创新活动已经逐渐减少甚至趋于消亡。产品的生产加工流程不断成熟完善，企业的工艺创新也在逐步减弱。在这一阶段，企业的创新活动必须脱离原有的技术领域，寻找新的可能的发展方向，如果不能发生这种蜕变，企业就有可能随着产业的衰退陷入严重的经营困境。因此，在特定阶段，企业实际上是为新的产品创新和技术创新做准备。

特定阶段属于产业发展的成熟阶段，处于产业生命周期的中后期。在这一阶段，产业内的主导产品已经非常成熟，不同企业的经营活动趋于同质化。由于大部分企业的产品非常接近，生产加工工艺很难显现差异化的优势。总体来看，在产业的特定阶段，无论是产品创新还是工艺创新都在慢慢减弱。本阶段后的产业有两种发展可能。一种是产业内的技术出现更新换代，这有可能从根本上改变产业的主导技术和产品，产业将进入另一个发展阶段的循环。另一种则是产业的技术在现有技术框架内难以实现突破，最终这个产业慢慢趋于衰退。

根据上述三个阶段的分析可以看出，当以产业为单位来观察技术创新的发展规律时，产品创新和工艺创新是交织在一起共同演进的，这一过程如图 2-8 所示。

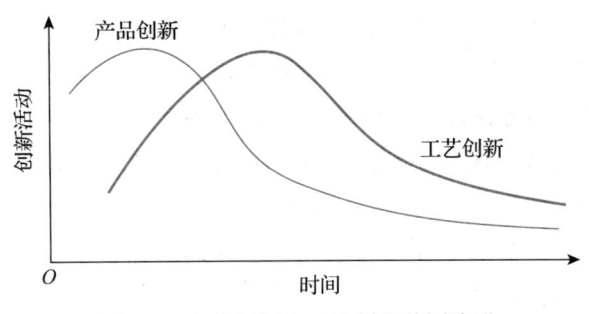

图 2-8 产品创新和工艺创新共同演进

2.3 创新思维

2.3.1 基本概念

当我们谈到技术创新时,就不得不谈到创新思维。虽然技术创新的产生、发展以及对经济社会的影响有着复杂的原因,但是,就微观个体而言,个体的创新思维对于创新活动有着非常重要的推动作用。创新思维是一种设计思路,从广义上看,创新思维是一种对基础信息的认知方式的创新,是对原有思维模式的改变。拥有创新思维的个体能够对各种信息进行甄别,进行创造性的组合,从而获得一种新颖的认知产出。

创新思维的基本特征包括以下几个方面。

(1)反思特征。创新思维必须从对事物的常规性理解中寻求差异,不能简单地重复过去的思维惯性。它积极探究发生在当下的实践活动,从中发现和反思结果,最终达到创新的思维产出。经典的学习理论已经强调了反思的重要性,任何对事物内在规律的深入认识都要依赖于对已经发生的事实和行动的反思,创新思维也积极呈现了这种反思的特征。只有经过多次反复,在创新的行动上多次迭代,才能形成有效的创新成果。

(2)发现性特征。创新思维是人体大脑的高级反应。在这一反应过程中,一方面,大脑在对已有的信息进行分析,呈现结论;另一方面,它还需要新的信息来刺激大脑皮层反应,从而实现更多的可能性。如果只是一味地重复过去的经验,创新是难以实现的。创新依赖于新的探索和发现,要实现创新,必须在思维的重新开发过程中发现事物新的特点和功能,这就意味着个体需要跳出常规思维,发现基本知识点之外的关键问题。

(3)实用特征。创新思维不是独立于现实的,它应该以现实为基础,在历次技术创新的浪潮中可以清楚地看到这一点。如果创新的最终成果不能应用到社会生产、生活中,那么这种创新就是徒劳无益的。这就意味着创新思维必须紧密依靠实践,必须基于现实的经济社会运行规律来实现改进和创新。

（4）相对特征。思维模式的结果会形成不同的结构，但这种不同之处也是相对而言的。创新依赖于它所处的条件，尽管创新相对于过去往往带来了一些进步和提升，但它仍存在着特定历史条件下的局限性。它不能脱离当前时代的发展特征，不能脱离当下经济和社会的发展水平。因此，即使在创新思维已经成为社会热点的今天，我们也不能否认创新思维出现之前的历史。

在数字时代，创新思维对于新产品的开发以及创业机会的识别有着重要的作用。数字时代前所未有地强调新兴技术在各个管理层级、各个职能领域的应用。理解和使用新兴技术需要创新思维作为基础条件。数字时代创新思维展现出一些独有的特征。

（1）数据驱动。数字式创新思维强调数据分析和数据挖掘的重要性，利用大数据技术来发现模式、预测趋势，并据此做出决策。每一个决策和假设都基于数据的收集和分析，而不是仅凭直觉或经验。个体应当尝试将问题和解决方案量化，通过数据来定义问题的范围和规模。同时，个体还应当具备强大的数据分析能力，能够使用统计学、数据挖掘和机器学习等技术来提取见解。

（2）跨界融合。数字技术打破了传统行业的界限，创新思维鼓励跨界融合，探索不同领域和技术的结合点，创造新的产品和服务。换言之，创新思维不局限于单一学科，而是将统计学、计算机科学、心理学、社会学等多个学科的理论和方法结合起来，形成综合性的分析框架。个体需要结合不同的技术工具和平台，如大数据分析、云计算、人工智能、物联网等，以实现数据的高效处理和智能分析。此外，创新思维特别强调在不同行业之间应用数据思维，将一个行业的数据分析方法和见解应用到另一个行业中，以创造新的业务模式和解决方案。

（3）持续学习。数字技术日新月异，数字式创新思维要求个人和组织持续学习，不断更新知识和技能，以适应不断变化的环境。数据技术和分析工具不断进步，因此，持续学习有助于跟上最新的技术发展，有效利用新兴工具和平台。创新思维要求跨学科能力，学习不同领域的知识有助于更好地理解数据背后的含义和应用场景。通过持续学习，个体能够增强解决复杂和多变量问题的能力，这些问题往往需要综合运用多种数据分析技术和方法。

2.3.2 基本要素

创新思维具有以下六个基本能力要素，它们与商业领域的成功有着紧密的联系。

1. 突破思维定式能力

创新意味着在现有的框架内，甚至脱离已有框架寻找新的道路，实现思维上的突破。这种突破需要个体攻克自我思维的刻板印象，这种能力是技术创新中不可或缺的要素。比如，在广告媒体领域，通常是让广告尽可能多地影响受众群体，受众越多，广告效果越好。然而分众传媒创始人江南春却认为，广告受众不是越多越好，重要的是找到最适合的人群。为了找到最适合的受众，分众传媒在电梯、商店和电影院内设置了不同的广告内容，从而区分了受众群体。这种广告方式很快在全国流行起来，分众传媒也因此成为我国最大的生活圈媒体。

2. 识别潜在问题能力

为了创造性地提出新的思想，进而解决实践中的问题，个体首先需要识别高质量的潜在问题。因此，有效的创新思维的首要前提是个体对于潜在问题具有敏感性。比如，近年来，我国北方一些地方受到雾霾的侵袭，气候污染显著影响到人们的生活和生产活动。那么，空气质量预测就具有广大的市场前景。IBM 已经成为这方面的先行者，它已经在我国建立了污染预测技术研究实验室，其后又与北京市政府共同创建了联合环境创新中心。不仅在我国，IBM 与印度等其他发展中国家也开展了空气检测和预测方面的合作。IBM 在这一方面的敏感性使它走在了很多企业的前面。

3. 抽象与本质思维能力

抽象与本质思维能力可以使个体摆脱事物的表面特征，提取事物的基本特征。有效的抽象和本质思维可以提升个体思维的灵活性，从而使个体更具创造性。很多人之所以会陷入创新的困境，在已有的信息、知识、模式中难以脱身，就是因为他们不能从纷乱繁杂的信息中找到那些与创新活动最密切相关的线索，也就不能提炼出最为关键的部分，从而不能将这样的线索纳入创新活动的开发中。抽象与本质思维能力也是学习的核心。

4. 联想与组合思维能力

创新就是在过去已有的知识、技术、模式的基础上发展出新的知识、技术、模式。在这一过程中，原有的知识构架会被打破，进而添加新的元素。不同的元素依托特定的创新逻辑重组，形成创新结果。在这一过程中，个体需要善于将已有的元素进行架构上的组合，并在充分发散思维的基础上积极联想，甚至将传统上从未搭配在一起的元素纳入统一的框架中，从而形成最终的结果。在创新领域，有很多联想和组合思维的应用例子。比如，手机和数码相机的组合丰富了手机的应用场景，在一定程度上造成了数码相机产品的衰退。

5. 类比和迁移思维能力

创新不是凭空产生的。很多领域的创新通常都有在其他领域的雏形。当人们接触到这些雏形后，他们将雏形中所包含的技术逻辑和模式引入待开发的领域，就形成了有效的创新成果。这一过程就是思维的类比和迁移过程。比如，蝙蝠主要利用超声波回声定位信号搜寻食物、探测距离、确定目标、回避障碍和逃避敌害等。借鉴蝙蝠的定位原理，在军事领域，人们发明了雷达。雷达可以发射电磁波对目标进行照射，在接收到电磁波的回波后可以判定目标与雷达的距离和方位。在民用领域，人们还仿制了盲人用的探路仪。这种探路仪同蝙蝠一样能够发射出超声波发射器，盲人带着它就可发现电线杆、台阶等障碍物。

6. 创新导向的元思维

元思维是指创新思维的思维倾向。创新本身不是一个一次性的过程，技术的发展永远在进程中。如果人们习惯于认为一次创新就能够一劳永逸，将很难去应对创新的压力。特别是在当前这样的发展环境下，技术和市场的发展变化有很大的不确定性，建立创新的元思维显得特别重要。纵观世界，能够在数十年间保持成功优势的企业，无不具备创新导向的元思维。即使在企业已经取得领先优势的情况下，它们也依然持续不断地创新与变革，不断保持组织的活力，不断推陈出新。

2.3.3 创新思维的培养

1. 重视知识的积累和应用

创新不是坐在桌子前的臆想，不是无中生有地形成的。创新的发生、发展是建立在一整套理论知识体系的基础上的，知识是形成创新思维的先决条件。在人类历史上的数次工业革命中，对社会、生产产生显著影响力的发明都是发明者在前人已有的知识基础上反复试验、刻苦攻关才实现的。因此，要培养创新思维，首先要重视知识的积累和灵活运用。需要提醒的是，与创新思维相关的知识积累和应用，不是一味地强调对传统知识的简单继承和复制，而需要个体能够对知识进行深入加工和处理，能够积极提炼出知识传承发展的核心线索，能够积极运用联想、类比、列举、组合、推理等方法发现潜在问题，提出原创性的假设、设计方案来解决问题。

2. 培育创新思维的外部环境

创新行动是由微观的个体或组织推进的。个体或组织的创新思维能够形成，必然有很多特殊的因素。不过，从整个社会来看，当把所有个体的创新思维和创新行为聚合在一起时，我们会发现社会环境对于创新思维的形成有着强烈的推动或阻碍作用。从世界各国的产业革命实践和技术发展脉络来看，与创新思维最相关的环境因素是市场的竞争要素。正是由于存在充分的市场竞争，才使得国家之间、行业之间、企业之间以及个体之间面临着挑战与压力。在这种情形下，个体或组织只有不断创新，方能在竞争中生存下来，获得成长所必需的资源。因此，要在区域层面培育创新思维，从根本上来说，就是要打造充分竞争的外部环境，让创新的成果能够迅速地脱颖而出，这样才能形成创新的正向激励。

3. 塑造数字时代的思维模式

在数字时代，创新思维对组织和个体来说非常重要。数字时代的创新思维首先需要持续的学习习惯，不断更新知识和技能，跟上最新的技术和行业趋势。同时，数字时代的学习鼓励跨学科、跨领域的学习和合作，将不同领域的知识和技术结合起来，可能会产生新的创新点。在数字时代，快速试错和迭代是创新的关键。在以面向商业活动为主的创新行为中，应当鼓励快速制作和测试原型，及时调整和优化产品或服务。组织和个体还需要积极利用数据分析和人工智能工具，从大量数据中发现模式和趋势，指导决策和创新；同时熟练掌握和使用各种数字工具和平台，如项目管理软件、协作工具、设计思维工具等，提高创新效率。

创业案例

追觅科技：用航空技术革新清洁领域

在智能清洁行业，一家名为追觅科技的公司以其独特的技术背景和创新产品，成为行业的一匹黑马。追觅科技不仅实现了销售额的显著增长，更以源自航空领域的技术重新定义了智能家居清洁产品。

追觅科技的创始人俞浩自幼对飞机充满热情，凭借对飞行原理的敏锐洞察力，他被保送至清华大学航空航天专业。在大学期间，俞浩不仅成为中国最早的四旋翼开发者之一，还创建了天空工场，聚集了一群对飞行器、汽车、机器人以及未来世界充满好奇的极客。

2015年，戴森以其高速马达技术在中国市场取得成功，这启发了俞浩：航空技术是否能应用于清洁领域？这一想法促使他创立了追觅科技，致力于将航空领域的高速马达技术带入智能清洁行业。

2017年，俞浩带领团队研发出首款10万转速的高速数字马达，这一技术突破为追觅科技的快速发展奠定了基础。同年，追觅科技加入小米生态链，2018年推出的首款无线吸尘器V9在市场上取得巨大成功。

追觅科技不断扩展产品线，涵盖扫地机器人、无线吸尘器、智能洗地机和高速吹风机等，其产品已销往全球120多个国家和地区。2021年，公司完成了36亿元的C轮融资，刷新了智能清洁行业的融资纪录。

追觅科技建立了消费者洞察中心，通过深度走访和用户调研，收集产品反馈，及时将领先技术应用到产品上，为用户提供更好的功能和体验。例如，追觅的扫地机器人在全球首创仿生外扩型拖布贴边技术，提升了家庭清洁的范围和效果。

在品牌建设过程中，追觅科技采取了以外打内、以高打低和以新打旧的三大策略，尤其是在渠道创新方面，通过抖音等新渠道实现了反超。2023年追觅科技在抖音年货节清洁电器类目中获得了品牌榜、商品榜和店铺榜三连冠。

追觅科技的研发团队不断进行技术创新，推出了绿光显尘技术，使用户更容易发现细小灰尘。公司设立了创新研究院，根据用户需求进行长期正向的技术研发创新，确保企业持续经营发展。

资料来源：赵东山. 用造飞机的技术造扫地机[J]. 中国企业家. 2023, (7): 19-22.

2.4 创新与创业

在创业过程中，创新扮演着非常重要的角色。按照创业过程中各项具体管理活动的发生顺序，可以将创业过程划分为三个阶段：决定创业阶段、创办企业阶段以及企业成长阶段。这一过程中，创新与创业活动的推进是相辅相成的。创新就是解读创业活动发展过程的另一条线索。创业过程的阶段划分如图2-9所示。○

2.4.1 决定创业阶段

决定创业阶段是创业之前的准备阶段。在这一阶段，潜在的创业者刚刚在脑海中形成一个初步的创业决定，正式的创业活动还没有成为现实。决定创业的诱因是多元化的，一个意外事件的发生、与创业榜样的一次交流、一个突发念头的影响都有可能导致一次创业活动的开始。经过了这一阶段，创业者也就正式站在了创业的起跑线上。

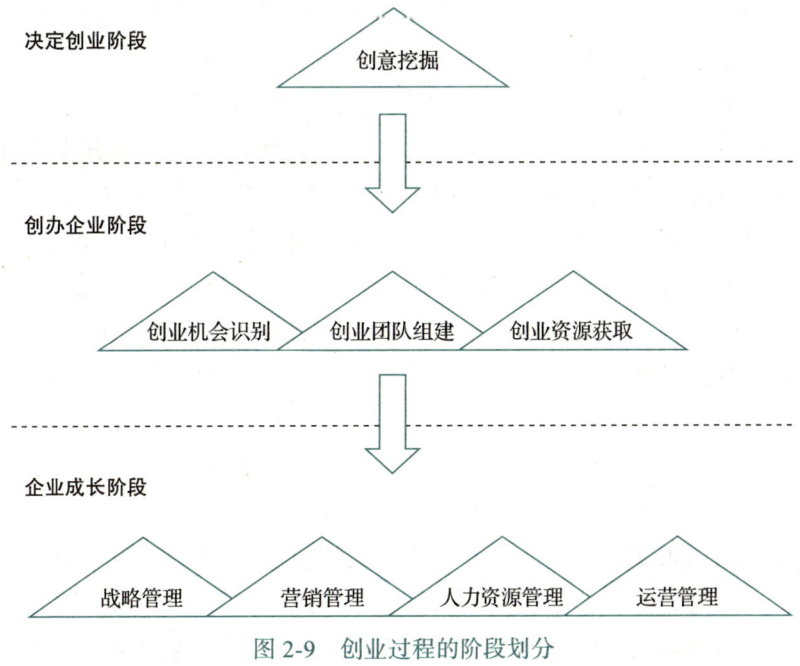

图2-9 创业过程的阶段划分

○ 有关创业过程，也可参见本书第1章相关内容。

在决定创业阶段，创新仅仅停留在创意阶段。这些创意有可能是一项尚停留在实验开发阶段的研究想法，或是一套全新的经营方案，或者仅仅是一个突发奇想的点子。这种创意本身即使从技术的发展轨迹来看，也属于非常前期的阶段，具有非常强的不确定性。事实上，很多创意也许会一直停留在技术雏形阶段，永远不可能在可行性和实用性方面有突破，这样的创意自然也就无法真正转入实质性的技术创新行动，创业者也不会用这样的创意去创办企业。因此，在决定创业阶段，创业者的最主要任务是通过集思广益或头脑风暴，广泛收集与创意、创新相关的信息、知识，从中寻找并最终选定创业项目。在数字经济时代，创新尤其有助于在更大范围内开发创意。大数据和人工智能技术可以用于识别模式、趋势和潜在的创意点。新的数字技术也有助于建立一个知识共享平台，让团队成员能够轻松访问，分享信息、想法和最佳实践。

2.4.2 创办企业阶段

创办企业阶段意味着创业者开始付诸正式的创业行动。与决定创业阶段不同，在创办企业阶段，创业者已经有了较为明确的目标，对于创业行动的开展过程也有了初步的想法。此时，创业者需要把初步拟订的创业方案进一步细化，同时寻找可靠的创业伙伴，共同开发创业机会。这一阶段实际上是正式创业活动的开始，会一直持续到企业正式创办。在这一阶段中，每一项典型的创业活动都与创新密切相关。

（1）创业机会识别。创业机会比通常的创意的可行性更强，它们具备更明确的市场需求和相对成熟的产品方案。创业者对于创业行动具有一定的把握，这也成为创办新企业的基础。创新和创业机会识别的关联度非常高，创新同样需要寻找有潜力的市场，同样需要根据市场需求的特点开发有针对性的产品。在数字经济时代，创新对于创业机会识别尤其重要。在新的技术背景下，创业者可以探索将最新技术，如人工智能、大数据、物联网、区块链等与现有产品或服务结合的可能性；可以运用敏捷开发方法快速迭代产品，及时根据用户反馈进行调整；可以利用数据分析来指导产品开发、市场定位和业务策略，提高决策的准确性。新的技术赋予了创业者在数字经济时代发现新的商业机会，开发创新的解决方案，满足市场需求，并实现可持续发展的更多可能。

（2）创业团队组建。创业活动是一个较为复杂的过程，除了对市场和产品的评估与判断以外，内部运营、财务管理、生产运作、对外销售等环节都需要专门的人来实施，这就涉及创业团队的组建工作。通常，创业团队成员需要具备充分的、多样的、多方面的信息、知识、资源。对创新来说，创业团队组建是创新活动能够推进的组织保障。当创业者充分吸收了不同来源的团队成员后，实际上也就意味着创新的推进有了更强的可行性。

(3) 创业资源获取。创业资源包括启动所需要的资金，但又不局限于资金。在创业活动的推进过程中，创业者需要的资源是多方面的，与创业活动相关的人力资源、资金资源、厂房设施和渠道资源等，都是创业者迫切需要的。为了应对资源方面的需求，创业者往往需要采取灵活多变的方式汲取各类资源。创业资源获取同样是创新活动实施过程中所不可少的，例如，拥有丰富的技术资源或加强与研究机构的合作，这些本身就能促进创新活动的快速推进。创新的产出也需要市场的检验，此时，运作和营销方面的资源是创新能够获得成效的支撑条件。

2.4.3 企业成长阶段

在企业创办之后，创业者就要面临企业的成长问题。新企业由于刚刚进入市场，没有太多的市场合法性，它们将面临外部竞争对手所带来的巨大压力。稍有不慎，创业者和他所创办的企业就会遭受巨大的挫折。新创企业的成长管理实际上就是解决小企业在市场中生存、发展和壮大的问题。在企业成长阶段，典型的管理活动包括战略管理、营销管理、人力资源管理和运营管理四个部分。

(1) 战略管理。不论是对于大型企业还是新创企业，战略问题都是企业的首要问题。虽然很多人会认为小企业或新创企业不需要像大企业那样有规范的战略流程和复杂的战略方案，但是灵活多变和市场导向本身就是一种战略的导向。无论如何，创业者都需要借助战略管理的思路和建议，建立起企业的战略定位，明确战略的重点和可行方案。在很多情况下，新创企业的战略重点是创新活动，它们把创新直接作为企业的战略，通过持续投入创新赢得产品方面的优势，并且这种优势是竞争对手难以模仿的。在这种情况下，在创办新企业阶段，创业者所获取的资源和组建的团队就派上了用场——既有创新方面的专家，又有充分的资源推进创新行动。

(2) 营销管理。营销活动是创业者开发市场的行动方案。通常，对于创业活动来说，营销的影响是立竿见影的。因为创业者首先需要把产品销售出去才能获得支持企业生存的商业价值，所以在很多企业中，创业者会把营销管理作为新创企业成长的首要任务。创新的成果——企业的产品，需要接受市场的检验，如果无法获得市场的正面回应，创新的投入再多，也不过是自娱自乐的实验室技术。此外，在营销活动中，创业者与一线消费者的直接接触，能够帮助他获得有关市场需求的准确认知，这些都可以纳入创新的实施方案，因为创新本身也是市场导向的。

(3) 人力资源管理。人始终是创业过程中的重要推动要素。新创企业虽然规模小、前期成长慢，但是仍需要重视人的问题。当然，新创企业的人力资源管理问题与一般组织的人力资源管理问题存在着较大差异。后者往往具备非常庞杂的组织架构，有专门的人力资源管理部门来推进人力资源管理的各个环节。在新创企业内，没有这样繁杂的运作流程，人力资源管理灵活机动，其重点在于如何让企业的核心业务拥有充分的人力保障。创新也是新创企业人力资源管理工作的重点，关键员工的招聘、培训、激励、考核都将围绕着企业如何在关键领域实现创新突破来实施。

（4）运营管理。企业的运营管理与创新之间的联系极为紧密。这是因为创新所带来的工艺、流程方面的改进和调整能够直接作用于企业的运营管理。在数字经济时代，企业运营管理尤其要积极引入新兴技术，积极提升运营效率，改善运营效果。首先，数字技术能够推动企业组织结构向更加透明、高效、精准和智慧的方向发展，组织层级结构逐步弱化，员工职责从单一工序向创造性活动扩展。其次，企业也应当越来越重视构建包括员工、客户、供应商、合作伙伴等在内的企业生态体系，通过数字技术实现分布式协同合作，提高资源配置效率，实现价值增值。企业的具体运营管理与服务流程需要与新一代信息技术如大数据、移动互联网、云计算、物联网、人工智能等深度融合，推动智能化生产和网络化协同。同时，企业还需要加强供应链金融创新和区块链下的供应链管理。这些变革不仅为企业带来了运营效率的提升和成本的降低，同时也对企业管理理论和方法提出了创新需求。

可以看出，不论是处于创业过程的哪一个阶段，创新的重要性始终贯穿其中。在有效启动创业、识别创业机会、处理创新活动的同时，创业企业也得到了成长。

本章要点

- 到目前为止，世界性的工业革命已经发生了三次，每一次工业革命都是由技术上的重大突破所引起的。
- 创新的理论模型描述了不同要素对于创新的促进作用的发生机制。这些理论模型对于总结创新活动的微观和宏观特征非常有帮助。
- 个体的创新思维对于创新活动有着非常重要的推动作用。新思维是一种对基础信息认知方式的创新，是原有思维模式的变化。
- 在创业过程中，创新扮演着非常重要的角色。成功的创业过程是以创新为基础的，在创业过程中，创新与创业活动的推进是相辅相成的。创新是解读创业活动过程的线索。

行动学习

请根据以下步骤对创业团队的创新过程进行分析：

第一步，寻找一家数字经济领域的初创企业。

第二步，认真准备并设计采访大纲，问题可以来自本章的知识点，也可以来自你的生活阅历，还可以设计问卷，请初创团队成员填写。

第三步，访谈的时候与创业团队进行积极沟通并做好记录，在征得对方允许的情况下可以录音。

第四步，访谈结束后认真进行整理，思考从访谈的创业团队的创新过程中所学到的知识，并汇报访谈成果。

思维训练

对身边熟悉的某个产品（如手机、计算机、空调等）进行创新思维训练。想想这类产品在未来3～5年将会出现哪些方面的创新。说明这些创新是否具有市场价值，并提供理由。

提示：可将你的思路在白纸上写出来，用便利贴的方式增加创新的点子，并描绘出它们的市场价值。

问题回顾

1. 创新的核心要素是什么？
2. 请列举一个技术创新的例子，说明它的发展来由。
3. 在创业的不同阶段，创新的重要性是否发生变化？

参考文献

[1] CRESCENZI R.Knowledge-intensive entrepreneurship and innovation systems: Evidence from Europe [J]. Journal of economic geography, 2012, 12(2): 569-572.

[2] YORK J G, VENKATARAMAN S.The entrepreneur-environment nexus: Uncertainty, innovation and allocation[J]. journal of business venturing, 2010, 25(5): 449-463.

[3] PRIEM R L, LI S, CARR J C. Insights and new directions from demand-side approaches to technology innovation, entrepreneurship and strategic management research[J]. Journal of management, 2012, 38(1): 346-374.

[4] STRATE J, KETCHEND J, IRELAND R D, Snow C C. Strategic entrepreneurship, collaborative innovation and wealth creation[J]. Strategic entrepreneurship journal, 2010, 1(3-4): 371-385.

[5] 沃格尔.创新思维法：打破思维定式，生成有效创意[M].陶尚芸，译.北京：电子工业出版社，2016.

[6] 特罗特.创新管理与新产品开发：原书第6版[M].焦豪，陈劲，等译.北京：机械工业出版社，2020.

[7] 林军.沸腾十五年：中国互联网 1995—2009[M].北京：中信出版社，2009.

[8] 刘民钢.人类历史上的三次科学革命和对未来发展的启迪[J].上海师范大学学报（哲学社会科学版），2018，47(6)：64-71.

[9] 迟红刚，徐飞.从技术创新到社会技术系统转型：工业革命先导产业创新驱动发展的历史启示[J].科技管理研究，2016，36(24)：1-7.

第3章 创业者

> 创业对大多数人而言是一件极具诱惑的事,同时也是一件极具挑战的事。不是人人都能创业成功,但它也并非想象中那么困难。任何一个梦想成功的人,倘若他知道创业需要策划、技术及创意的观念,那么成功就离他不远了。
>
> ——塔伦·康纳(Tarun Khanna)

【学习目标】

学完本章后,你应该能够:
- ☑ 了解创业者及相关概念
- ☑ 加深对创业者的人格特质和素质的认识
- ☑ 更好地掌握创业的选择路径和方法
- ☑ 进行合理的创业人生规划

引例　　　　一个传奇企业家的创业故事

曹德旺,出生于上海,福建省福州市福清人。在局势动荡的年代,他的家境一夜之间一落千丈。为了生存,他卖过水果、做过小贩,尝尽了生活的艰辛。然而,正是这些早年的挫折与磨砺,塑造了他坚韧不拔的性格和积极向上的心态。曹德旺曾回忆说:"我9岁才上学,15岁就辍学了。当时家里太穷,我只能跟着父亲去倒卖烟丝。每天赚不到多少钱,还要受到别人的冷嘲热讽。但我知道生活不容易,所以我从不自卑。"在经历了白木耳生意的失败后,曹德旺进入了福州市一家玻璃厂工作。经过不懈的努力和学习,他逐渐从一名普通工人晋升为工厂的负责人。这段经历为他日后的创业之路打下了坚实的基础。

20世纪80年代初，曹德旺决定辞去工作，下海经商。他以敏锐的市场洞察力和独特的商业眼光，开始在玻璃行业摸爬滚打。起初，他只是一家玻璃厂的推销员，但凭借出色的才干和务实的作风，他很快便在业界崭露头角。随着生意的逐渐壮大，曹德旺意识到中国的汽车玻璃市场潜力巨大。当时的中国汽车玻璃以进口为主，但这些进口玻璃不仅价格昂贵，还存在着质量和安全隐患。于是，他下定决心要打破这一局面，让中国汽车玻璃行业焕发新的生机。

1985年，曹德旺成立了福耀玻璃有限公司。在他的引领下，福耀玻璃凭借着先进的技术、卓越的产品质量和良好的信誉，迅速在国内市场占据了一席之地。随后，福耀玻璃逐渐扩大规模，进军国际市场。如今，它已成为全球知名的汽车玻璃制造商，福耀玻璃已成为中国汽车玻璃行业的代名词。在这个过程中，曹德旺始终坚守诚信经营的原则。他深知商业道德和社会责任的重要性，他还努力提高员工福利、保障消费者权益、保护环境资源等。这种企业家的社会责任感和使命感赢得了社会的广泛赞誉和认可。

资料来源：作者根据网络公开资料整理。

讨论题：

1. 作为一个成功的创业者，曹德旺具备哪些特质？
2. 曹德旺如何做出创业选择？

1755年，法国经济学家理查德·坎蒂隆（Richard Cantillon）首次使用创业者一词。1800年，法国经济学家让·巴蒂斯特·萨伊（Jean Baptiste Say）提出了创业者的定义，他将创业者描述为将经济资源从生产率较低的区域转移到生产率较高区域的人，并认为创业者是经济活动过程中的代理人。著名经济学家熊彼特（1934）进一步指出，创业者应为创新者。本章将着重从创业者人格特质、创业者素质、创业者选择三个方面认识创业者。

3.1 创业者人格特质

创业者人格特质的概念来自心理学家对个体人格特质的研究。[1]作为一种复杂的、基因所决定的心理和生理结构，人格特质可以揭示个体的行为规律以及为什么不同个体对同一现象的反应不同，这种差异性将对个人的经历和行为方式产生重要影响。学术界对人格特质的概念尚未形成共识，目前较为认同的观点是将它看成一种独特的个人特征，反映个体如何在观察、行动和感知等一系列生理和心理方面表现出来的稳定行为模式。创业者人格特质关注的是创业者

---

[1] 单标安，费宇鹏，于海晶，等.创业者人格特质的内涵及其对创业产出的影响研究进展探析[J].外国经济与管理，2017，39(4)：15-24.

这一特殊群体所具备的共同人格特质。

针对创业者人格特质的维度划分，大量研究从不同角度加以关注，主要可以分为两类。一是三维度模型和大五维度模型。该部分研究较为聚焦，关注认知型、气质型、外向性、严谨性等人格特质。二是考虑了创业活动的具体特征，强调创业者这一群体所拥有的人格特质。该部分研究较为分散，不同学者根据各自特定的研究目的提出相应的特质维度。创业者人格特质的维度划分如表 3-1 所示。

表 3-1 创业者人格特质的维度

维度划分	创业者人格特质	代表性学者
三维度模型	认知型人格特质、气质型人格特质、动态专有型人格特质	Cattell（1965）
大五维度模型	外向性、神经质、宜人性、严谨性、经验开放性	Costa 和 McCrae（1985）
基于特定研究目的人格特质	成就需求、风险倾向、心理控制源、模糊容忍度	Ahmed（1985）
	成就需求、心理控制源、自我依赖、外倾性	Lee 和 Tsang（2001）
	成就需求、风险承担、心理控制源	Keh 等（2002）
	风险承担、外向性、神经质、宜人性、严谨性、经验开放性	Zhao 和 Seibert（2006）
	成就需求、广义自我效能感、创新性、压力容忍度、自主性需求和主动性人格	Rauch 和 Frese（2007）
	创新性、心理控制源、风险承担、成就需求	Ge 等（2009）
	创新偏好、风险偏好、成就偏好	林嵩（2009）
	创新性、主动性、风险承担	Vantilbor 等（2015）
	国际注意力、国际风险偏好以及国际社会资本	李巍和许晖（2016）
	创造性、成就需求、风险承担	Smith 等（2014）
	经验开放性、责任心、主动性、坚韧性、多面手、风险承担、坚韧认真、成就需求、诚实守信、自信	王海花（2018）
	创造力	Altinay 等（2021）

资料来源：李扬. 创业者人格特质、商业模式创新与新创企业成长 [D]. 吉林大学，2023.

大五维度模型（big five model）是目前广受认可的人格特质维度划分方式，包括外向性（extroversion）、神经质（neuroticism）、宜人性（agreeableness）、严谨性（conscientiousness）和经验开放性（openness to experience）。

然而，一些学者认为，尽管大五维度模型较全面地刻画了人格特质的内涵，但它并不是针对创业问题提出的。也就是说，创业者人格特质与一般个体的人格特质不能等同看待，应针对创业活动特征，关注那些能明显影响创业的人格特质维度，如成就需求（need for achievement）、风险承担（risk taking）和心理控制源（locus of control）等。成就需求特质目前受到较多关注，反映出创业者完成有挑战性的目标和追求成功的强烈欲望，即不轻易满足于已有成就，这种特质与企业成长积极相关。风险承担反映个体愿意冒险、乐意从事有风险的活动，被认为是创业者人格特质的核心维度。创业活动具有高度不确定性，那些风险倾向高的个体更可能成功识别、评估和利用机会。心理控制源指个体对事件结果的预期,即事件的发生是否可控或在其可理解范围内,反映个体感知到的能力对所面临事件的影响,分为内控性和外控性两方面。

自大五维度模型提出后,它与第二类的具体特质维度间的关系便成为热点问题。特质论研究的著名学者 McCrae 等(1993)、Paunonen 和 Jackson(1996)等都认为大五维度模型是人格特质研究的最基本分析框架,目前绝大多数的具体特质都可以划归到大五维度模型中,如成就需求可以划归到严谨性维度,创新性可以划归到经验开放性维度,乐观和自力更生特质可以划归到外向性维度,自信特质可以划归到神经质维度等。然而,他们在研究中也发现风险承担这一特质与大五维度模型存在较大的差异性。Zhao 和 Seibert(2006)则认为风险承担能很好地与创业活动的特征相匹配,在该维度上能够显著地与非创业者加以区分,故将它看作独立于大五维度模型外的第六个特质,如表 3-2 所示。

表 3-2 创业者人格特质维度总结

人格特质	描述	特征	部分具体特质
外向性	反映的是个体乐于与他人相处而不是独自待着,具有外向性的个体表现出乐观以及社会化导向(外向、合群)	社会活动能力强、善于社交、自信、有雄心、积极和健谈	外向性、自力更生、乐观、社交性、社会参与性、内向性、友好等
神经质	反映的是个体缺乏积极的心理调整和情绪的稳定性,这种性格的个体较易出现情绪波动和低落	沮丧、焦虑、易怒、担忧和缺乏安全感	控制源(内控性、外控性)、情感的稳定性、自信、焦虑、一般性自我效能感等
宜人性	反映出一种合作倾向,信任和关怀他人,表现出和善、开朗和温柔可爱,容易相处并得到他人喜爱	总是彬彬有礼、灵气、脾气好、愿意合作、宽厚仁慈	宜人性、独立性、警惕性、宽容、侵略性等
严谨性	倾向于符合规则与规矩,具有较强的目标导向、可靠性和有序性(计划性和组织性)	可靠、谨慎、负责任、勤劳和坚持不懈	尽责性、成就需求、目标导向、规范导向、完美主义、计划性等
经验开放性	常常是智慧的,并且具备非常规的思维,倾向自由,乐于用创新的方式解决问题	充满想象力、好奇心和原创力,心胸宽广,并且对艺术敏感	经验开放性、敏感性、创造性、创新性、变革意愿、直觉力等
风险承担	反映个体愿意冒险、乐意从事有风险的活动	对感知到的风险积极、乐观	风险承担

资料来源:根据 Zhao 和 Seibert(2006)等人的研究整理。

创业者与非创业者人格特质存在显著的差异。Das 和 Teng(1997)提出,在相关实证研究中有必要对二者严格区分,否则可能会导致研究结论的不一致。研究发现,相比于非创业者,创业者具有更高的成就需求,更愿意承担风险,而非创业者(如管理者和投资者)则更愿意规避风险。创业者与管理者人格特质的差异主要表现为,创业者的严谨性与经验开放性要明显强于管理者,神经质、宜人性则相对较弱,而在外向性上二者之间并没有显著差异。创业者经营企业与管理者从事的任务活动完全不同,他们面临更大的风险,个人绩效所带来的成就感也远高于管理者。在创新性方面,创业者既是组织的创造者,发现并创造新机会,也是组织创新的驱动力量,表现为自我雇用,而一般管理者则注重管理与协调资源、按照约定来管理组织,创新性更弱。在自主性方面,创业者的行为体现出自我依赖和自我导向,愿意接受风险,有能力领导并打破组织的已有行为惯例,而一般管理者往往会受组织结构与程序的制约,缺乏自主性。

目前关于创业者人格特质对创业活动影响的相关研究,主要包括创业者人格特质对创业结果的直接影响以及对创业结果的间接影响两类。其中直接影响主要集中在创业者创业意向、企业创建与成长、企业绩效等方面。激情、创新性和好奇心等特质被认为与创业意向显著相关(Syed 等,2020)。Lee 和 Tsang(2001)通过进行实证研究发现了成就需求、心理控制源与创业者自我依赖这三种人格特质对企业成长的显著正向影响。Baum 和 Locke(2004)通过实证研究发现创业者激情和创业者韧性对企业绩效有显著的促进作用。还有一部分学者发现创业者人格特质与企业结果之间并没有必然关系,如对模糊的容忍度被证明与企业财务绩效并没有相关关系(Zhao 和 Seibert,2006)。图 3-1 展示了创业者人格特质对不同创业活动的影响。

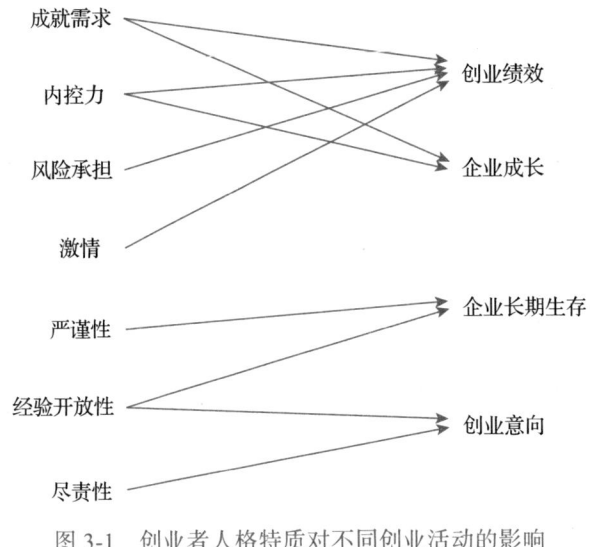

图 3-1 创业者人格特质对不同创业活动的影响

3.2 创业者素质

创业者的人格特质对于创业者素质的养成具有直接的关联作用。相较于先天所决定的创业人格特质理论,创业素质更多地与创业者成长过程中的自然和社会环境、所受的教育和个人经历等因素有关。

3.2.1 创业者素质分析

1973 年，美国著名心理学家麦克利兰（D. C. McClelland）在研究哪些因素能够作用于员工从而影响工作绩效的测验中首次提出素质一词。英国学者科林·巴罗（Colin Barrow）在《小型企业》中将创业者特点概括为以下六点：全身心投入，努力工作；接受不确定性；身体健康；自我约束；独创性和敢冒风险性；计划组织能力。美国学者唐·多曼在《事业革命》一书中提出了创业者的五种特征：愿意冒风险、能分辨出商业机会、有决心和信心、有壮士断腕的勇气、愿意为成功努力。美国学者蒂姆·伯恩（Tim Burns）在《小企业创业蓝图》中提出了对创业家的四点要求：信心、专门知识、积极主动的态度、恒心。著名管理学家威廉·拜格雷夫（William D. Bygrave）将优秀的创业管理者的素质归纳为十个方面，包括理想（dream）、果敢（decisiveness）、实干（doers）、决心（determination）、奉献（dedication）、热爱（devotion）、周详（details）、命运（destiny）、金钱（dollar）、分享（distribute）。

国内外学者普遍认为，创业者应具备的基本素质包括心理素质、身体素质、知识素质和能力素质，如表 3-3 所示。

表 3-3 创业者素质结构

创业者素质	类别	表现方式
心理素质	欲望	创业者对成功的强烈愿望
	坚韧	困境中仍能保持意志坚定，执着不放弃
	明事	明政事、商事，明世事、人事
	敬业	创业者对自己所从事的工作认真负责
	敏感	对外界的变化敏感，尤其对商业机会反应迅速
	创新	改进或创造新的事物、方法、元素等，并获得效果的行为
	冒险	挑战新事物，进行某些风险性活动
	诚信	讲信用，重承诺，忠诚履行自己承担的义务
身体素质	身心健康	身体和心理健康
知识素质	专业知识	行业发展的技术知识和现代化科技知识
	管理知识	市场营销、人力资源管理、财务管理、企业战略规划等方面的知识
	政治经济知识	创业者对时事政治、国家经济政策知识的了解
	其他知识	其他领域兴趣爱好和相关知识
能力素质	机会识别的能力	识别市场机会，发现市场需求
	持续学习的能力	善于思考，善于学习，对新技术、新知识的探究能力
	知识运用能力	能将所学知识或技术灵活运用于实践以解决问题
	团队合作能力	拥有开放的心态，善于建立与他人相互信赖的合作氛围
	组织经营与战略决策能力	创业者拥有组织、沟通、管理、决策和分析问题的能力

除了上述几种素质，在当今时代，随着数字环境对生活的深入影响，数字素养也成为创业者不可或缺的素质之一。数字素养是指个体掌握数字化知识、进行数字化学习、运用数字化技术和数字化产品的能力。数字技术的迅速发展为市场带来了新的机遇，并引起了消费者行为的变化。具备充足数字素养的创业者更易理解市场趋势，发掘新商业模式，并快速响应市场变化。首先，移动互联网、社交媒体和电子商务的兴起为创业者提供了新的销售渠道和市场参与方式。其次，高水平的数字素养使创业者能够利用多种互联网工具，从社交网络及其衍生网络中获取信息，并促进资源共享，使信息交流和互动的可能性和频率增加。在信息收集、整理和处理方面，掌握更多信息意味着具备更强的网络运营能力。再次，数据的收集和分析能力使创业者能够更精确地预测市场趋势、评估风险，并制定基于数据的决策。这种数据驱动的决策有助于降低失败风险，提升企业长期成功的可能性，从而体现出更有效的风险管理能力。最后，数字化技术使企业能够克服地域限制，利用互联网平台在全球范围内寻找客户和合作伙伴。具备数字素养的创业者能够更便捷地将业务拓展至国际市场，参与全球竞争，并通过全球供应链提升效率和降低成本。

3.2.2 创业者素质评价

创业者素质评价方法是否科学，直接影响创业者的行为选择和市场信心，因此，创业者素质评价是创业者本人、第三方、政府、学术机构、在位企业等利益相关者共同关注的问题之一。评价的科学性取决于评价的指标体系与评价方式的合理选择，评价的指标体系主要根据创业者特质与市场的要求，更多地将成功的创业者所具备的素质要求作为评价参数。评价的标准主要包括结果导向标准、过程导向标准和相关性标准。

1. 基于 RISKING 评价模型的创业者素质测评

如图 3-2 所示，基于 RISKING 评价模型的创业者素质测评包括七个方面。

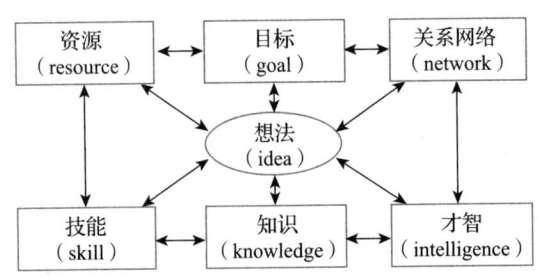

图 3-2 基于 RISKING 评价模型的创业者素质测评

- R 表示资源（resource），主要指创业必需的人力、物力以及财力等资源，包括好的项目资源。

- I 表示想法（idea），主要指具有市场价值的创业想法，能在一定时期内产生利润，应具有一定的创新性、可行性与持续拓展性。
- S 表示技能（skill），主要指创业者所需的专业技能、管理技能和行动能力等；如果个人不完全具备，但是团队之间能够形成技能互补，也是不错的能力组合。
- K 表示知识（knowledge），主要指创业者必需的行业知识、专业知识以及创业相关知识。良好的知识结构有助于创业者开阔视野、发挥才智。
- I 表示才智（intelligence），主要指创业者的智商与情商，具体表现为观察世界、分析问题、思考问题和解决问题的能力。
- N 表示关系网络（network），创业者需要良好的人际亲和力和关系网络，包括合作者、服务对象、新闻媒体甚至竞争对手。善用资源者，通常都有较强的调动资源的深度和广度的能力。
- G 表示目标（goal），明确的创业方向和目标、精准的市场定位对创业而言至关重要。

2. 基于创业者人格形成的素质评价

任何一个创业者的素质构成都不是单一的，而是立体的、综合的。通过分析创业者人格的形成过程，综合考虑创业者个人遗传禀赋、学习和实践所得以及与竞争对手、大众、合伙人之间不同的关系互动，可以构建基于创业者人格的素质评价模型，如图 3-3 所示。

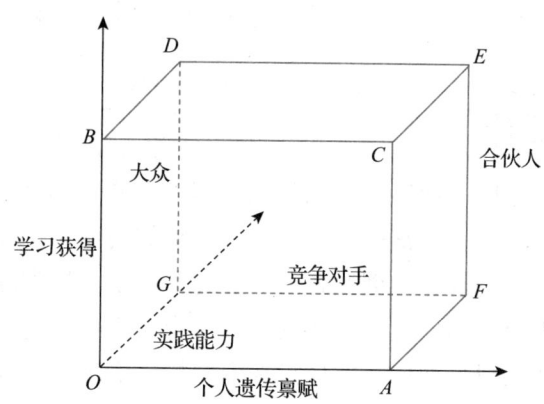

图 3-3 基于创业者人格的素质评价模型

如图 3-3 所示，OA 表示创业者个人遗传禀赋，OB 表示创业者学习获得，OG 表示创业者的实践能力，EF 表示合伙人因素综合，GF 表示竞争对手因素综合，DG 表示大众因素综合。$OACB$ 表示创业者基本的知识素质和身体素质，$OAFG$ 表示创业者的能力素质，$OBDG$ 表示创业者的思想道德素质，$DEFG$ 表示创业者素质形成的环境构成，$ACEF$ 表示创业者素质提升的组织与平台要素，

BCED 表示创业者素质提升的高度,整个立体空间的大小表示创业者素质的高低。创业者的素质既取决于个人遗传禀赋、学习获得以及实践能力,也取决于合伙人给予的支持与补充、竞争对手给予的压力、大众构成的社会环境的反作用,这些都是创业者不断提升自身素质的重要因素。

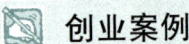
创业案例

海底捞:张勇的创业选择

1988 年,17 岁的张勇技校毕业,进入四川拖拉机厂做电焊工,稳稳当当干了 6 年。但和别人不同的是,只要休假,他就会出去转悠、寻找商机。他在成都的大街小巷转悠时,一种小火锅吸引了他的注意。所谓"小火锅"就是当时流行于成都的介于麻辣烫和火锅之间的一种吃法,张勇看好这个生意,于是迅速在简阳找了一个十几平方米的街边小店开业了。半年后一算账,2 毛钱一串的麻辣烫竟然卖了 20 万串,纯利润有 1 万元。然而之后这个很有希望的创业项目还是失败了。但没过多久,张勇又和朋友一起摆了四张桌子,正式成立海底捞。有了之前的创业经历,张勇知道只靠口味无法让自己胜出,他认定:必须用超出对手的服务才能吸引客人。凭借优质的服务和独特的经营理念,海底捞迅速在国内市场崭露头角。2012 年,张勇开始了他的国际化战略,首家海底捞海外门店在新加坡开业。面对不同的文化和市场环境,张勇积极调整策略,逐步适应各地消费者的需求。目前,海底捞在全国拥有超过 1 000 家门店,在全球拥有超过 100 家海外门店,遍布美国、加拿大、日本、韩国等多个国家和地区。

资料来源:根据网络公开资料改编。

3.3 创业者选择

创业者选择是针对创业的时机、资本和项目等因素进行的一种决策行为。创业者选择是一个丰富的概念,包含丰富的内容:个体如何成为创业者,是自发选择还是自觉选择?创业者在创业过程中是坚持到底还是有效中止,抑或见机转型?创业者如何选择创业的方向、合伙人、投资人、创业团队?创业者如何确定创业项目?如何有效地投融资?如何实现创业变革?是把创业作为一种生活方式,还是作为一种追求利益的手段?是一种实现自我价值的模式,还是一种表现独立精神的方式,抑或是一种人格再造的路径?从一定意义上说,创业者的使命就是完成选择,创业者选择往往决定了创业能否成功。创业者选择对创业本身来说是一个极其重要的过程,信息的准确获取、科学的决策方法、合理的思维方式等都将决定选择是否合理有效。

3.3.1 创业者选择的过程与类型

1. 创业者自发选择和自觉选择

个体成为创业者的动力主要有两个来源：一是由于外在环境的压力自发形成的创业行动，被称为创业者自发选择；二是个体具有明确的创业目标，并根据创业目标采取自我培养和学习的方式，即不断吸收有利因素，自觉地把自己培养成一个创业者，被称为创业者自觉选择。

通常，创业者自发选择受外部因素的影响更大。例如，当个体缺乏必要的生存条件时，会为了生存不得已而进行创业，表现为创业者缺乏充分的准备、非理性决策较多，创业者的意志不坚定、创业的状态不理想。与之相对，创业者自觉选择更多地基于创业者的内在自觉，表现为创业者自我解放意识的唤醒，通过发展内外矛盾关系而将精神与思想付诸实践，是创业者自我存在的必然体现，是创造自我的基本价值体现。创业者自觉选择具有目的性和计划性，即创业者会主动培养自己的创业素质，提升自身能力，进而实现创业目标。

2. 创业时机选择

创业时机是指创业者选择创业、进入市场的时间与机会，是创业者依据市场的需求状况，充分利用好资本、人脉、团队等资源，合理调配创业时所需要的相关要素，把握好创业时间等一系列决策行为。创业时机选择包括两个步骤。第一步是了解市场，等待机会。把握创业时机的重要环节之一是充分了解市场和消费者的需求，做好服务目标消费者的准备，包括研发与制作产品和提供服务，最大限度地满足消费者需求，从而使市场份额和盈利的最大化，此外，还要筹划好营销策略和商业模式，规避商业风险。第二步是筹措资源，抓住机会。尽可能地筹措资金，建立人脉关系，建设团队，创造产品，形成思路，做好创业前的准备。资金通常分为两种。一是自筹资金，包括自己的储蓄或向亲属朋友借用所得的资金。二是社会筹资，通过提供高价值的固定抵押物，向银行等金融机构贷款，或通过熟人网络向非正式金融机构借贷，后者比前者利率高，风险也更大。

3. 创业项目选择

（1）创业项目选择的原则具体如下。

1）市场原则，指以满足市场需求为前提，重点寻找市场空间大、发展前景广阔的项目。

2）效益原则，指要进行投入产出的详细分析，重点选择投资小、效益大、回报高、风险低的项目。

3）政策原则，指要符合国家政策法规，重点选择国家产业政策鼓励和扶持的项目。

4)因地制宜原则,指充分利用当地资源优势和自身优势选择项目,使自己的项目具有特色,切不可盲目追求社会热点,以免决策失误。

5)风险防范原则,指选择项目过程要有风险防范意识,不宜选择风险太大的项目。要有退出成本概念,选择退出成本较低的项目,一旦创业失败,创业者应有能力承受。

(2)创业项目选择的基本程序具体如下。

1)项目初选。项目初选指从众多项目中筛选项目,初步选定若干项目。

2)项目准备。项目准备主要是对初步选定的项目进行可行性研究,编制项目可行性研究报告。可行性研究主要是通过对项目的主要内容和配套条件,如市场需求、资源供应、建设规模、厂址选择、工艺路线、设备选型、生产组织、环境影响、资金筹措、经济效益及社会影响等,从技术、经济、财务、社会和环境等方面论证项目的可行性和合理性,从而确定一个在技术上合理、经济上合算的最优方案;提出关于该项目是否值得投资和如何进行建设的评价意见;为项目投资决策提供具有预见性、公正性、可靠性、科学性等特点依据的一种综合性的分析方法。

3)项目评估。对可行性研究报告进行全面、详细的审核和估价,为项目的投资决策提供最终的依据并写出评估报告。项目评估报告实际上是可行性研究的结论和决策性建议,一般包括可行性研究的关键问题和结论。

4)选定项目。通过可行性研究,再根据企业发展规划、可用的资源、项目风险和项目之间的依赖性等因素,最终选定最符合要求的项目。

(3)选择创业项目的注意事项具体如下。

1)选择适合的项目。俗话说"隔行如隔山""熟能生巧",创业者应尽量选择与自己的专业、经验、兴趣、特长相吻合的项目,这样才更容易激发内在和持久的动力,成功的可能性更高。

2)从实际出发,不贪大求全。选择了某个项目后,最好适量介入,以较少的投资了解市场,俗话说"船小好调头",这样即使出现失误,也有挽回的机会,等到自认为有把握时,再大量投入、放手一搏。

3)不盲目跟风。许多创业者盲目跟风、人云亦云,追求时下最热门、最赚钱的行业,殊不知即使身处热门行业,也不见得一定赚钱。热门行业市场往往已经饱和或趋于饱和,行业利润被高估,创业者盲目闯入容易遭受损失。

4)深入调研,科学取舍。对初选的项目,要认真进行市场调研、市场分析与预测、最佳方案技术论证以及投资风险分析,慎重确定创业项目。

3.3.2 创业者选择的陷阱与应对

选择有时比努力更重要,而选择中却往往隐藏着许多陷阱,能否正确应对选择决定了创业的成败。

1. 创业者选择的陷阱

（1）诱惑陷阱。中国有一句俗语"受得了多大诱惑，才能成多大的事"。盛大集团的创始人陈天桥曾在采访中表示，诱惑是盛大集团前进道路上的第一块警示牌。乐元素董事会主席王海宁把创造价值列为创业和发展的第一位。王海宁说自己和团队在创业初期遇到困难时，也曾想过要不要放弃做让大众快乐的游戏，转而去做让人容易上瘾的产品，但最后还是坚持住了自己的初心。"我们希望不仅能为用户带来简单轻松的快乐，还能创造更多的价值，支撑这个企业往前发展。"⊖

（2）速度陷阱。近年来，速度成为创业者的魔咒。企业是一个生态系统，它有自身的运行规律和节奏。如果打破了这种节奏，将会欲速则不达。在发展过程中盲目追求高速度是很多创业企业走向衰败的原因之一。

（3）成功经验陷阱。创业企业在解决生存问题之后，就从企业初创期进入了成长期，时间一长，往往面临企业管理转型的重大挑战。到了这一时期，企业之前的成功经验甚至可能成为企业持续成功的障碍。因为过去的管理经验已经在企业内部形成了既定的思维方式和习惯，甚至形成了一定的利益格局，要想改变非常困难。

（4）执行力陷阱。当环境变化和企业变革对企业执行力提出新要求时，创业企业原定的战略将很容易变得缺乏执行力和可操作性，而创业者往往忽视了执行力滞后的问题。创业环境变了而企业执行力却没变，是企业陷入执行力陷阱的典型表现。

2. 如何应对创业者选择的陷阱

针对上述创业者选择的陷阱，创业者可以做出积极应对。

（1）面对诱惑陷阱，创业者应明确核心价值观和使命，这可以帮助创业者在面对选择时保持一致性。例如，王海宁强调创造价值和带来快乐，这成为乐元素发展的基础。还要懂得进行长期规划和战略规划，在面对诱惑时，创业者需要审视其长远影响，而非短期利益。这需要深思熟虑的决策过程，从而确保所有选择与长期发展目标一致。要建立良好的决策机制和团队沟通机制，通过多方讨论和团队反馈，可以减少个人情绪和外部诱惑对决策的影响，确保决策的客观性和合理性。

（2）对于速度陷阱，创业者应制定合理的发展目标和时间表。这包括根据市场和资源的实际情况设定可行的发展步伐，而非盲目追求增长速度。注重内部运营和管理优化，保持企业内部各部门之间的协调和平衡，确保在扩张过程

⊖ 王雷生，史小兵. 创业者的宝剑与武术 [J]. 中国企业家，2018(14)：80-85.

中不会因为内部瓶颈而陷入困境。建立有效的风险管理和反馈机制,在追求速度的同时,创业者需要时刻监控市场变化和企业运行状况,及时调整战略,避免因为盲目追求速度而忽视风险和机会。

(3)要应对成功经验陷阱,创业者需要持续学习和更新知识。创业者不仅要不断关注行业发展和市场趋势,保持敏锐的洞察力,跳出常规的思维模式。还应鼓励创新和试错文化,建立开放的组织文化,鼓励员工提出新想法和探索新市场,从而防止既定思维的固化思维。灵活调整管理方式和策略,企业需要在保持核心竞争力的同时,灵活应对外部环境的变化,调整管理模式和战略布局。

(4)应对执行力陷阱,最好的办法是建立灵活的组织结构和工作流程。确保企业内部的沟通畅通,各部门之间的协作高效,从而应对市场变化带来的新挑战。注重员工培训和能力建设,持续培养员工的技能水平,提升管理水平,从而增强整体执行力和应变能力。此外,还可以采用现代化的管理工具和技术,利用信息技术和数据分析帮助企业提升决策效率和执行效果,确保战略转变能够快速有效地落地实施。

通过以上策略,创业者可以更好地应对不同的创业者选择陷阱,确保企业能够在竞争激烈的市场环境中稳步发展,并取得长期的成功。

本章要点

- 创业者人格特质可以揭示个体的创业行为规律以及说明为什么不同个体的创业者选择不同。创业者人格特质的差异性对创业者选择以及创业成功与否具有重要影响。
- 素质是个体呈现出的知识、技能、心理特征的集合。创业者素质就是创业者所体现的个性和能力。创业者基本素质一般包括心理素质、身体素质、知识素质和能力素质。
- 创业者选择的过程包括创业时机选择和创业项目选择。

行动学习

请填写以下创业者素质自我测评表(见表3-4),对自身的创业能力素质进行自我测评。如果对自己的能力素质认知感到有些不确定,也可以通过身边的同学或朋友来给自己测评,再结合自评确定最终的测评结果。

表3-4 创业者素质自我测评表

能力要素	素质释义	评分					评价结果
1.成就导向动力	有努力工作实现个人目标的渴望,并表现为积极主动	5	4	3	2	1	
2.竞争意识	愿意参与竞争,主动接受挑战,并努力成为胜利者	5	4	3	2	1	
3.冒险精神	敢于冒险,同时又有勇气面对风险与失败	5	4	3	2	1	

（续）

能力要素	素质释义	评分					评价结果
4. 人际理解与体谅	了解别人言行、态度的原因，善于倾听并帮助别人	5	4	3	2	1	
5. 价值观引领	通常以价值观来引导和影响团队，其行为方式也集中体现组织所倡导的价值观	5	4	3	2	1	
6. 说服能力	能够通过劝服别人使其明白自己的观点，并使对方对自己的观点感兴趣	5	4	3	2	1	
7. 关系建立能力	保持经常的社会性接触。在工作之外经常与同事或顾客发展友好的个人关系，甚至家庭接触，扩大关系网	5	4	3	2	1	
8. 决策力/个人视野	具有广阔的视野，能够在复杂的、不确定的或是极度危险的情况下及时做出决策，决策的结果从更深远或是更长期的角度看有利于企业的成功	5	4	3	2	1	
9. 组织能力	有能力安排好自己的工作与生活，且使工作任务与信息条理化、逻辑清晰	5	4	3	2	1	
10. 创新与变革能力	能够预测五年甚至十年后的形势并创造机会或避开问题，并总是能够创造性地解决各种问题	5	4	3	2	1	
11. 诚信正直	诚实守信，并坚持实事求是、以诚待人，行为表现出高尚的职业道德	5	4	3	2	1	
12. 自信心	相信自己能够完成计划中的任务，能够通过分析自己的行为来看清失败，并在工作中予以改正	5	4	3	2	1	
13. 纪律性	坚持自己的做事原则，严于律己，且表现为具有较强的自控能力	5	4	3	2	1	
14. 毅力	明确自己的目标，并为之坚持不懈，即使遇到任何困难也不退缩	5	4	3	2	1	
15. 适应能力	能够适应各种环境的变化，具备应付各种新情况的能力，且能够创造性地提出问题解决方案	5	4	3	2	1	

资料来源：何建湘.创业者实战手册[M].北京：中国人民大学出版社，2015. 引用时有改动。

思维训练

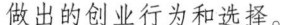

1. 如何提高自己的创业者选择能力？
2. 说说你对创业成功的理解。
3. 你觉得自己的创业决策与选择能力是否有所提升？

问题回顾

1. 数字时代下，创业者需要具备或培养哪些新素质？
2. 结合创业者人格特质，重新审视自己已做出的创业行为和选择。
3. 阅读创业案例，思考：有哪些常见的创业者选择陷阱？应该如何应对？

参考文献

[1] 胡飞雪.创新思维训练与方法[M].北京：机械工业出版社，2019.

[2] 曹莲霞.创新思维与创新技法新编[M].北京：中国经济出版社，2010.

[3] 蔡莉，汤淑琴，马艳丽，等.创业学习、创业能力与新企业绩效的关系研究[J].科学学研究，2014，32(8)：1189-1197.

[4] 任胜钢，舒睿.创业者网络能力与创业机会：网络位置和网络跨度的作用机制[J].南开管理评论，2014，17(1)：123-133.

[5] 尹苗苗，蔡莉.创业能力研究现状探析与未来展望[J].外国经济与管理，2012，34(12)：1-11，19.

[6] 张玉利，王晓文.先前经验、学习风格与创业能力的实证研究[J].管理科学，2011，24(3)：1-12.

[7] 唐靖，姜彦福.创业能力概念的理论构建及实证检验[J].科学学与科学技术管理，2008(8)：52-57.

[8] 冯华，杜红.创业胜任力特征与创业绩效的关系分析[J].技术经济与管理研究，2005(6)：18-19.

第4章 精益创业

> 创业公司之所以能成功，只不过是因为它们在资源耗尽之前做足了改进。
>
> ——埃里克·莱斯（Eric Ries）

【学习目标】

学完本章后，你应该能够：
- ☑ 系统掌握精益创业方法论
- ☑ 了解精益创业思维的演进背景
- ☑ 了解精益创业的基本理念和原则
- ☑ 了解精益创业的逻辑框架和发展阶段
- ☑ 了解精益创业的核心工具和实施步骤

引例　　小米科技的精益创业之路

北京小米科技有限责任公司（以下简称"小米科技"）是中国智能硬件和互联网服务领域的创新者和领军企业。它以独特的硬件+新零售+互联网服务商业模式，引领了智能硬件行业的新潮流。公司于2010年4月6日成立，注册资金5 000万元，在短短几年内就完成了数轮融资，估值迅速攀升至数百亿美元。在成立之初，小米科技就以"为发烧而生"的理念，迅速吸引了大量忠实粉丝。

公司创始人雷军曾在金山软件担任高管，后创办了小米科技。他是一个充满激情的企业家，对科技和创新有着深刻的理解。在智能手机市场竞争激烈、品牌众多的背景下，雷军洞察到市场对高性价比智能手机的强烈需求。智能手机的便捷使用体验令雷军萌发了改变中国智能手机市场的念头。在创立小米科技之前,他深入研究了国内外的智能手机市场,发现虽然市场上智能手机品牌众多,但大多数产品价格昂贵,功能复杂,普通消费者难以承受。雷军认为,智能手机应该更加亲民,功能更加人性化,价格更加合理。2010年,雷军选择在北京组建了自己的创业团队——小米科技创始团队,开始研发高性价比的智能手机。在有了好的创意之后,雷军并没有调用大量资源去做深入的市场调研和分析,而是反复打磨和不断完善产品,使产品尽量完美再面市。他采取了一种看似冒进的模式,先研发出最小可行产品——小米手机。

2011年8月16日,小米手机1代正式发布,凭借1 999元的超低价格和高性能的硬件配置,迅速引发了市场的关注和消费者的追捧。小米手机1代的发布,标志着小米科技正式进入智能手机市场,这也是中国智能手机市场第一次出现高性价比的产品。经过第一批目标用户的试用体验,天使用户们及时反馈了最根本的需求和建议,研发团队得以不断打磨产品和验证产品,满足用户需求,实现产品的快速迭代。截至2024年,小米科技的产品线已经从最初的小米手机扩展到了包括智能家居、可穿戴设备、生活消费品以及新能源汽车等多个领域。

最引人注目的是,小米科技不仅在智能手机领域取得了显著成就,还将目光投向了新能源汽车市场。小米汽车SU7的推出,是小米科技在精益创业道路上的又一里程碑。面对新能源汽车市场的激烈竞争和不断变化的技术和政策环境,小米科技迅速组建了专业的汽车研发团队,以最小可行产品为起点,快速推进小米汽车SU7的研发进程。

在小米汽车SU7的研发过程中,小米科技充分发挥了它在智能硬件和互联网服务领域的技术积累和创新能力。通过与国内外顶尖的汽车制造商和供应商合作,小米汽车SU7在智能驾驶、车联网、新能源技术等方面取得了重要突破。同时,小米科技还利用它在用户运营和品牌建设方面的优势,通过社交媒体、线上线下活动等渠道,积极与用户互动,收集用户反馈,不断优化小米汽车SU7的产品设计和功能配置。

小米科技的精益创业之路,不仅体现在对市场变化的快速响应和产品迭代的坚持,更体现在对创新技术的不懈追求和对未来趋势的敏锐洞察。从智能手机到新能源汽车,小米科技始终以用户需求为核心,以技术创新为驱动,不断探索和开拓新的市场领域。

小米科技的创业模式和成功经验为其他创业者提供了宝贵的借鉴。他们通过不断改进产品和服务,与用户保持紧密的联系,不断开拓市场,并在竞争激烈的智能手机行业中迅速崛起。小米科技的精益创业之路,是其他创业者在创新创业道路上可以借鉴和学习的典范。

资料来源:根据网络公开资料改编。

4.1 精益创业概述

4.1.1 精益创业思维

传统的创业模式往往聚焦于创业者的个人特质、能力和资源禀赋，普遍观念是创业成功主要依赖创业者的独创性思想和风险资本的支持。在这种模式下，创业者在封闭环境中独立开发产品，通过一系列测试后，将成品推向市场。这种创业模式速度快，能够迅速制造出声势浩大的宣传效果，吸引大量风险投资者的目光，这种方式因其迅速崛起的特性，常被称为火箭发射式创业。然而，这种方法忽视了用户反馈和市场变化，缺乏一个持续的试错、验证和产品迭代的流程。

21 世纪初，硅谷创业家埃里克·莱斯（Eric Rise）对火箭发射式创业进行反思，并首次提出精益创业的概念。在受到史蒂夫·布兰克（Steve Blank）在《四部创业法》提出的用户开发概念的启发后，莱斯进一步发展了精益创业的理论。他将精益创业定义为：在不确定和复杂的创业环境中，通过投放最小可行产品进行主动试错和科学验证，以最低成本进行产品迭代优化，适应市场的需求和变化。[一]

> **创业案例**
>
> **盒马鲜生的故事**
>
> 盒马鲜生是中国领先的新零售企业，成立于 2015 年，隶属于阿里巴巴集团。它不仅是生鲜电商的代表，更是精益创业理念在中国的典型实践。
>
> 盒马鲜生在 2015 年首次亮相时，选择了上海，作为其首个试验场。上海不仅是中国的经济中心，也是消费能力最强的城市之一。盒马鲜生没有一开始就全面铺开，而是选择了上海的几个核心商圈，如徐家汇、静安寺等，开设了首批门店。这些门店不仅提供线上下单、线下自提的服务，还提供 30min 快速配送服务，极大地满足了都市人群对生鲜产品的需求。
>
> 在经过几年的测试和优化后，盒马鲜生逐渐扩展到了北京、深圳等一线城市，并逐步向二三线城市渗透。盒马鲜生并没有急于全面扩张，而是在每个新进入的城市中，通过小规模的测试和用户反馈，不断调整和优化其商业模式。
>
> 盒马鲜生不断探索新的业务模式和业态，如"盒马 X 会员店""盒马 mini"等，从而满足不同消费者群体的需求。同时，盒马鲜生还推出了自有品牌产品，如"日日鲜"系列，进一步提升了品牌的竞争力。

一 武巧珍. 精益创业理论研究综述与展望 [J]. 科学决策，2020（02）：87-101.

盒马鲜生的这种模式正属于精益创业。盒马鲜生的成功,是精益创业理念在中国的一次成功实践。它通过聚焦核心用户群体,不断测试和优化其商业模式,逐步扩展市场,最终在竞争激烈的生鲜电商市场中占据了一席之地。

资料来源:根据网络公开资料改编。

4.1.2 精益创业逻辑

精益创业者通过用户探索和用户验证来定义用户痛点和解决方案,并对它进行新一轮验证。如果验证的结果不能满足用户需求,那么就调整商业模式,回转到整个精益创业的起点。在经过反复的探索、验证后,便可进入用户生成和积累阶段。而在后期的企业运营阶段,企业应该聚焦于强化产品的价值主张、树立竞争门槛和拓展用户。精益创业的基本逻辑框架如图4-1所示。

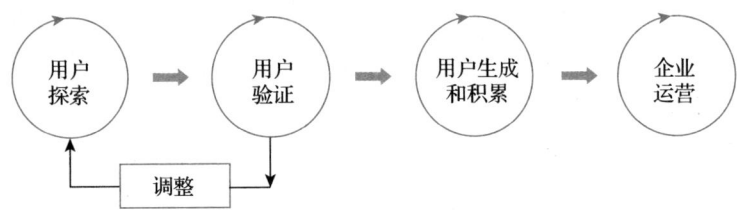

图 4-1 精益创业的基本逻辑框架

资料来源:布兰克,多夫.创业者手册:教你如何构建伟大的企业[M].新华都商学院,译.北京:机械工业出版社,2013.

1. 用户探索

精益创业逻辑框架的第一步是用户探索。在这个阶段,核心任务是识别和定义两个关键假设:用户需求的痛点和解决方案的可行性。

在探索环节,倾听用户的声音至关重要。避免急于推销产品,而是要通过观察、访谈和倾听,有耐心地深入了解用户需求。通过持续的探索和迭代,逐步提升对市场和用户的理解。

2. 用户验证

第二步是用户验证。这个环节的关键任务是确认之前定义的痛点和假设解决方案,同时,验证商业模式是否可重复、可规模化。与早期天使用户的深入互动是验证这些假设的关键。

如果在第二步中得到的验证结果没有得到天使用户的支持,那么团队需要返回到用户探索阶段,重新开始。这是一个不断循环和迭代的过程,目的是逐步积累对产品和市场的深入理解。

轴转是用户开发中非常重要的反馈机制。通过轴转,我们把在市场上获取的认知回溯到计划，再通过迭代，不断获取对产品和市场新的认知。轴转的关键在于快速、敏捷以及把握时机。

3. 用户生成和积累

第三步是用户生成和积累。通过前两步的探索和验证，企业已能够开发出满足用户需求的产品，此时，可以开始投入营销资源，拓展用户渠道，并在产品不断迭代的同时，巩固现有用户基础并吸引新用户。

4. 企业运营

第四步是企业运营。此时，产品的价值主张和商业模型已得到验证，创业团队也拥有了一定的用户基础。在此基础上，团队可以构建企业组织架构，开始正式运营，完成整个创业过程。

4.1.3 精益创业的优点

一是快速。精益创业模式下，所有的创新理念和行动迅速地被实现和展示出来。创业者通过去除所有非核心功能，专注于提供最基本且功能极简的产品给用户。这种方法使得企业无论是成功还是失败，都能迅速地对产品进行市场验证。

二是低成本。传统的产品开发方式往往耗时漫长，如同十年磨一剑，这可能导致错失市场的最佳时机。投入巨大的资源和时间开发的产品可能最终发现已不再符合市场需求。这种资源的大量浪费不仅会给企业带来经济上的损失，还可能严重影响团队的士气。与之相对，精益创业采用的是最小可行产品验证配合频繁迭代的策略，这确保了在获得用户认可之前，不会进行过度的投资。

三是高成功率。遵循精益创业模式，从创建最小可行产品开始，每一次的产品迭代都可以基于用户试用的反馈来进行。通过收集用户的意见和建议，企业可以根据用户的实际需求调整产品。经过多次快速迭代和不断优化，最终的产品将更贴近用户的期望，从而显著提高创新成功的可能性。

4.1.4 精益创业的适用范围

精益创业源于互联网行业，是软件开发的一种新模式，但其背后的用户验证思想在大量非互联网行业也得到了应用。如在美剧的拍摄中，往往都会先拍摄一部几十分钟的先导片，交代主要的人物关系、矛盾冲突、故事背景，然后邀请几十位观众参加小规模试映会，再根据观众的反馈来决定剧情要做哪些修改、是否需要调整演员，以及决定是否投拍。在每一季结束时，制作方还会根据收视率和观众意见，决定是砍掉该剧还是订购新一季内容。这种周拍季播的模式，把所有的决策权交给观众，把制作方的投资以及失败成本降到了最低，是一种典型的精益创业模式。

整体而言，精益创业适用于用户需求变化快、开发难度不高的领域，如软件、电影电视、金融服务等。在国内，云游戏领域的盛趣游戏也采用这种小步试错的方式进行开发。一些传统企业，如中信银行信用卡中心，也利用精益创业进行信用卡产品及用户服务的创新，并把三大法宝[○]固化到项目管理机制中。

由于精益创业需要经常进行用户验证，因此并不适合那些受到法规和标准限制或技术实现难度较大的领域。比如医疗设备以及药品等行业，这些行业受到严格的法规和标准限制，不适合快速迭代和频繁的产品变更。又如航天工程、芯片技术等，这些行业技术实现难度大，需要长期研发，项目的成功更多依赖于技术突破而并非市场反馈。

4.2 精益创业的三大法宝

在传统创业理念中，创业者习惯在有了好的创意后制订完善的计划，不遗余力地调用大量资源去做深入的市场调研和分析，并在产品开发之后反复打磨、日益完善，怀揣着做到完美才能面市的心理。但其实这种传统创业模式有非常大的风险，可能造成巨额资源浪费。与之相反，对精益创业而言，创业者有了好的创意，先用最少的精力和资金把这个创意模型开发出来，寻找第一批目标用户进行小范围的试用体验。用户会及时反馈给研发团队最根本的需求和建议，研发团队反复打磨产品和验证产品，并且满足用户需求，快速进行迭代，逐步进行越来越大范围的试用。当产品基本成型、功能确认无误之后，即可面市。因此，精益创业的三大法宝分别是最小可行产品、用户反馈以及快速迭代，如图 4-2 所示。

最小可行产品
1. 用最简洁的方式开发创意
2. 能演示，功能极简，成本最低
3. 可直观感知，激发参与

用户反馈
1. 获得用户意见
2. 通过意见收集关键信息
3. 收集充足的反馈，产品决策权交给用户

快速迭代
1. 针对反馈做最快调整
2. 不求一次性满足用户所有需求
3. 多次迭代打造丰满产品

图 4-2 精益创业的三大法宝

资料来源：莱斯. 精益创业：新创企业的成长思维 [M]. 吴彤，译. 北京：中信出版社，2012.

○ 三大法宝即最小可行产品、用户反馈和快速迭代，详见 4.2 节。

> **创业案例**
>
> **用户痛点与解决方案：盛趣游戏**
>
> 自 2001 年运营《热血传奇》起，盛趣游戏便开启了中国网络游戏的新纪元。面对早期市场对高质量游戏体验的迫切需求，盛趣游戏采用游戏免费，增值服务收费的创新模式，有效解决了用户支付意愿低和游戏体验单一的痛点。随着技术发展，盛趣游戏不断采用敏捷开发流程，快速响应市场变化和用户反馈，实现了游戏内容的快速迭代和更新，满足玩家对游戏持续更新和优化的需求。此外，通过云游戏技术，实现跨平台无缝体验，解决了硬件性能限制带来的用户体验不一致问题。
>
> 盛趣游戏在经典游戏 IP 如《热血传奇》上进行创新，推出了《热血传奇怀旧版》和《热血传奇加强版》，在保持原有游戏特色的同时，引入新技术，提升用户体验。
>
> 2020 年，盛趣游戏以其卓越的精益创新实践，荣获"年度游戏行业精益创新企业奖"。这一成就标志着盛趣游戏在提升用户体验、优化开发流程以及技术创新方面迈出了坚实的步伐。
>
> 资料来源：根据网络公开资料改编。

4.2.1 最小可行产品

最小可行产品（minimum viable product，MVP）是精益创业的核心工具。它不是指产品功能最少的版本，而是指用最快的方式、最少的精力完成"开发-测量-认知"的反馈循环。与耗时耗力追求完美的传统产品开发不同，MVP 的目标是启动一个学习和认知的进程，而非完成它。MVP 的目的是验证商业假设，而非解决产品设计或技术难题。

埃里克·莱斯在其著作《精益创业》中多次强调两个核心观点：第一，MVP 主要面向早期用户，也就是那些对产品有较高容忍度、能够预见产品潜力并愿意参与产品改进过程的天使用户；第二，在功能设计上，建议大幅削减产品功能，只保留最核心的部分，从而实现快速验证和迭代。

1. 利用 MVP 验证产品的步骤

第一步，设计 MVP，即针对天使用户设计一个最小的产品集合。

第二步，将 MVP 投入使用，进行测度和数据收集，并将数据与预设的指标进行比较。

第三步，从中获取认知、学习和迭代。

在用 MVP 验证基本假设的过程中，关键点之一就是速度，即用最快的速度获取认知，同时放弃一切无助于认知的功能。换句话说，MVP 要求在用户上聚焦于天使用户，在产品功能上也聚焦于最小级别的产品功能，这是 MVP 的核心。

2. 验证 MVP 的常见方法

验证最小可行产品的常见方法有如下七种。[一]

（1）用户访谈。在创业过程中，没有严格的定理，只有各种不同的意见和假设。验证各种观点是否正确的重要途径就是与真实的用户进行沟通，向用户解释产品能解决他们什么需求，然后询问他们对产品不同部分的重要性是如何排序的，根据收集到的信息再对产品进行调整。

需要注意的是，用户访谈应该着眼于发现问题和解决问题，而不是向受访者推销产品。

（2）优化登录页。登录页是访客或潜在用户了解你的产品的门户。优化登录页是介绍产品特性的一次营销机会，也可以在实战中最有效地验证 MVP，你可以借此了解产品到底能不能达到市场的预期。

很多网站的登录页都只要求用户填写电子邮箱，但实际上登录页还可以有更多的拓展，如增加一个单独的页面来显示价目表，向访客展示可选的价格套餐。用户的点击不仅显示了他们对产品的兴趣，还展现了什么样的定价策略更能获得市场的认可。为了达到期望的效果，登录页需要在合适的时机向用户展现合适的内容。同时，为了准确了解用户的行为，开发者也应该充分利用 Google Analytics[二]或 Crazy Egg[三]等工具统计和分析用户的行为。

（3）A/B 测试。当你不确定如何才能有效地提高注册率和转化率时，可以尝试 A/B 测试。开发两版页面，将它们随机同时推送给所有浏览用户，然后通过 Unbounce[四]或 Google Analytics 等分析工具，了解用户对于不同版本的反馈。

（4）投放广告。这一点可能和传统的观点相悖。实际上，投放广告是验证市场对产品的反应的有效方法。创业者可以通过谷歌和 Facebook 等平台将广告投放给特定的人群，看看访客对于早期产品有何反馈，看看到底哪些功能最吸引他们。还可以通过网站监测工具收集点击率、转化率数据，并与 A/B 测试结合起来。

但是请注意，搜索广告位的竞争非常激烈。为 MVP 投放广告的主要目的在于验证市场对产品的态度，不要一味地追求曝光量，用户对于产品真实的反馈才是无价的。

[一] 改编自《验证最小化可行产品（MVP）的 15 种方法》，36 氪，2015 年 12 月 17 日。
[二] Google Analytics 是著名互联网公司谷歌为网站提供的数据统计服务。它可以对目标网站的访问数据进行统计和分析，并提供多种参数供网站所有者使用。
[三] Crazy Egg 是一款页面点击分析工具，主要功能有热图（heat map）工具、页面滚动图（scroll map）工具、页面覆盖（overlay）工具、五彩纸屑（confetti）工具。其中热图工具可以告诉我们页面上什么位置的热度高（点击量高）、什么位置的热度低（点击量低），根据热图我们可以改变页面布局，加强页面与用户的交互。
[四] Unbounce 创立于 2009 年。它不仅能创建、发布和测试多个登录页，还能提供各种工具来优化和参与后续的转化过程。多年来，Unbounce 不断完善其功能，适应不断变化的市场需求。Unbounce 成功地吸引了超过 10 000 个用户，这些用户使用 Unbounce 工具带来了超过 2.5 亿次转化。

（5）众筹。Kickstarter①和 Indiegogo②等众筹网站为创业者测试 MVP 提供了很好的平台。创业者可以发起众筹，然后根据人们的支持情况判断人们对产品的态度。此外，众筹还可以帮助创业者接触到一群对产品十分有兴趣的早期用户，他们的口口相传以及持续的意见反馈对产品的成功至关重要。如果想在众筹网站上收到良好的效果，就需要有说服力的、高质量的产品介绍以及充满诱惑力的回报。

（6）产品介绍视频。如果说一张好的产品图片胜过千言万语，那么一段高质量的介绍视频的价值则不可估量。最著名的例子就是 Dropbox③验证 MVP 时所发布的视频。这段视频介绍了 Dropbox 的各项功能，使其注册用户一夜之间从 5 000 人暴增到 75 000 人，而事实上当时 Dropbox 的实际产品还未成型。当创业者开发的产品解决的是一个用户自己都没有发现的问题时，企业很难接触到目标消费群体。Dropbox 的介绍视频起到了良好的效果，假如 Dropbox 在介绍时只是说"无缝的文件同步软件"，绝对不可能达到同样的效果。视频让潜在用户充分了解到这款产品将如何帮到他们，最终触发他们付费的意愿。

（7）预售页面。预售与众筹类似，能帮助创业者找到潜在用户，让产品在开发出来之前就吸引人们的购买欲。通过预售，企业可以了解到人们对产品的需求到底有多大，考虑是否还要继续运行该项目。预售所面临的挑战在于能否如约发货——没有人喜欢虚无缥缈的东西，用户给了你信念上和资金上的支持，你必须对他们负责，不能辜负他们。

4.2.2 用户反馈

用户反馈是指通过直接或间接的方式，从最终用户那里获取针对该产品的意见。通过用户反馈渠道了解关键信息，包括用户对产品的整体感觉、用户并不喜欢或者并不需要的功能点、用户认为需要添加的新功能点、用户认为某些应该改变实现方式的功能点等。获得用户反馈的方式主要是现场使用、实地观察。对精益创业者而言，一切活动都是围绕用户而进行的，产品开发中的所有决策权都交给用户，因此，如果没有足够多的用户反馈，就不能称为精益创业。

精益创业者需要运用一项有效的调查模式，尽量让调查与当前的研究内容紧密结合。例如，如果想知道用户为何选择企业的一项定价计划，应给出一份

---

① Kickstarter 于 2009 年 4 月在美国纽约成立，是一个专为具有创意方案的企业筹资的众筹网站平台。它通过网络平台向公众募集小额资金，让有创造力的人有机会获得他们所需要的资金，从而使他们实现梦想。

② Indiegogo 成立于 2008 年，总部位于旧金山，是美国最早的众筹平台之一。2016 年，Indiegogo 开始涉足帮助中国品牌出海的项目。截至目前，Indiegogo 已帮助中国科技企业筹集超过 1 亿美元的众筹资金，并协助当前处于发展快车道的中国科技创新企业顺利出海，打造中国品牌在国际上的知名度和影响力。

③ Dropbox（多宝箱）是一款免费的网络文件同步工具，成立于 2007 年，是 Dropbox 公司运行的在线存储服务，通过云计算实现线上的文件同步，用户可以存储并共享文件和文件夹，提供免费和收费服务。

小的弹出式调查问卷，而不是一封需要几天后才能被看到的电子邮件；再如，阅读100条简短的用户反馈获得的内容，远比在一份冗长的问卷中知道32%的人选"B"来得更多。

除了"用户访谈"这一调查途径，用户测试与反馈还可以通过"产品预订"和"众筹"来实现。通过预订，可以在产品开发出来之前就事先测试市场的需求量，从而为项目的推进或终止提供参考。通过参与众筹用户的贡献量，可以判断产品的受欢迎程度，与用户建立早期联系，建立口碑。因此，只有从用户那里获取了足够多的真实反馈后，才能对产品做出最精良且有效的改进。

创业案例

电商平台拼多多的创业做法

在中国电商巨头林立的市场中，拼多多以其独特的社交电商模式迅速崛起，成为年收入总额超百亿美元的行业新星。拼多多的成功并非一蹴而就，它的创始人黄峥在创业初期洞察到了传统电商无法充分满足的用户需求：对高性价比商品的追求以及社交购物的乐趣。

黄峥并没有立即投入大量资源构建一个功能完备的电商平台。相反，他采用了精益创业的方法，从一个简单的微信小程序开始，验证他的前提假设：用户是否愿意通过社交网络参与拼团购买商品。

为了证明这个假设，黄峥和团队启动了一个实验性的MVP——一个基于微信的拼团购物平台"拼好货"。他们没有自己的库存，而是与本地商家合作，通过社交网络推广商品。用户可以发起拼团，邀请微信好友一起以更低的价格购买商品。如果拼团成功，拼多多再从商家那里以全价购买商品并发货给用户；如果失败，用户也没有任何损失。

虽然在这个过程中，拼多多需要投入时间和精力，但与验证市场需求和用户行为相比，这些投入显得微不足道。通过这种方式，拼多多以极低的成本迅速验证了社交电商模式的可行性，并在短时间内吸引了大量用户。

拼多多的MVP成功地展示了如何通过小规模实验验证市场需求，以小博大，最终实现快速成长和市场突破。这一实践不仅体现了精益创业的精神，更为其他创业者提供了宝贵的经验和启示。通过持续创新和优化用户体验，拼多多成功解决了用户对高性价比商品的需求，同时也为社交电商领域带来了新的发展机遇。

资料来源：根据网络公开资料改编。

4.2.3 快速迭代

精益创业的第三大法宝就是快速迭代，是指针对用户反馈意见，以最快的速度进行调整，融合到新的版本中。在互联网时代，速度比质量更重要。因此，不应追求一次性满足用户的需求,而要通过一次又一次的快速迭代不断让产品更丰满。例如,微信在第一年发布了 15 个版本,就是快速迭代的体现。

又如,优惠券网站 RetailMeNot[○]某次在设计优惠券页面时,需要真正的优惠券数据来评估设计。设计者花费了两天时间来创建原型,通过用户反馈发现,约 50% 的最初想法是不合理的,后来又重复了三次才建立好原型并展示给用户,最终使创新的设计更具可用性,点击率显著提升。

可见,通过一步一步改进产品、不断迭代的积木式创新方式,产品会不断接近用户的需求。对初创企业来说,这样可以避免花费大量资源后开发出来的产品是用户不需要的情况。

> **创业案例**
>
> **大疆创新的快速迭代**
>
> 自 2006 年成立以来,大疆创新以它在无人机技术领域的快速迭代和持续创新,解决了用户对高性能、易操作无人机的需求。大疆创新的产品更新速度非常快,使它在全球无人机市场上占据了领先地位。大疆创新的创始人汪滔发现,无人机市场存在操作复杂、价格昂贵的问题。大疆创新以一个创新的想法起步:通过研发易于操作、价格合理的无人机,满足专业航拍和个人娱乐的需求。
>
> 2013 年,大疆创新推出了全球首款会飞的照相机精灵 Phantom 2 Vision,引领全球航拍热潮。2016 年,大疆创新推出了具有障碍感知和智能跟随功能的精灵 Phantom 4,标志着大疆创新在智能无人机领域的进一步发展。2018 年,大疆创新发布了御 Mavic 2 系列,提升了飞行性能和图像质量,并加强了安全性。2023 年,大疆创新推出了 DJI Mini 3 Pro,这是一款更专业、更小型化的无人机,具有更长的续航时间和更先进的拍摄功能。
>
> 大疆创新的快速迭代策略充分体现了精益创业中对技术创新和用户需求敏感能力的要求。通过不断的产品优化和技术革新,大疆创新快速响应市场变化,满足用户需求,最终实现了从初创企业到全球无人机行业领导者的跨越。
>
> 资料来源:根据网络公开资料改编。

4.3 精益创业画布

精益创业是一种倡导持续创新的新策略,它鼓励新兴企业实施"验证性学习"的方法,即首先推出一款功能极为简化的原型产品,然后通过持续的测试

○ RetailMeNot 是美国一家在线优惠券团购网站。RetailMeNot 的使命是帮助用户省钱,并使用户享受轻松的折扣购物体验。自 2006 年 11 月起,RetailMeNot 提供成千上万来自世界各地的零售商优惠券与服务。RetailMeNot 还每周发布一次 RetailMeNot 团购排名的电子邮件列表,让用户随时知道何种商品最新、最热卖。

和学习过程，对产品进行迭代和改进。精益创业画布作为结合了精益创业理念和商业模式画布要点的工具，已成为协助初创公司实现"从无到有"阶段跨越的利器。在硅谷，这个画布已成为早期创业项目设计和规划不可或缺的起点。

精益创业画布（lean canvas）的发明者是阿什·莫瑞亚（Ash Maurya），他不仅是一位经验丰富的美国连续创业者，也是推动"精益创业"运动的重要人物。在他的著作《精益创业实战》（*Scaling Lean*）中，莫瑞亚对这个工具进行了全面而详细的阐释。尽管精益创业画布仅占据一页之简，但其实用性不容小觑。对于初创企业而言，它不仅能够对商业模式进行清晰而精炼的描述，也能充当一份简明扼要的创业计划书，甚至可以作为指导公司发展策略和方向的蓝图。

4.3.1 精益创业画布的模块构成

精益创业画布一共分为九格，每个格子的大小是不同的，这是莫瑞亚特意设计的，如图4-3所示。

问题 最需要解决的三个问题 1	解决方案 产品最重要的三个功能 4	独特卖点 用一句简明扼要但引人注目的话阐述为什么你的产品与众不同、值得购买 3	门槛优势 无法被对手轻易复制或买去的竞争优势 9	用户群体分类 目标用户 2
	关键指标 应该考核哪些东西 8		渠道 如何找到用户 5	
成本分析 争取用户所需花费、销售产品所需花费、网站架设费用、人力资源费用等 7			收入分析 盈利模式、用户终身价值、收入、毛利 6	

图 4-3 精益创业画布

注：精益创业画布是从商业模式画布改编而来的。

这九个格子分别是：问题、用户群体分类、独特卖点、解决方案、渠道、收入分析、成本分析、关键指标、门槛优势。

4.3.2 精益创业画布的制作步骤

1. 迅速起草一张画布

不应该在第一版的画布上消耗太多时间，最长不能超过15min。制作画布是为了把脑海里所想的东西迅速记录下来，然后确定哪个部分风险最大，最后再让他人来验证这个模式。

2. 有些部分可以留空

在制作画布的过程中，有些格子的内容可以留空。留空的部分可能就是商业模式中风险最大的部分，应该从这里开始进行验证。像"门槛优势"这样的部分可能需要多花点时间才能找到，所以目前的最佳答案就是不知道。画布本来就应该是很灵活的，可以随着时间的推移来逐步完成。

3. 尽量简明扼要

尽量用一段话说清楚一件事情，画布的空间限制正好可以把商业模式的精华部分提炼出来，目标是只用一张纸来制作画布。

4. 站在当下的角度来思考

如果是写创业计划书，那么可能需要花大力气预测未来，不过预测未来是不可能的。应该以非常务实的态度制作画布，根据目前的发展阶段和掌握的情况填写内容。

5. 用户为本

亚历山大·奥斯特瓦德（Alex Osterwalder）在他的《商业模式新生代》一书中阐述了各种寻找原始商业模式的技巧。不过，由于精益创业实战法本身就以用户为主要驱动力，因而在寻找原始商业模式的时候，只需围绕用户做文章就足够了。仅需调整一下用户群体，商业模式就会发生翻天覆地的变化。

4.3.3 精益创业画布的优先次序

制作精益创业画布的目标是选择一个满足下列要求的商业模式：有足够大的市场，有合适的用户渠道，用户需要你的产品，而且能借此发展壮大。接下来是这些条件排序（从最重要的开始）。

1. 用户的痛苦程度（问题）

首先，应该优先选择那些最需要产品的目标用户群体。在列出的用户最头疼的三个问题中，至少要有一个是这个群体最需要解决的大问题。

2. 获取难度（渠道）

要想把产品做好，就必须建立起用户渠道，这是比较困难的。如果能比较轻松地为某个用户群体建立渠道，那就应该优先考虑这个群体。虽然这样做不一定能保证找到一个值得解决的问题或一个可行的商业模式，但至少能迅速地走向市场，更快地进行用户学习。

3. 价格/毛利（收入及成本分析）

给产品定什么价主要取决于目标用户群体。应该尽量选择能让利润空间最大的那个群体。利润空间越大，达到收支平衡所需的用户数就越少。

4. 市场规模（用户群体分类）

应该根据既定的商业目标选择规模较大的目标用户群体。

5. 技术可行性（解决方案）

检查一下解决方案部分，确定设想不仅可行，而且可演变成能够满足用户要求的极简方案。

应当不断地使用和更新精益创业画布。填完精益创业画布（或其中的大部分）就可以开始用试验来验证或否定假设。最简单的办法是把画布的每个模块想象成一个"通过/失败"的关卡。如果一个模块的试验失败了，应当反复试验，直到走进死胡同或找到出路。唯一例外的是"关键指标"模块，它用于记录所跟踪的最关键指标。虽然这个模块无关试验，但还是很有必要填写的，因为此模块内容可以成为商榷和讨论的起点。

创业案例

滴滴出行的精益创业画布

滴滴出行作为中国领先的移动出行平台，通过其创新的服务模式，有效解决了城市交通中的多种出行需求，提供了便捷、高效的出行解决方案。滴滴出行为解决"最后一公里"的问题提供了不同的商业模式，让我们一起来看看滴滴出行的精益创业画布，如图4-4所示。

1. 问题

滴滴出行解决的核心问题是城市交通的效率和可达性——交通拥堵、打车难，以及公共交通的不便利性。同时，滴滴出行也关注政府在城市拥堵治理和绿色出行方面的需要。

2. 用户群体分类

主要目标人群包括城市居民、上班族、学生、商务人士以及政府和企业用户。

3. 独特卖点

滴滴的卖点在于其一键召车服务、多样化的出行选择、用户友好的app界面设计，以及通过技术提高出行效率和安全性。

4. 解决方案

滴滴采用智能调度系统，具有多模式出行服务（快车、专车、顺风车等），通过手机app实现召车、导航和支付一体化服务，满足用户的即时出行需求。

5. 渠道

滴滴把app作为主要服务平台，同时利用社交媒体、线上线下活动和合作伙伴关系进行市场推广。

问题	解决方案	独特卖点	门槛优势	用户群体分类
最需要解决的四个问题 用户方面 1. 交通拥堵导致出行效率低下 2. 打车服务在高峰时段供不应求 3. 公共交通工具在某些区域覆盖不足 政府方面 需要有效缓解城市交通压力 1	产品最重要的三个功能 1. 智能调度系统，实现司机与乘客的快速匹配 2. 多模式出行服务，包括快车、专车、顺风车等 3. 通过手机app进行车辆召唤、路径规划和在线支付 4	用一句简明扼要但引人注目的话阐述为什么你的产品与众不同、值得购买 1. 一键召车，无须等待，即刻出行 2. 多样化的出行选择，满足不同需求 3. 用户友好的app界面设计，操作简便快捷 4. 通过技术提高出行效率和安全性 3	无法被对手轻易复制或买去的竞争优势 1. 技术专利和用户基础 2. 品牌影响力和强大的资本支持 3. 政策合规和国际化经验 9	目标用户 1. 城市居民，特别是一、二线城市 2. 上班族、学生、商务人士 3. 政府和企业用户，提供定制化出行解决方案 2
	关键指标 应该考核哪些东西 1. 司机接单率 2. 用户满意度和活跃度 3. 出行服务响应时间 4. 服务安全性和事故率 8		渠道 如何找到用户 1. 通过app推广和合作伙伴关系拓展用户 2. 利用社交媒体和线上广告进行品牌宣传 3. 举办促销活动和提供优惠券吸引新用户 5	

成本分析	收入分析
争取用户所需花费、销售产品所需花费、网站架设费用、人力资源费用等 1. 技术研发和系统维护 2. 市场推广和用户获取 3. 用户服务和司机支持 7	盈利模式、用户终身价值、收入、毛利 1. 运营服务费 2. 广告合作 3. 企业服务和数据分析 4. 与汽车制造商的合作项目 6

图 4-4 滴滴出行的精益创业画布

6. 收入分析

滴滴的盈利模式包括运营服务费、广告合作、企业服务和数据分析，以及与汽车制造商的合作项目。

7. 成本分析

成本包括技术研发和系统维护、市场推广和用户获取、用户服务和司机支持。

8. 关键指标

包括司机接单率、用户满意度和活跃度、出行服务响应时间、服务安全性和事故率等。

9. 门槛优势

滴滴出行的门槛优势体现在它获得的技术专利和庞大的用户基础，这为它在市场上构建了坚固的竞争壁垒。品牌影响力和强大的资本支持为滴滴的持续发展和扩张提供了动力。政策合规和国际化经验则进一步加强了滴滴在多变市场中的稳健地位。

通过上述精益创业画布元素，滴滴出行能够快速识别市场机会，响应用户需求，并持续优化服务，从而适应不断变化的出行市场。精益创业画布作为动态调整的工具，将随着市场和公司战略的变化而更新。

资料来源：根据网络公开资料改编。

本章要点

- 精益创业模式最基本的前提是用户痛点和解决方案在本质上都是未知的，创业者无法完美地去设计一个解决方案。精益创业模式目前已经成为硅谷主流的创业模式。
- 精益创业是研究和开发创业产品的一种新方式，强调要同时具备快速循环运作的能力、对用户的认知、远大的理想，以及壮志雄心。
- 精益创业逻辑框架的起点是用户探索，通过这种方法探索用户痛点，并定义用户痛点和解决方案。接着进入用户验证，对用户痛点和解决方案进行科学的试错和验证。
- 精益创业适合用户需求变化快但开发难度不高的领域，如软件、电影电视、金融服务等。
- 精益创业的三大法宝分别是最小可行产品、用户反馈以及快速迭代。
- 精益创业画布融合了精益创业和商业模式画布的精华，是早期创业企业"从无到有"的最佳工具。在硅谷，精益创业画布几乎成了早期创业设计和规划的第一步。

行动学习

精益创业画布由阿什·莫瑞亚设计，是一种简洁的商业计划模板，旨在帮助创业者将他们的商业概念拆解成核心要素。它基于亚历山大·奥斯特瓦德的商业模式画布，但经过调整以适应精益创业的需要，用一张纸的模式来简化传统的商业计划。现在将班级里的同学进行分组，每一组作为一个创业团队。

第一步，团队成员需要共同探讨他们的创意产品，并使用精益创业画布（在一张PPT上）展示产品的商业模型。理想的商业模型应该能够在极短的时间内，如电梯行程中，吸引潜在投资者的注意并清晰地传达其商业模式。设想你正在寻找投资者，却意外地在电梯中遇到了他们。如何在短暂的电梯行程中吸引他们并清晰地介绍你的商业模式是至关重要的。

第二步，从团队中选出一位团队负责人，结合你们创作的精益创业画布，按照以下模板，简洁地介绍你们的创意产品。目标是在几十秒内清晰地阐述产品的商业模式。

对于	（目标用户）
他们	（诉求和机会）
产品/项目	是一个（产品/项目）类别
它能够	（关键特征、优势和用户选择的理由）
不同于	（竞争对手的产品/项目）
我们的产品/项目	（关键的差异化特性）

思维训练

精益创业的方式是教你如何驾驭一家新创企业。新创企业有一个清晰的方向：创造一项成功改变世界的业务，我们称之为新创企业的愿景。为了实现这个愿景，企业制定了战略，包括商业模式、产品计划方案、对合作方和竞争对手的看法，以及对谁是用户的设想。最终的产品是这个战略的最终结果。

以一个市场上流行的 app 为例,根据右图这个三角形以从下至上的顺序,分别对该新创企业的愿景、战略以及产品进行阐述,并说明企业的战略如何形成最终的产品。

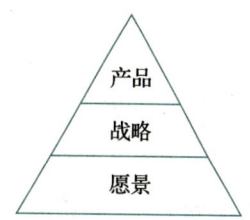

问题回顾

1. 什么是精益创业思维?它与传统的创业思维有什么区别和联系?
2. 精益创业的基本原则是什么?
3. 精益创业的法宝是什么?为什么它们能被称为精益创业的法宝?
4. 精益创业画布由哪些模块构成?这些模块该如何进行填写?
5. 如何培养自己的精益创业思维?

参考文献

[1] STEVE B. Why the lean startup changes everything[J]. Harvard business Review, 2013, 91(5): 63-72.

[2] SEGGIE S H, SOYER E, PAUWELS K H. Combining big data and lean startup methods for business model evolution[J]. Academy of marketing science review, 2017, 1, 7(3-4): 154-169.

[3] YASHAR M. Enacting the lean startup methodology [J]. International journal of entrepreneurial behavior and research,2017, 23(5): 812-838.

[4] KATHRYN S, JENNY K M. Lean startup for social impact [J]. Social enterprise journal, 2018, 14(3): 248-267.

[5] 莱斯. 精益创业:新创企业的成长思维 [M]. 吴彤,译. 北京:中信出版社,2012.

[6] 摩尔. 跨越鸿沟:颠覆性产品营销指南 [M]. 祝惠娇,译. 北京:机械工业出版社,2022.

[7] 克里斯坦森. 创新者的窘境 [M]. 胡建桥,译. 北京:中信出版社,2020.

[8] 莫瑞亚. 精益创业实战:原书第 3 版 [M]. 王小皓,译. 北京:人民邮电出版社,2023.

[9] 奥斯特瓦德,皮尼厄. 商业模式新生代 [M]. 王帅,毛心宇,严威,译. 北京:机械工业出版社,2011.

[10] 布兰克,多夫. 创业者手册:教你如何构建伟大的企业 [M]. 新华都商学院,译. 北京:机械工业出版社,2013.

第 5 章 创业机会

> 多数人的毛病是,当机会冲奔而来时兀自闭着眼睛,而很少去追寻机会,甚至被机会绊倒也不去审视它。
>
> ——戴尔·卡耐基(Dale Carnegie)

【学习目标】

学完本章后,你应该能够:
- ☑ 明确创业机会的定义和特征
- ☑ 理解创意和创业机会的关系
- ☑ 列举创业机会的来源
- ☑ 明确创业机会识别过程
- ☑ 解释影响创业机会识别过程的因素
- ☑ 理解创业机会的评价框架和筛选标准

🎬 引例　　　　从校园创业到潮玩巨头:
王宁与泡泡玛特的崛起之路

王宁,1987年出生于河南新乡。高中毕业后,他利用足球特长创办暑期训练班,初次尝试虽然困难重重,赚钱不多,但展现了不畏艰难的勇气与执行力。进入大学后,学院经常组织各种活动,这激发了王宁将这些新鲜事记录下来,分享给家人和朋友的想法。于是王宁将校园中的生活点滴拍成MV并刻录成光盘,本打算过年回家给家人分享,但没想到这份光盘很快便在班级和校园间流行起来,班里几乎每个人都找他刻录了一份。"这里面绝大多数都是我的照片和生活,居然也有这么多同学想要。那如果我做一个全校学生的大学生活纪录片，然后用光盘的形式发行，是不是会有很多人买？"王宁非常兴奋，直觉告诉他，这会是一个很好的商业项目。于是当新一届新生入校时，王宁成立了一个社团工作室 Days Studio，开始了他真正意义上的第一次创业。新生到校报到的情景、迎新晚会、各种社团活动……他们制作的第一批 1 000 张光盘在半天的时间里就销售一空。整整一届学生中超过 50% 成为他的客户，王宁和 Days Studio 团队迅速走红校园。尽管视频网站的兴起终结了光盘生意，但这段经历让他深刻理解到商业模式须随时代变迁而调整。

随后，王宁转战零售，探索格子店模式，成功吸引客流却面临快速复制导致的竞争困境。他意识到建立高门槛或快速形成核心竞争力的重要性。在观察市场趋势时，王宁敏锐地捕捉到消费者对创意商品和潮流杂货的需求增长。于是，王宁带领团队遍访潮流零售聚集地，最终在香港 Log On 公司找到灵感，其超市式陈列与销售潮流产品的模式与他的构想不谋而合。2010 年前后，王宁毅然决定创办泡泡玛特，旨在填补国内创意商品市场的空白。

2015 年，在王宁遭遇线下零售困境时，Sonny Angel 玩具意外爆红，月销激增至六万多个，揭示出收藏类玩具市场的巨大潜力。这一市场虽长期潜水，却受二次元文化影响，但二者有所区别：二次元手办忠于原著，依赖内容运营；盲盒 IP 则注重艺术创新，消费者为颜值买单。随着年轻一代审美和喜好的转变，他们不再受限于传统内容框架，盲盒满足了他们个性化的审美需求，成为解压新方式。至于这一市场为何在 2015 年左右突然崛起，核心原因也许正如王宁对年轻人的喜好与过往出现断层的认知——他们是与过往有极大不同的一代人，会去寻找、消费、认同与过去不同的东西。随后，公司通过整合国内外优秀的 Art Toy 艺术家、整合供应链等一系列举措打造核心竞争力，并从一个单纯的零售公司，转型成为包含艺术家经济、IP 孵化、零售、潮流文化推广于一体的全产业链平台型企业。2020 年 12 月 11 日，泡泡玛特国际集团有限公司在香港联合交易所主板挂牌上市。

资料来源：口述创业史——为何是王宁？为何是泡泡玛特？北大管理案例研究中心。

王宁的创业故事成功地诠释了创业机会的识别与利用。按照创业学的解释，创业机会的发现与两个关键因素有关：一是这个人能更好地抓住或获取关键信息——那些能够帮助识别机会或形成新创意的信息；二是这个人能更好地使用信息——整合或解释别人没有注意到的信息，从而形成自己的创业机会。

怎样发现创业机会，并筛选出可行的创业机会？这是本章所要解决的问题。

5.1　创意与创业机会

> **创业聚焦**
>
> ### 三家大公司如何激发创意
>
> **谷歌**：谷歌有一个原则非常有趣，无论你在公司哪个位置，都请确保 100ft[①] 以内有食物，因为人们会在有食物的地方聚集。公司中随处可见各种各样的饼干、冰淇淋、寿司、沙拉。当人们聚集在一起时，他们便会聊天、分享、互相激励启发，这就是谷歌的一种文化——思考如何把人们聚到一起，给他们机会变得更加强大。
>
> **Zoom**：作为远程办公和视频通讯的领军者，在保持其技术创新的同时，也注重构建开放、透明的企业文化。公司定期举办全球开放问答日，利用 Zoom 自身的强大平台，邀请全球员工参与。不同于传统的内部会议，这一天，CEO 及高层管理者会直面所有员工的镜头，回答任何关于公司战略、产品发展、工作环境乃至个人职业发展的问题。这种前所未有的透明度不仅增强了员工之间的信任，也激励着每个员工为公司的发展贡献自己的创意与力量。
>
> **Pinterest**：一个以视觉发现和灵感分享著称的平台，其办公环境充满了创意与数字化的融合。公司打造了多个数字艺术空间，利用 VR/AR 技术模拟出各种创意场景，如虚拟画廊、未来办公室、户外探险区等，让员工在沉浸式的环境中寻找灵感、进行实验性的创作。此外，Pinterest 还定期举办创意工作坊，邀请行业内外的设计师、艺术家和技术专家，通过线上直播或远程协作的方式，与员工共同探讨创意趋势、分享设计技巧，将数字化技术与艺术创作紧密结合，不断推动产品的创新与发展。这样的环境不仅激发了员工的创造力，也让 Pinterest 成为创意人才梦寐以求的聚集地。
>
> 资料来源：根据网络公开资料改编。

5.1.1　创意

创业机会的识别源自创意的产生，而创意是具有创业指向和创新性的想法。在创意产生之前，机会的存在与否意义并不大。有价值潜力的创意一般具有以下基本特征。

（1）新颖性。创意的新颖性可以是新的技术和新的解决方案，可以是差异化的解决办法，也可以是更好的措施。另外，新颖性还意味着一定程度的领先性。不少创业者在选择创业机会时会关注国家政策优先支持的领域，这就是在寻找领先性的项目。不具有新颖性的想法不仅将来不会吸引投资者和用户，对创业者本人也不会有激励作用。此外，新颖性还可以加大模仿的难度。

---

① 1ft = 0.304 8m。

（2）真实性。有价值的创意绝对不会是空想，而是要具有现实意义，具有实用价值。简单的判断标准是该创意有助于企业开发出可以把握机会的产品或服务，而且市场上存在对产品或服务的真实需求，或可以找到让潜在消费者接受产品或服务的方法。

（3）价值性。创意的根本是价值特征。创意的价值要靠市场检验，好的创意需要进行市场测试。同时，好的创意必须给创业者带来价值，这也是创业动机产生的前提。

创意与点子不同，区别在于创意具有创业指向。进行创业的人在产生创意后，很快甚至同时就会把创意发展为可以在市场上进行检验的商业概念。商业概念既体现了用户正在经历的、也是创业者试图解决的种种问题，也体现了解决问题所带来的用户利益。例如，帮助高尔夫球手把打丢的球找回来是一个创意；容易把球打丢是实际存在的问题；而有人试图解决这个问题，在高尔夫球内放置一个电子小标签，开发手持装置搜索打丢的球则是解决问题的手段。

5.1.2 创意产生的方法

1. 头脑风暴法

头脑风暴法是一种被广泛用来产生创意的方法。一般来说，头脑风暴法是针对特定主题产生大量创意的过程。头脑风暴的特点是让参与者敞开思想，使各种设想在相互碰撞中激起一场创造性风暴。

在召开头脑风暴会议时，不去明确限制小组讨论的主题，会更有利于激发新的创意。为此，小组必须遵守以下原则。
- 延迟评论：在头脑风暴会议期间，对任何成员的意见均不加评论；
- 自由畅想：鼓励在提出想法时大胆想象；
- 量中求质：希望产生大量的构思；
- 综合集成：鼓励对其他人的构思进行改进或与自己的构想进行组合。

头脑风暴法的主要作用在于它为与会者中某一两个富有创造力的人提供了新的、确切的或间接的联想，鼓励他们敞开思想，使他们有机会取得成就。因此，对组织者来说，提议的数量需要足够多，因为人们期望能在较多的数量中求得一定的质量。为此，安排讨论的问题通常没有明确限制的主题，这样更容易引起争论并可能得到各种不同的答案。

2. 跨界思维法

跨界思维法是通过挖掘不同产品间的关联性来获得新创意的方法。跨界思维法要求打破单一的思维方式，将不同产品的特性进行整合，建立起不同产品之间的关联性。例如，通过挖掘纸张和肥皂两种不同产品间的关联性，可以得出把纸肥皂定制成书册的肥皂清洁纸等创意，如表5-1所示。

表 5-1 纸张和肥皂的跨界创意

形式	关系/组合	构思/类型
形容词	● 像纸的肥皂 ● 像肥皂的纸	● 薄片 ● 有助于旅行中的清洁和干燥
名词	● 纸肥皂	● 硬纸用肥皂浸渍，用来清洁
其他	● 肥皂的纸 ● 肥皂湿纸巾 ● 肥皂清洁纸	● 定制成书册的肥皂 ● 在涂抹和浸渍过程中 ● 墙纸清洁物

通过使用跨界思维法，任何两种产品都可以凭借挖掘和整合产生大量的创意，这为创意的产生提供了一个简单、便捷、可复制的方法。

3. 设计思维法

设计思维法是一个创意设计的方法论，是一个为各种问题寻求创新解决方案，并创造更多的可能性，且包含许多触发创意的方法。设计思维法遵循以人为本的设计理念，既考虑人的需求、行为，也考量技术或商业的可行性。设计思维法作为一种思维方式，有五个特定的步骤，如图5-1所示。

图 5-1 设计思维法的五个步骤

（1）移情（empathize）。移情也指同理心，即设身处地为用户思考问题。要做到有同理心，具体要履行三步：首先是观察，不仅要观察用户行为，还要仔细研究用户行为背后的原因、困境以及行为所产生的连带效应；其次要做到与用户多沟通交流，通过调研和问卷调查了解用户的真实想法；最后要做到沉浸，假设自己就是用户本身，带着这样的想法亲自体验产品或服务。总之，移情就是尽一切可能站在用户的角度考虑问题，寻找用户的真正需求和痛点。

（2）定义（define）。定义就是能够清楚阐明一个观点，能够用很简单的语言告诉别人你的团队正在做什么事，这些事的价值是什么。这不仅可以让更多的人关注、了解你们的产品或服务，同时也可以激励整个团队，形成团队本身的价值观。总的来说，定义就是定义出自己的立足点，让别人清楚你要用什么方案来解决什么问题。

（3）创意（ideate）。创意是指根据前期的观察和调研，在发现问题之后思考出尽可能多的解决方案，考虑到所有可能涉及的人群，最后简化出一个具体的解决方法。例如，D. Light 公司在洞察到非洲很多学生面临没钱买电学习这件事之后，思考了很多解决方法，最后设计生产了一种廉价的太阳能灯，给非洲许多学生带去了光明。

（4）原型（prototype）。在想出解决方案之后要用最短的时间和最小的成本实施和完成解决方案，在做产品原型的同时，也要积极反思和发现新的问题。尽量将产品原型视觉化，不求精细，但求快速和直观。

（5）测试（test）。通过对产品原型的测试来验证产品是否可以有效解决问题，同时进一步完善原先定下来的想法与观点。

5.1.3 创业机会

真正的创业过程开始于创业机会的发现。熊彼特指出，创业机会是通过把资源创造性地结合起来，从而满足市场的需要，并创造价值的一种可能性。柯兹纳（Kirzner）认为，创业机会的本质是市场的不完全性。因为市场参与者是基于自身的信念、偏好、直觉以及外界信息来进行决策的，他们对可能的市场价格以及将来可能产生的新的市场有不同的推断。以上对创业机会的界定中，熊彼特强调企业家结合资源创造价值的可能性，柯兹纳则更强调市场不完全所带来的创业机会。

结合已有创业领域的研究成果，本书认为，所谓创业机会（或创业商机）是指有吸引力的、较为持久和及时的一种商务活动的空间，是一种能满足尚未满足的有效需求的可能性。它最终表现在能够为消费者或用户创造或增加价值的产品或服务之中。

有效需求是指这种需求还没有被满足或仅是部分满足，有待于激发和再组织。这种有效的需求还必须具有盈利潜力，因此这种需求具备以下要素：一是满足这种需求的成本低于人们满足需求所期望的价格；二是需求水平本身要足够高，这样才能为满足这种需求努力提供合理的回报。换言之，机会必须能在市场上接受考验，有持续的利益潜能。创业机会需要有其市场定位，并有其价值脉络与竞争的前景。

5.1.4 创业机会的特征

蒂蒙斯教授认为，创业机会的特征是具有吸引力、持久性和适时性，并伴随着可以为购买者或使用者创造或增加价值的产品或服务。根据这一解释可以得出，要构成创业机会，必须满足以下四个要素特征。

1. 吸引力

吸引力是指用户渴望的未来状态，即很能吸引用户的兴趣。创业机会一定要有一个有吸引力的创意。

> 📖 **创业聚焦**

Stitch Fix：一家用算法卖衣服的电商企业

Stitch Fix 是一家由数据和算法驱动的电商公司。在这里，用户仅需花费 10min 填写一份问卷，人工智能的强大算力便能从库存中找出符合其个性的服饰清单。购买时，用户既可以选择给自己一点惊喜——订购一个名为 Fix、包含 5 件衣物的盒子，这些衣物由算法和真人造型师挑选，但在打开盒子之前用户并不知道里面有什么，也可以像平时线上购物一样点开页面直接购买，只不过用户看到的选项已经过算法的过滤，让他仿佛置身于按照自己的品位进货的专属私人商店。

Stitch Fix 创始人卡特里娜·雷克（Katrina Lake）将身为女性对于购物体验（特别是购买衣服的体验）的追求、本科教育赋予的数理思维，以及过去工作中对零售服务业的理解融合起来。她认为，服装零售业的革新方向应当是为用户提供尽可能好的体验，具体方案则是将人和机器、感性与理性、艺术与科学相结合。

2021 年，Stitch Fix 活跃用户近 420 万，销售额达 21 亿美元，覆盖所有服饰零售细分品类，业务横跨美欧。该公司在运营中完美融合了算法与创意，创造了出色的用户体验。而这家公司从诞生到成为行业新锐仅用了 10 年。

资料来源：梅建平，陈剑，年销售额 21 亿美元，它如何用算法卖衣服，长江商学院案例中心，2022 年 1 月 14 日。

2. 持久性

持久性是指创业机会必须处在一个持续放大的机会窗口下，能在商业环境中行得通。创业机会的存在有一定的时效性，有些甚至转瞬即逝，在创业者还没来得及利用它的时候就迅速被其他机会所替代。例如，软盘是个人计算机（personal computer，PC）中最早被使用的产品之一。20 世纪 90 年代，3.5in⊖/1.44MB 软盘一直是 PC 标准的数据传输方式之一。但是，随着 U 盘的风靡、光盘刻录的发展、网络应用的普及，曾经应用最广泛的软盘驱动器如今已淡出人们的视线。

3. 适时性

蒂蒙斯认为，好的商业机会必须在机会窗口存在期间被实施，所谓机会之窗就是指商业想法被推广到市场上所花的时间，即时机。如果竞争对手也有了同样的思想，并已把产品推向市场，那么机会之窗也就关闭了。图 5-2 中的模型给出了一个一般化市场的机会窗口，纵轴表示市场规模，横轴表示时间。从原点到 A、B、C 等点连成的曲线表示典型新兴行业，如微型计算机、软件、生物工程等行业快速成长的历程与生命周期。在成熟的行业，曲线的坡度平缓，创业机会出现的概率也要小一些。

⊖ 1in = 0.025 4m。

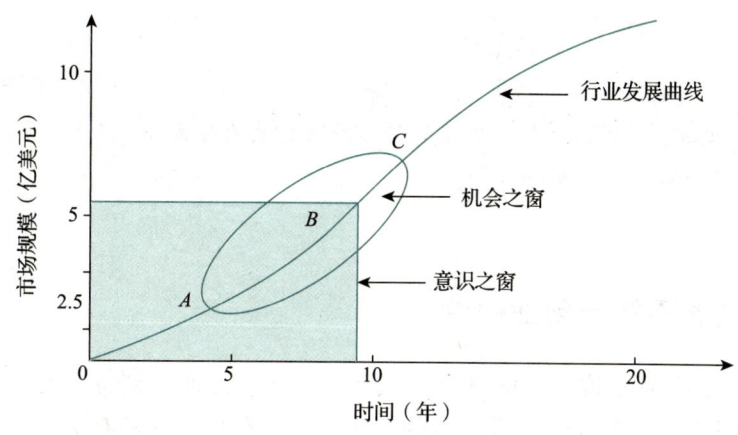

图 5-2　蒂蒙斯机会窗口模型

4. 为消费者或用户创造价值

创业最终必须依附于为消费者或用户创造或增加价值的产品或服务。如果一项产品或服务不能给用户带来价值，反而带来麻烦，这肯定不构成创业机会。

创业警示

衣二三的快生快死

衣二三成立于 2015 年，正值共享经济风靡之时。作为女性时装月租 app，它主打包月租衣的服务，以订阅会员制的方式为都市白领女性提供品牌时装的日常租赁，号称共享衣橱。公司成立初期就受到了资本市场的青睐，根据天眼查信息，仅成立这一年，衣二三就获得了数百万元的天使轮投资。此后，金沙江创投、红杉资本中国、IDG 资本、软银中国资本、阿里巴巴等明星投资机构都参与了后期的多轮融资，融资总金额约 7.38 亿元人民币。然而，2021 年 8 月，公司关闭了服务，以失败告终。究其原因，主要体现在以下几方面。

市场需求有限。尽管当时共享经济的概念新颖，但在中国，衣服租赁市场仍然是一个小众市场。大多数中国人更倾向于拥有而非共享衣物，这种消费习惯使得共享衣橱的市场接受度有限。

成本高昂。衣二三定位偏轻奢，服装吊牌价平均在 1 500 元左右。会员每月需支付 499 元会费，但即使如此，由于平台在服装采购、维护、物流等方面的成本高昂，租赁甚至高于用户直接购买的成本。

用户体验不佳。随着时间的推移，衣二三为了盈利开始牺牲用户体验。例如，增加会员租借间隔、降低服装质量、变更物流方式等，这些都导致了用户满意度的下降。老会员流失快，新会员增长乏力，形成恶性循环。

商业模式不可持续。衣二三的商业模式依赖高额的会员费和持续的融资维持运营。然而，在市场需求有限、成本高昂、用户体验不佳的情况下，这一模式显得难以为继。随着融资的减少和市场竞争的加剧，衣二三最终难逃失败的命运。

资料来源：根据网络公开资料整理。

5.1.5 创意不等于创业机会

创业者常说：好的创意是成功的一半。然而，创意并不等于创业机会。这是因为一个创意可以通过多种方法产生，它只是一种有吸引力的思想、概念或想法，并不十分注重其实现的可能性；但一个创业机会必须是实实在在的，是能够用来作为新创企业的基础的。这是相当关键的区别。从某种意义上说，创业机会是创意的一个子集。创业机会可以满足创意的诸多特征：来源广泛、具有较强的创新性、未来的发展带有很大的不确定性。然而，创业机会拥有大多数创意所不具备的一个重要特征，即能满足用户的某些需求，具有市场价值。这一特征使有价值的商业机会得以从众多创意中脱颖而出，成为创业者关注的焦点。因此，从众多创意中寻找值得关注的机会，是创业者选择创业生涯、实施创业的第一步。而创业机会具有吸引力、持久性、适时性的特性，它根植于可以为用户创造或增加价值的产品或服务中。最成功的创业者、风险投资家和私人投资者都是密切关注创业机会的。创业机会是用思路和创业企业的创造力开发或建立起来的。在某一点上，思路与现实世界的情境以及企业的创造力发生交互作用，这一交互作用产生了创业机会，借助该创业机会，一个新企业就被创造出来了。

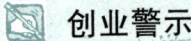 创业警示

OLPC 笔记本电脑

OLPC 是口号 "one laptop per child" 的缩写，意思是每一个孩子拥有一台笔记本电脑，同时 OLPC 也是由麻省理工学院多媒体实验室发起并组织的一个非营利组织。OLPC 产生的目的是生产出价格为 100 美元的笔记本电脑供发展中国家的儿童使用，因此 OLPC 笔记本电脑也被称作百元计算机。这台计算机有一个手动摇杆，靠转动摇杆就能产生电力。另外它具备计算机模式、电子书模式、游戏模式、电视模式等功能。

OLPC 一经提出就受到了社会各界的广泛关注，AMD、谷歌、eBay、欧洲卫星全球公司等各领域的巨头都对它进行了赞助。2007 年，OLPC 笔记本电脑正式推出，但是却差评如潮，用户评价称它缓慢、笨重、令人沮丧、容易损坏且难修复。

OLPC 笔记本电脑之所以廉价是因为采用了价格相当低廉的配置，然而即便这样也难

以达到 100 美元的目标。最终因 OLPC 笔记本电脑销量太差，加上定价过于理想化，该组织于 2014 年停止运营。美国科技媒体 The Verge 在一篇文章中评价道：作为一个浮华的、聪明的、又理想主义的项目，它在第一次接触现实时就被粉碎了。

资料来源：根据网络公开资料整理。

5.2 创业机会来源

创业机会的发现是创业的第一步，然而创业机会在何处，如何从繁杂多变的市场环境中找到富有潜在价值的创业机会，进而开发，是创业者不得不面对的问题。蒂蒙斯认为，创业机会主要是来自改变、混乱或不连续的状况。彼得·德鲁克提出机会的七种来源：意料之外的事件，不协调或不一致的状况，基于程序需要的创新和发明，产业和市场结构的变化，人口变化，认知、情绪和意义上的变化，新知识。美国凯斯西储大学创业学教授斯科特·谢恩（Scott Shane）的观点比较有代表性，他提出了产生创业机会的四种变革：技术变革，政治和制度的变革，社会和人口结构的变革，以及产业结构变革。综上可知，创业机会主要来源于市场本身的特点、新知识与技术的运用、产业与市场结构的变化、宏观环境的变化四个方面。

5.2.1 市场本身的特点

市场就像一张大网，市场主体（个人或企业）就是网上的一个个结点。市场主体间的交易把结点联系了起来，但是由于分工在带来专业化优势的同时也带来了市场知识的分散化，许多交易因此在市场上得不到实现。这恰如蛛网上的断点，每个断点之间的一系列联结就是企业家活动的机会（Leibenstein，1968）。

市场交易的断点与价格机制缺陷创造了很多创业机会，也成就了许多企业。例如，字节跳动抓住了移动互联网时代内容分发领域的市场断点，成功实现从创业到行业巨头的蜕变。字节跳动创始人张一鸣敏锐地观察到了传统内容分发机制在满足用户个性化需求方面的不足，以及移动互联网带来的海量数据与算法技术的潜力。于是，他带领团队开发了今日头条这一基于用户兴趣进行内容推荐的平台，从而彻底改变了人们获取信息的方式。

5.2.2 新知识与技术的运用

随着云计算（cloud computing）、大数据（big data）、物联网（Internet of Things，IoT）、移动互联网（mobile Internet）以及人工智能等新技术的蓬勃发

展，企业的生产模式、产品创新、市场拓展、资源利用及组织架构均迎来了深刻变革。这些新兴技术不仅催生了新的生产过程，还实现了资源的优化配置与高效利用，孕育出众多前所未有的产品与服务，开辟了广阔的市场空间。一大批创业者凭借对"云大物移智"的深刻理解与运用，精准捕捉市场脉搏，勇敢踏上创业征途。从基于云计算的 SaaS 服务创新，到利用大数据分析优化商业决策，再到物联网技术在智慧城市、智能制造等领域的应用，以及移动互联网与人工智能融合带来的个性化服务体验，这些由新技术驱动的创业案例充分展示了机会源自新知识与技术的无限可能。

5.2.3　产业与市场结构的变化

产业与市场结构的变化可以为企业带来成长机会。产业中的市场机会受产业生命周期中五种竞争力变化的影响，这五种竞争力就是迈克尔·波特提出的波特五力模型：新进入者的威胁、供应商的议价能力、购买者的议价能力、同行竞争程度、替代品的威胁。产业生命周期理论告诉我们，一个产业一般会经历四个阶段：导入期、成长期、成熟期、衰退期。不同的产业发展阶段意味着不同的市场结构和五种不同的竞争力，这就创造了不同的市场机会。

在 21 世纪初，智能手机市场初露锋芒，苹果公司的史蒂夫·乔布斯与团队敏锐地捕捉到了这一趋势。他们不仅关注到了新进入者的威胁，还深刻理解到消费者对于创新、便捷及高品质产品的渴望。因此，苹果公司于 2007 年推出了 iPhone，凭借其革命性的用户界面、强大的应用程序生态系统和卓越的设计，彻底改变了手机行业的游戏规则，满足了市场对于高端智能手机的强烈需求。与此同时，面对智能手机市场的快速扩张，中国的小米公司则采取了截然不同的策略。雷军及其团队注意到了行业内现有竞争对手的激烈竞争以及购买者议价能力的提升，决定以性价比为核心竞争力，通过线上销售、减少中间环节和高效的供应链管理，实现了快速的市场渗透。小米公司的成功不仅体现了对市场结构的精准把握，也展示了在成长期市场中，通过创新商业模式来应对竞争、捕捉机遇的能力。进入全球化时代，智能手机市场的竞争更加激烈，但同时也为企业提供了跨越国界、拓展全球市场的机会。华为公司在这一阶段积极投入研发，提升产品技术含量，同时加强品牌建设和国际营销，成功跻身全球智能手机市场前列。华为公司的策略不仅有效应对了替代品的威胁，还通过提升供应商的议价能力和拓展全球市场，实现了企业的持续成长。

5.2.4　宏观环境的变化

宏观环境的变化包括企业所面对的政治、经济、社会、文化等环境的变化。

政府管制的放松往往会给企业带来更大的市场空间。近年来，在全球环保与可持续发展浪潮的推动下，各国政府纷纷出台政策鼓励新能源汽车的发展，并在一定程度上放松了对该行业的管制。在我国，政府不仅提供了财政补贴、税收优惠等支持政策，还逐步放宽了对新能源汽车生产资质的限制，降低了市场准入门槛。众多新兴企业如蔚来、小鹏、理想等纷纷涌入市场，凭借创新的技术、优质的产品和灵活的商业模式迅速崛起。此外，传统汽车制造商也加大了在新能源汽车领域的投入，加速了产品转型和产业升级。这些变化不仅推动了新能源汽车产业的快速发展，也为消费者提供了更多样化、更高质量的产品选择。

经济全球化也影响着企业的市场机会。在经济全球化浪潮的推动下，企业开始在全球市场中寻找发展机会。位于浙江台州的中国飞跃集团，以拉丁美洲的阿根廷、巴西、智利等国家为起点，秉承走出去的理念，不仅在当地建立了稳固的生产基地和销售网络，还积极融入当地经济生态，实现了本土化运营。通过深入了解当地市场需求和文化习俗，飞跃集团不断调整产品策略和服务模式，赢得了消费者的广泛认可。这一系列举措不仅帮助它成功地实现了二次创业，也推动了企业的持续成长。

宏观环境中的人口变化（人口规模、年龄结构、就业状况、教育程度和收入等方面的变化）也可以为企业带来市场机会。人口变化对消费品、消费者和产品质量都有巨大的影响。例如，随着我国人口规模的持续扩大和年龄结构的调整，老年人口比重的显著上升成为不可忽视的趋势。截至2023年底，全国60岁及以上人口已达2.97亿，占总人口比重达21.1%，预计到2035年，这一数字将突破4亿，占比超过30%。这一变化直接推动了与老年人健康、服务、饮食、护理等相关行业的快速发展，从而带来更多创业机会。

社会趋势也可以为企业带来机会。共享经济作为一种新兴的经济模式，通过共享闲置资源和提高资源利用效率。例如，共享单车、共享汽车等交通工具的普及，不仅解决了城市交通拥堵和环境污染问题，还为消费者提供了便捷的出行方式。此外，共享经济还延伸到住宿、教育、医疗等多个领域，如短租平台、在线教育平台、远程医疗服务等。

5.3 创业机会识别

即使创业机会存在，也只有能敏锐地识别和捕捉到它的人才能掘得第一桶金。正是这种识别能力才使得创业机会显现出来。创业机会对于大部分人是不明显的，只有少数人才能发现。创业者是特立独行的，他们能做出常人做不出的决策。

此外，创业者在识别创业机会的过程中，也往往需要拒绝很多机会，而后抓住少数的机会，所以从本质上来看，成功的创业者就是成功的机会决策者。

5.3.1 创业机会识别的影响因素

创业机会识别过程是一个不断调整、反复均衡的过程，不同的创业者关注的创业机会是不一样的，即使是同一个创业机会，不同的人对其评价往往也不同。因此，机会识别过程的影响因素成为研究重点之一。在影响机会识别的各项因素中，既有创业者个体的因素，也有环境的因素。具体而言，个体因素包括创业警觉性、认知学习能力、创业动机、资源禀赋、先验知识、自信、个人特质、社会网络等；环境因素指机会类型，如图 5-3 所示。

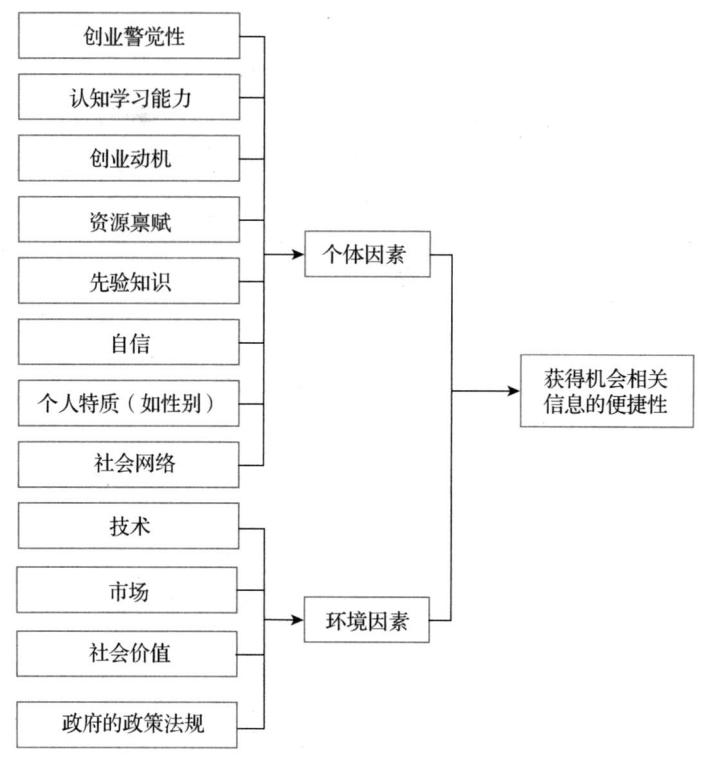

图 5-3　创业机会识别的影响因素

1. 创业机会的自然属性

创业者之所以选择这项机会是因为相信它能够产生足够的价值来弥补投入的成本。创业机会的自然属性很大程度上决定了创业者对其未来价值的预期，因而会对创业者的机会评价产生重大影响。适合创业的机会是否存在是判定创业者能否创业成功的客观依据，否则，再好的创业者也难以实现自己的梦想。

蒂蒙斯（1999）给定了一个共同的机会识别及锁定的目标，即机会能够：

- 为顾客或最终用户创造或增加极大的价值；
- 解决一项重大问题，或满足某项重大需求或愿望，使一部分人愿意多支付一些；
- 带来需求旺盛的市场和高利润；

- 与当时的创始人和管理团队配合得很好，也很适合当时的市场状况和风险、回报之间的平衡，且每一指标下需各设若干分指标用于机会评价。

2. 创业者的个体因素

对机会识别来说，更重要的影响因素应当来自创业者的个体因素。这是因为从本质上说，机会识别是一种主观色彩相当浓厚的行为。事实上，即使某一机会已经表现出较好的预期价值，也并非每个人都能从事这一机会的开发，并且坚持到最后的成功，因此创业者的个体因素对机会识别很重要。

（1）创业警觉性。创业警觉性是指一个人能辨识到不被注意的创业机会或被忽略的创业机会。柯兹纳于1973年第一次提出创业警觉性（alterness）的概念，并揭示了警觉性对于机会识别的影响。阿德吉菲利（Ardichvili，2003）等认为，企业家警觉性越高，创业机会被识别与开发的成功率就越高。这种高的企业家警觉性则与企业家个人特质，如创造力和乐观等相关。

为什么有些创业者看到了创业机会，有些人却没有看到？这可能与创业警觉性的强度和方向有关。创业警觉性是一种认知能力，是动态的、不断发展的。它能够引导注意力，指导信息处理，体现为对市场环境变化有较高的敏感性。警觉性高的创业者能够比其他人更容易发现市场上客观存在的商业机会，进而帮助他们在创业活动中取得成功。不具备警觉性的个体很难识别或创造创业机会，因为他们错误地判断了他们所处的市场环境和当下所要求的行为。在社会网络和商业网络日益扩大的情况下，创业警觉性作为新创企业成功的驱动因素的效力被明显放大。

（2）认知学习能力。创业机会识别是一个动态过程，而机会认知是机会识别的首要步骤。机会认知就是认识和感知到机会，让机会从模糊变得清晰。由初始的发现到创业中的决策，也是一个学习的过程，即机会的认知识别过程。社会认知理论学派（Social Cognitive Theory）代表人物班杜拉（Bandura）认为，人类不仅可以从直接经验中学习，也可以通过模仿来学习。学习他人的创业行为更有益于个人进行创业活动，创业者可以从创业标杆中学习相关行为。大多数创业者属于初次创业，因此，如何间接地学习创业能力尤其是机会识别的能力显得尤为重要。

（3）创业动机。按创业动机分类，创业可分为机会型创业和生存型创业。在不同的创业动机下，机会识别的方式可能有所不同，有拉动式识别，也有推动式识别。

（4）资源禀赋。资源禀赋是指创业者在创业时期所拥有的资源。通常情况下，创业者的资源禀赋分为人力资本、物质资本、技术资本、金融资本和社会资本等方面。其中，人力资本指创业者个体拥有的知识、智慧、判断力、洞察力、价值观和信念。物质资本指创业者拥有的有形资产。技术资本指创业者拥有的生产经验和各种工艺、操作方法与技能。金融资本指创业者所能够利用的所有不同来源的货币。社会资本指创业者的社会网络关系以及网络中流动着的资源。由于人类行为认知的局限性，以及资源和能力的相对匮乏，创业者必须借助现有稳定社会网络中的创业者社会资本，对创业机会仔细考虑，然后融入创业活动，开创新企业或新事业。因此，基于创业者资源禀赋差异，创业者产生了不同的创业行为预期和不同的创业动机，最终外化为不同的创业行为。创业者资源禀赋越高，就越容易感知到创业机会，并且越有能力抓住机会，应对不确定性并获得高回报。

（5）先验知识。特定行业的先验知识有助于创业者的机会识别，这被称为走廊原理。它是指创业者一旦创建企业，就开始了一段旅程，在这个旅程中，通向创业机会的走廊将变得清晰可见。这个原理表达的观点是，某个人一旦投入某产业的创业，这个人将比那些从产业外观察的人更容易看到产业内的新机会。谢恩进一步将先验知识分为三种类型：市场的先验知识、服务市场方式的先验知识、解决用户问题的先验知识。这三类先验知识造就了创业者的知识走廊，帮助创业者在面对同样的机会信息时，能够解读出与其先前知识密切相关的机会。

具有先验知识的个体能够更加敏锐地识别出机会，会更容易识别出未被满足的市场，可以大大缩短创业时间，把意识到的机会变得清晰。

（6）自信。谢弗（Shaver）和斯科特（Scott）指出，成功的创业者需要有执着的信念，并且能够坚持他们的事业直至成功。克鲁格（Krueger）和迪克逊（Dickson）的研究表明，创业者的自信能够增强他们对机会的感知能力。

（7）个人特质。个人特质包括创业者背景（如性别、年龄、受教育程度、民族、家庭成长环境等）及潜质方面的特征（如创造性、风险感知能力等）。创业者的这些个人特质因素之所以会影响创业者的机会识别能力，很大一部分原因是机会识别能力与信息的获取加工能力有关。

（8）社会网络。在创业资源中，创业者的个人社会网络被称为最重要的资源，是产生创办新企业思路和影响机会识别的关键因素。创业者和其网络成员在接触中的思想碰撞经常成为新的创业思路的来源。社会网络能扩大信息的来源渠道，给创业者带来更多的创业思路和机会。Hill认为，创业者的社会网络对机会识别相当重要，而且通过实证检验，他发现拥有大量社会网络的创业者与单独行动的创业者在机会识别上有显著的差异，同时他还发现了网络大小、弱链条以及结构洞对机会识别过程的重要性。

3. 环境因素

已有研究成果认为，机会识别是一个受许多环境因素影响的过程，环境的变动会酝酿大量的机会，是产生机会的源泉。

Srevenson和Gumperr描述了影响机会识别的四个环境维度：技术、市场、社会价值和政府的政策法规。这些环境的变化产生了大量的信息，从而赋予创业者诸多的创业可能。

在环境的特性研究中，公认较有影响力的是 Dess 和 Beard 的理论，即环境的特性有宽松性、动态性、复杂性。其中，宽松性解释为环境中可用的和企业所需要的资源的稀缺或充裕程度，并且将竞争的概念引入资源可用性。动态性即环境因素的变化，包括没有预料到的环境变化率和环境的稳定性。复杂性指环境因素的数量和异质性。环境的这三种特性决定了机会识别是一个在复杂多变的世界进行搜索、发现并抓住机会的动态过程。机会可以随时存在，也可能瞬息万变。该理论为机会识别研究引入了更具有挑战性的领域。

5.3.2 创业机会识别的过程

创业机会识别的过程是指创业者与外部环境（机会来源）互动的过程。在这个过程中，创业者利用各种渠道和各种方式获取并掌握有关环境变化的信息，从而发现现实世界中在产品、服务、原材料和组织方式等层面存在的差距或缺陷，找出创造或改进目的－手段关系的可能性，最终识别出可能带来新产品、新服务、新原材料和新组织方式的创业机会，如图5-4所示。

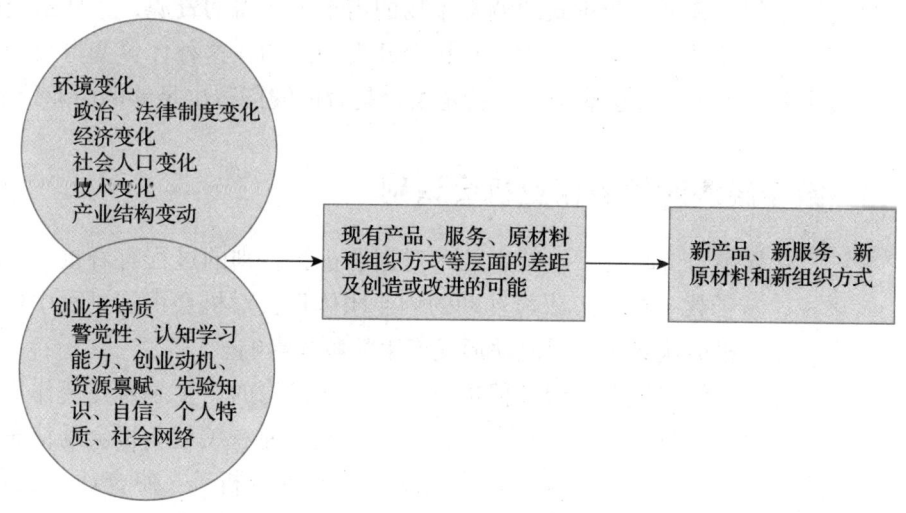

图 5-4　创业机会识别的过程

当然，在现实世界中，创业机会的识别过程更多地依赖创业者的把握能力，创业者从成千上万繁杂的创意中选择了他心目中的创业机会，并持续不断地开发这一机会，直至创办真正的企业并最终收获成功。在这一过程中，机会的潜在预期价值被反复权衡，创业者的自身能力得到提高，创业者对创业机会的战略定位也越来越明确。这一过程在 Lindsay 和 Craig（2002）看来，其实是创业者不断将信息内化并理解的过程，可以分成三个阶段。

阶段1：机会搜索（opportunity searching）。在这一阶段，创业者会对整个系统中可能的创意展开搜索，如果创业者意识到某一创意可能是潜在的创业机会，具有潜在的发展价值，就将进入机会识别过程的下一阶段。

阶段 2：机会识别（opportunity recognition）。相对整体意义上的机会识别过程，这里的机会识别应当是狭义上的识别，即从创意中筛选合适的机会。这一过程包括两个步骤：首先，通过对整体的市场环境及行业进行分析来判断该机会是否在广义上属于有利的创业机会，Noel 和 Craig 称之为标准化的机会识别阶段（normative opportunity recognition phase）；其次，考察对特定的创业者和投资者来说这一机会是否有价值，也就是个性化的机会识别阶段（individualize fit opportunity recognition phase）。

阶段 3：机会评价（opportunity evaluation）。实际上，这里的机会评价已经带有部分尽职调查的含义，相对而言比较正式。考察的内容主要是各项财务指标和创业团队的构成等。通过机会评价，创业者会决定是否正式组建企业，吸引投资。

事实上，在一些研究中，机会识别和机会评价是共同存在的，创业者在识别创业机会时也会有意无意地进行评价活动。创业者需要对机会开发中的每一步进行评价，也就是说，机会评价贯穿整个机会识别过程。在机会识别的初始阶段，创业者可以非正式地调查市场的需求、所需的资源，直到断定这个机会值得考虑或进一步深入开发；在机会开发的后期，这种评价变得较为规范，并且主要集中于考察这些资源的特定组合是否能够创造出足够的商业价值。

5.3.3　数字经济时代的创业机会识别

在数字经济时代下，数字技术对创业机会识别的过程有着重要影响。具体来说，基于数字技术形成与互动的创业团体将会对机会识别过程中传统的创业者交互、机会认知和知识流动形式产生颠覆式影响。

第一，数字技术平台对促进分散式创业机构的产生起着重要作用。以数字平台为基础，创业主体、机构之间的频繁互动使有关创业机会的信息流动性增强，数字技术（如云计算、数字营销和大数据分析等）使全球创业者、用户、投资者都有可能参与新概念、新产品的开发。此外，数字技术平台能够帮助创业者与潜在用户和投资者一起在全球范围内整合全球的创意思维和资源，探索新的创业机会（如京东智能平衡车的众筹）。

第二，数字组件的重新连接在改变产品和服务边界的同时能够改变已有创业机会的边界。由于数字平台的自生长性可以使创业机会产生动态变化和拓展，而且数字平台的层次模块化结构使得单个组件不再单单面向产品，而是面向多个平台层、不同功能的设计层，因此，在数字平台中，那些跨越多个层次的组件不再只面向一种特定的产品，而是变成了新产品开发平台。比如在不同平台层次的连接下，谷歌地球就衍生出了手机导航、打车服务等多种创业机会。

第三，数字组件的可再编程性（使用者可以重新修改编码，即符号逻辑和物理实体的分离）和可重构性（可以和其他数字组件互相组合，即内容和媒介的分离）为创业者提供了识别和挖掘更多创业机会的可能性。对数字组件的重新编程以及数字平台不同层次模块的相互组合产生了一些新的创业机会。除此之外，数字平台的自生长性使得数字创业的机会识别有了更多的不确定性。创业者应该根据不同的应用场景，将不同的数字组件、物理组件与个体、组织和社会因素相结合从而产生多样化的数字创业机会。比如，将数字档案技术与数字搜索组件组合产生新的创业机会——定制化音乐产业，并进一步地产生了新的规则和定价机制，音乐产业市场也有了重新定义。

5.3.4 创业机会类型

经过识别，创业机会大致上可以被分为趋势型机会、问题型机会和组合型机会三个类型。

1. 趋势型机会

趋势型机会是指创业者通过密切观察趋势从而创造出新的有效需求的机会。经济因素、社会因素、技术进步、政治活动与制度变革是创业者要遵循的几个最重要的趋势。把握这些趋势有两种途径：一是认真研究并观察这些趋势，一般来说，具有丰富的产业经验和较强的创造性，并有良好的社会网络和警觉性的创业者，更可能发现趋势并正确解释它们；二是从独立调查公司购买定制化的预测和市场分析报告。

2. 问题型机会

问题型机会是指创业者发现了现有产品、服务、原材料和组织方式等层面的差距，并通过其创造性思维找出了某种改进可能性的机会。

研究表明，一些创业机会其实是某个人为了解决某一实际问题的体现。在解决问题的过程中，创业者意识到解决方案将有更广泛的市场吸引力，从而引发其创业过程。共同事业组织（Common Cause）创始人约翰·加德纳（John W. Gardner）说："每个问题背后都是一个被精巧掩饰的机会。"

> **创业标杆**
>
> **网红燕窝品牌小仙炖的创业之源**
>
> 自 2019 年起，小仙炖鲜炖燕窝以一抹亮丽的红色风暴席卷市场，其迅猛崛起的背后少不了创业者的初心与上下求索。林小仙与苗树两位创始人敏锐地捕捉到了传统燕窝消费中的核心痛点——烦琐的炖煮过程与现代人快节奏生活的矛盾，这一问题型创业机会成为他

们创新的起点。

面对燕窝市场"买易炖难"的普遍现象，林小仙深刻反思，为什么燕窝这一珍贵滋补品往往只被大户人家或特定人群享用？是价格问题吗？不，更多的是因为炖煮的门槛太高。这一洞察促使他们决心打破传统，探索一种更加便捷、高效的燕窝消费方式。于是，小仙炖应运而生，他们不仅简化了燕窝的炖煮流程，更通过工业化的创新，实现了燕窝的短保质期与每周配送服务，确保了产品的新鲜度与便捷性。这一创新不仅解决了消费者的实际困扰，更让燕窝这一传统滋补品焕发出了新的生机，成功吸引了更广泛的消费群体。

从创业初期的小规模尝试，到如今连续七年鲜炖燕窝全国销量领先，小仙炖的每一步都凝聚着对问题型创业机会的精准把握与不懈追求。他们不仅解决了消费者的问题，更在解决问题的过程中创造了巨大的市场价值，实现了品牌与消费者的双赢。

资料来源：李洋，王小龙，网红燕窝品牌小仙炖的创业之源与增长之秘，长江商学院案例中心，2022年1月18日。

3. 组合型机会

组合型机会是指将现有的两项以上的技术、产品、服务等因素组合起来，满足用户新的用途而获得的创业机会。例如，惠普的多功能办公一体机就融合了打印、复印、电话、扫描、传真等办公的基本功能，非常受欢迎。

5.3.5　创业机会识别的科学方法

创业机会识别方法通常有四种：市场调研发现机会、系统分析发现机会、问题导向发现机会与创新变革获得机会。

1. 市场调研发现机会

市场调研发现机会即通过与用户、供应商、代理商等沟通，获取一手资料与信息，了解现在发生了什么以及未来将要发生什么。针对自己的某个特定想法，获取市场调研数据，发现可能的创业机会。

2. 系统分析发现机会

在市场经济发展日渐成熟的现状下，那种野蛮生长的方式和处处是用户与商机（市场不饱和）的时代已经过去了，更多的企业往往是在夹缝中求生存，变化中寻商机。因此，绝大多数的创业机会需要通过系统地分析才能够发现。从企业的宏观环境（政治、社会、法律、技术、人口等）与微观环境（细分市场、用户、竞争对手、供应商等）的变化中寻找新的用户需求和商机，是精准识别创业机会最常用、最有效的方法之一。

3. 问题导向发现机会

问题导向是指创业机会识别源于一个组织或个人面临的某个问题或明确的

需求，这可能是创业机会识别最快速、最精准、最有效的方法，因为创业的根本目的是为用户创造新的价值，解决用户面临的问题。在这个过程中，常用的方法就是不断与用户沟通，持续听取用户的建议，基于用户需求创造性地推出新的产品或服务。

4. 创新变革获得机会

通过创新变革获得创业机会的方式在高新技术产业和互联网行业中最常见。这种方法通常是针对目前明确的或未来潜在的市场需求，探索相应的新技术、新方法、新知识或新模式，或是利用已有的某项技术发明、商业创意实现新的商业价值。一旦获得成功，创业者凭借其具有变革性、超额价值的新产品或新服务，很容易在市场中取得压倒性的主导地位。然而，创新变革的方式难度更大，风险系数也更高。

创业聚焦

当元宇宙遇上 Web3.0

元宇宙一词最早由美国科幻作家 Neal Stephenson 在其 1992 年出版的小说《雪崩》中创造。英伟达（NVIDIA）将元宇宙定义为共享虚拟 3D 世界，或者是交互性、沉浸式和协作性的世界，正如物理宇宙是空间上互连的一系列世界，元宇宙也可以被视为众多世界的集合。IT 咨询公司 Gartner 在其报告中提出，元宇宙是一个虚拟开放空间，并且预期数字技术将会使一个个孤立的虚拟场景（如数字购物、数字房屋、数字社交）连接为整体。其中，Web3.0 是元宇宙的核心架构，即互联网的第三代，用户不仅可以阅读信息、创作内容，还可以真正拥有自己创作的内容，并将内容变现，获得相应的报酬。当元宇宙遇上 Web3.0 会蕴含怎样的创业机会呢？

在这里，请设想元宇宙情景下的沉浸式体验与 Web3.0 商业模式带来的虚拟美食城。在 3D 虚拟空间里，有线上餐厅正在营业，有虚拟厨师正在烹饪。用户则可以通过虚拟分身在这里享用美食，观看大厨的手艺，或购买菜肴的制作方法，进行沉浸式体验，当然也可以下单将美食线下送达。更进一步，搭建在 Web3.0 架构上的虚拟美食城给餐馆、厨师和用户带来了各种挣钱的机会。比如餐馆可以售卖自己的 NFT（non-fungible token，非同质化通证）产品，如虚拟会员卡、虚拟餐具等，还可以给顾客发行代币，鼓励消费；厨师则可以展示技艺，分享个人的美食烹饪秘诀，比如将制作菜肴的视频做成 NFT 产品发售；用户可以通过点赞、分享对这家餐厅及食谱的评价来获取收入。在此场景下，信息归属于用户、厨师等个人而非美食城平台，厨师和用户可以直接建立链接和对接价值。此外，厨师和用户都有可能参与到虚拟餐馆的经营当中，影响餐馆的运营策略和发展方向。

资料来源：孙宝红，陈剑，当元宇宙遇上 Web3.0，企业会遇上哪些机会，长江商学院案例中心，2023 年 1 月 17 日。

识别创业机会的路径通常是：掌握信息－善于观察－总结他人的成功经验及失败的教训－把控市场竞争等方面情况。具体技巧如下。

（1）从变化中寻求机会。环境的变化会给各行各业带来良机，通过这些变化可以发现新的前景。这些变化可能包括：产业结构的变化、科学技术的进步、政府管制的放松、经济体制的变革、价值观与生活形态的变化、人口结构的变化。

（2）从低科技领域中把握机会。随着科技的发展，开发高科技领域是时下热门的课题，但创业机会并不只属于高科技领域，在运输、保健、饮食等低科技领域也有机会，关键在于开发。

（3）盯住用户的需求找机会。不能从全部用户身上去找机会，因为共同需求很容易被识别，基本上已很难再找到突破口。而实际上每个人的需求都是有差异的，如果时常关注某特定群体的日常生活和工作，就容易从中发现某类机会。

（4）通过追求负面寻找机会。追求负面就是着眼于那些大家苦恼的事。因为是苦恼、被困扰，所以人们总是迫切希望解决。如果能提供解决办法，实际上就是找到了机会。

5.4 创业机会评价

创业机会评价是创业过程中至关重要的一环，是对多种潜在创业机会进行深入剖析与综合比较的关键步骤。在这一阶段，创业者不仅要考虑市场需求的真实性与规模、技术实现的可行性、资源获取的难易程度，还需评估潜在竞争对手的态势、选择进入市场的时机以及发掘长期盈利的潜力等因素。通过一系列综合考量，筛选出具有一定吸引力且可行性较高的创业机会，进而为后续创业计划的制订与实施奠定坚实的基础。

5.4.1 蒂蒙斯机会评价模型

现在公认比较权威、科学的是蒂蒙斯（1999）提出的机会评价框架。与其他理论不同，蒂蒙斯更多的是从一个机构投资者或一个旁观者的角度分析，结合机会本身的特点和企业（或企业家）的特质综合考虑。他概括了一个评价创业机会的框架如表5-2所示，其中涉及8大类共53项指标，针对不同指标做权衡打分。这些指标提供了一些量化的方式，使创业者可以对行业与市场、经济因素、收获条件、竞争优势、管理团队、致命缺陷、创业者的个人标准、理想与现实的战略性差异做出判断，从而评判这些要素加起来能否组成一个有足够吸引力的商机。尽管蒂蒙斯也承认，现实中有着成千上万适合创业者的特定机会，未必都能与这个评价框架相契合，但他的这个框架及其中的评价指标构建了目前比较完整的一个体系。

表 5-2　蒂蒙斯创业机会评价框架

行业与市场	1. 市场容易识别，可以带来持续收入
	2. 用户可以接受产品或服务，愿意为此付费
	3. 产品的附加价值高
	4. 产品对市场的影响力强
	5. 将要开发的产品生命长久
	6. 项目所在的行业是新兴行业，竞争不完善
	7. 市场规模大，销售额潜力在 1 000 万～10 亿元
	8. 市场成长率在 30%～50%，甚至更高
	9. 现有厂商的生产能力几乎完全饱和
	10. 在 5 年内能占据市场的领导地位，达到 20% 以上
	11. 拥有低成本的供货商，具有成本优势
经济因素	12. 达到盈亏平衡点所需要的时间在 1.5 年以下
	13. 盈亏平衡点不会逐渐提高
	14. 投资回报率在 25% 以上
	15. 项目对资金的要求不是很大，能够获得融资
	16. 销售额的年增长率高于 15%
	17. 有良好的现金流量，能占到销售额的 20% 以上
	18. 能获得持久的毛利，毛利率要达到 40% 以上
	19. 能获得持久的税后利润，税后利润率要超过 10%
	20. 资产集中程度低
	21. 运营资金不多，需求量是逐渐增加的
	22. 研究开发工作对资金的要求不高
收获条件	23. 项目带来的附加价值具有较高的战略意义
	24. 存在现有的或可预料的退出方式
	25. 资本市场环境有利，可以实现资本的流动
竞争优势	26. 固定成本和可变成本低
	27. 对成本、价格和销售的控制度较高
	28. 已经获得或可以获得对专利所有权的保护
	29. 竞争对手尚未觉醒，竞争较弱
	30. 拥有专利或具有某种独占性
	31. 拥有发展良好的网络关系，容易签署合同
	32. 拥有杰出的关键人员和管理团队
管理团队	33. 创业者团队是一个优秀管理者的组合
	34. 行业和技术经验达到了本行业内的最高水平
	35. 管理团队的正直廉洁程度能达到最高水准
	36. 管理团队知道自己缺乏哪方面的知识
致命缺陷	37. 不存在任何致命缺陷

(续)

创业者的 个人标准	38. 个人目标与创业活动相符
	39. 创业者可以做到在有限的风险下实现成功
	40. 创业者能接受薪水减少等损失
	41. 创业者认同创业这种生活方式，而不只是为了赚大钱
	42. 创业者可以承受适当的风险
	43. 创业者在压力下状态依然良好
理想与现实的 战略性差异	44. 理想与现实情况相吻合
	45. 管理团队已经是最好的
	46. 在用户服务管理方面有很好的服务理念
	47. 所创办的事业顺应时代潮流
	48. 所采取的技术具有突破性，不存在许多替代品或竞争对手
	49. 具备灵活的适应能力，能快速地进行取舍
	50. 始终在寻找新的机会
	51. 定价与市场领先者几乎持平
	52. 能够获得销售渠道，或已经拥有现成的网络
	53. 允许失败

5.4.2 创业机会测试

经过创业者筛选出来的创业机会必须通过市场上的潜在用户等相关人员的检验，这一过程称为创业机会测试。创业机会测试是评估潜在用户对创业机会的创意和商业概念化的反馈。机会测试包括创意概念测试和产品商业测试。

1. 创意概念测试

创意概念测试（creative concept test）是将新产品理念以与用户相关的方式表达出来，形成概念产品，并将它交给潜在目标用户进行评价，从而收集用户反应的一种方法。创意概念是对未来产品理念的详细描述，是产品设计师对未来用户需求的理解。因此，创意概念是否真正反映了潜在用户的需求，还需要市场的检验。

（1）创意概念筛选测试。在创意概念阶段，要想出尽可能多的关于创业机会的概念。创意概念筛选测试是指根据潜在用户对每个创意概念的态度，从众多概念中筛选出几个值得进一步详细研究的潜在创意概念。

在数字化时代，数字技术已成为激发与管理创意的强大引擎。通过在线协作平台、人工智能辅助创意生成工具等，能够激发并汇聚全球范围内的创意灵感。随后，利用大数据分析与机器学习算法，对收集到的创意概念进行初步筛选，识别出那些与潜在用户兴趣点高度契合、市场潜力大的概念。此外，在线问卷、社交媒体调研等工具能快速收集并分析大量潜在用户反馈，从而更精准地筛选出值得深入研究的创意概念。

（2）创意概念吸引力测试。创意概念吸引力测试是指根据创意概念的潜在用户的理解和态度，以及创意产品特性（如包装、颜色、规格、价格等），测试概念的传播效果、创新性和吸引力，估计新产品潜在用户的购买意愿，判断创意概念的内容是否需要进一步充实和完善。在这一过程中，通过使用 VR 和 AR 技术，用户能够身临其境地体验产品概念，感受其设计细节、功能特性乃至情感价值，这种沉浸式体验极大地提高了测试的真实性和有效性。同时，数字化平台能够灵活调整创意产品的展示方式，如变化包装样式、颜色搭配、价格区间等，从而实时观察并记录用户的反应与偏好。结合社交媒体分析、在线评论挖掘等技术，可以深入洞察用户的心理变化、购买意愿及潜在需求，为创意概念的进一步优化提供数据支持。

2. 产品商业测试

产品商业测试（product commercial test）是指创业者和开发团队把通过了创意概念测试且得到了改进的新产品放置在小范围的、可信赖的潜在用户群体中，从而测试新产品的市场效应。其目的是：了解潜在用户如何尝试和使用新产品；衡量产品的接受程度；了解相比现有竞争对手的产品，用户是否更喜欢新产品，以及新产品必须改进的地方；分析新产品的优劣势；判断用户是否会再次购买及其可能的购买频率。数字技术使得产品的商业测试更加便捷和高效。通过数字化平台，创业者和开发团队可以轻松地将经过创意概念测试并优化后的新产品推向市场，收集真实用户的反馈数据。利用数据分析工具，实时监测产品的使用情况、用户满意度以及市场接受度，与现有竞争对手进行横向对比，发现产品的优劣势及改进空间。此外，数字技术还能帮助预测用户再次购买的意愿及购买频率，为产品的市场推广和销售策略提供有力支持。

一般来说，新产品总是在具有代表性的潜在市场上进行测试。显然，如果新产品在这些市场中销量很好，它们就可以在全国范围内的市场投放。但是，如果新产品的缺陷很快暴露，就需要对产品加以改进，甚至有时不得不放弃该产品。产品商业测试本身还有一个风险是：竞争对手可能通过跟踪新产品来窃取商业信息。

创业机会测试有助于创业者探索与了解潜在市场对创业概念和产品原型的反应，明确创业的商业定位，更好地开发与利用创业机会。

本章要点

- 创意是机会识别的基础，产生创意的方法有头脑风暴法、跨界思维法、设计思维法等。
- 创业是在动态竞争前提下的机会驱动过程，是创业者（或称企业家）在面对大量不确定性因素时分析、评估机会并进行有选择的投资决策的行动。
- 创意并不等于创业机会，创业机会区别于创意的特点是必须具有实现的可能性。

- 创业机会主要源于市场本身的特点、新知识与技术的运用、产业与市场结构的变化、宏观环境的变化四个方面。
- 创业机会的自然属性、创业者的个体因素和环境因素影响了创业者的机会识别能力。
- 创业机会识别过程包含三个阶段：机会搜索、机会识别、机会评价。
- 创业机会包括趋势型机会、问题型机会和组合型机会三种。
- 机会评价使用最广泛也是最权威的模型是蒂蒙斯机会评价模型。创业者可以利用这个模型对行业与市场、经济因素、收获条件、竞争优势、管理团队、致命缺陷、创业者的个人标准、理想与现实的战略性差异等做出判断，从而评价一个创业企业的投资价值。

行动学习

1. 学习目标：体验从深度用户洞察到创业机会发掘的全过程。
2. 材料准备

    空白笔记本：用于记录用户访谈、需求分析和创意构思。

    彩色便笺纸：用于标记关键信息和创意点，便于分类和整理。

    马克笔：用于绘制草图、标注重点。

    录音设备（可选）：用于记录访谈内容，确保信息准确无误。

3. 实施流程

    （1）选定目标用户群体：小组内讨论，确定一个具体的目标用户群体，如大学生、上班族、老年人等；分析目标用户群体的特点、需求和痛点。

    （2）用户访谈：设计访谈提纲，包括基本信息、日常习惯、现有产品或服务的使用情况、不满意之处等；分组进行用户访谈，确保覆盖到目标用户群体的多样性；记录访谈内容，包括用户的直接陈述和间接反馈。

    （3）需求分析：整理访谈记录，提取关键信息和用户痛点；使用彩色便笺纸对用户需求进行分类和标记，如功能性需求、情感性需求、社交性需求等；分析用户需求背后的深层次原因，如技术限制、市场空白、文化因素等。

    （4）创意激发：基于用户需求分析，进行头脑风暴，激发创新思维；鼓励参与者提出多样化的解决方案，不拘泥于传统模式；使用空白笔记本记录创意点，并用马克笔绘制草图，进行可视化展示。

    （5）机会评估：对每个创意进行初步评估，考虑其可行性、市场潜力、竞争优势等因素；使用SWOT分析、五力模型等工具进行更深入的评估；小组讨论，确定最具潜力的创业机会。

    （6）原型设计：根据选定的创业机会，设计产品原型或服务模型；使用现有材料（如纸张、胶带等）制作简易原型，用于展示和测试；邀请用户或潜在用户进行原型测试，收集反馈意见。

    （7）反思与总结：小组讨论整个行动学习过程的收获和教训；分析在用户需求洞察、创意激发、机会评估等环节中的成功经验和不足之处；制订个人或团队的后续行动计划，包括继续深化用户研究、优化产品原型、寻找合作伙伴等。

思维训练

1. 选择一个你了解的创业失败案例（可以是公开的报道、身边的实例），深入分析该创业项目在洞察创业机会方面存在哪些不足或错误判断。请思考，如果你是该项目的创业者，你会如何避免这些错误？从这个案例中，你学到了哪些关于洞察创业机会的宝贵教训？
2. 结合当前的社会、经济、科技发展趋势（如人工智能、可持续发展、数字化转型等），预测未来可能涌现的创业机会领域。请至少提出两个你认为具有潜力的领域，并阐述你为何认为这些领域存在创业机会。同时，思考在探索这些机会时，可能需要面对哪些挑战，以及你如何准备自己以抓住这些机会？
3. 创业过程中充满了不确定性，包括市场变化、政策调整、技术迭代等。请思考并讨论，在面对这些不确定性时，创业者可以采取哪些策略或方法来增强对创业机会的信心？这些策略或方法是否适用于所有类型的创业机会？为什么？

问题回顾

1. 什么是创业机会？
2. 什么样的想法才是真正的创业机会？
3. 在数字经济时代，数字技术如何影响创业机会识别过程？
4. 如何评价创业机会？

参考文献

[1] ECKHARDT J T, SHANE S A .Opportunities and entrepreneurship[J]. Journal of management, 2003, 29(3): 333-349.

[2] E W K TSANG, RAMOGLOU S E, et al. A realist perspective of entrepreneurship: opportunities as propensities[J]. Academy of management review, 2016, 41(3): 410-434.

[3] SHEPHERD D A, DETIENNE D R. Prior knowledge, potential financial reward, and opportunity identification[J]. Entrepreneurship theory and practice, 2005, 29(1): 91-112.

[4] SCHMITT A, ROSING K, ZHANG S X, et al. A dynamic model of entrepreneurial uncertainty and business opportunity identification: exploration as a mediator and entrepreneurial self-efficacy as a moderator[J]. Entrepreneurship theory and practice, 2017, 1540-6520.

[5] TUMASJAN A A, BRAUN R B.In the eye of the beholder: how regulatory focus and self-efficacy interact in influencing opportunity recognition[J]. Journal of business venturing, 2012, 27(6): 622-636.

[6] 杨俊，朱沆，于晓宇.创业研究前沿：问题、理论与方法[M].北京：机械工业出版社，2022.

[7] 蔡莉，鲁喜凤，单标安，等.发现型机会和创造型机会能够相互转化吗：基于多主体视角的研究[J].管理世界，2018, 34(12): 81-94+194.

[8] 周冬梅，陈雪琳，杨俊，等.创业研究回顾与展望[J].管理世界，2020，36(1): 206-225+243.

[9] 张斌，陈详详，陶向明，等.创业机会共创研究探析[J].外国经济与管理，2018, 40(2): 18-34.

[10] 葛宝山，高洋，蒋大可，等.机会-资源一体化开发行为研究[J].科研管理，2015，36(5): 99-108.

第 6 章 可行性分析

> 每个计划应像雪花一样与众不同。
> ——约瑟夫·R. 曼库索（Joseph R. Mancuso）

【学习目标】

学完本章后，你应该能够：
- ☑ 了解商业可行性分析的含义
- ☑ 掌握可行性分析工具
- ☑ 掌握创业计划书的撰写
- ☑ 掌握创业计划书的评估要素

引例 马斯克的创业奇迹之路

埃隆·马斯克（Elon Musk）是一位备受瞩目的企业家和创新者，他在多个领域展现了卓越的创业能力和影响力。

马斯克最早的成功创业项目之一是 PayPal，这是一家电子支付公司，当时名为 Confinity，后来与 X.com 合并成为 PayPal。马斯克在这个过程中担任重要角色，尤其是在推动公司的发展和创新方面。PayPal 的成功源于其创新的支付解决方案，尤其是在互联网初期，PayPal 提供了安全和便捷的在线支付服务。这种模式的可行性在于满足了市场需求，解决了传统银行体系中的一些痛点，例如转账费用高昂和效率低下的问题。PayPal 的成功奠定了马斯克作为技术领袖和创业家的基础，展示了他在创新和市场洞察方面的能力。

特斯拉（Tesla）是马斯克创办的另一家著名公司，专注于电动汽车、太阳能产品和能源存储解决方案。这家公司的使命是推动清洁能源技术的发展，减少全球温室气体排放。Tesla 的创业项目在很大程度上改变了汽车行业的现状。尽管电动汽车市场在创立初期面临技术挑战和市场接受度问题，但通过 Tesla 的产品创新和市场定位，逐步获得了成功。现在，全球对环保和清洁能源的关注度提高，使得 Tesla 的产品在市场上越来越有竞争力。此外，马斯克通过持续创新和颠覆传统的商业模式，不断推动 Tesla 在全球市场上扩大影响力。

SpaceX 是马斯克创建的航天公司，旨在降低发射成本并推动人类探索太空。该公司通过自主研发和生产低成本的火箭发射器，为私人企业进入太空领域打开了新的可能性。SpaceX 的创业项目在航天领域引起了巨大的关注和影响。一直以来，各国的航天活动由政府主导，成本高昂且进入门槛极高。通过引入可重复使用的火箭技术和先进的生产流程，SpaceX 大幅降低了发射成本，同时增加了发射的灵活性和可靠性。这种创新在技术上的突破性和商业上的可行性，使得 SpaceX 成为全球航天市场的重要参与者，同时也推动了航天技术的进步。

马斯克的创业历程展示了他作为创新领袖和技术先锋的多面才能。他通过 PayPal、Tesla 和 SpaceX 等项目，不仅在技术上取得了重大突破，也成功改变了多个行业的格局和规则。每一个项目都展示了马斯克对市场需求的敏锐洞察力和对技术挑战的解决能力，这些都是他创业项目成功的重要因素。马斯克的创业项目不仅仅是商业上的成功，更是对技术和社会产生了深远影响。他的创业历程不断挑战传统，推动行业进步，对全球产业链和消费者习惯也产生了深远影响，展示了他作为创新者和变革者的卓越能力。

资料来源：根据网络公开资料整理。

在创业者决定创业之初，最关键的就是要进行可行性分析，包括对创业计划的商业可行性分析和创业者自身的可行性分析。如引例，马斯克就是在产生创业想法之后，对 PayPal、Tesla、SpaceX 等项目进行可行性分析，明确了创业方向，为创业成功奠定了基础。

在可行性分析的基础上，需要进一步形成一份创业计划书，因为所有成功的创业都离不开一个可行的创业计划。而创业计划书正是对新企业创立之前的所有准备工作的总结和整理，是创业经营过程中制定决策的依据和指导方针。本章将学习如何进行商业可行性分析以及如何撰写创业计划书。

6.1 商业可行性分析⊖

6.1.1 商业可行性分析的内涵

商业可行性分析是确定商业创意是否可行的过程。有效的创业须经过识别

⊖ 巴林杰，爱尔兰. 创业管理：成功创建新企业[M]. 薛红志，张帆，等译. 北京：机械工业出版社，2017.

商业创意、测试创意的可行性、撰写创业计划书以及创建企业四个阶段。如果商业创意不满足可行性分析的一个或多个方面，它就应该被放弃或重新思考。许多创业者识别出一个商业创意就直接开始撰写创业计划寻求支持。这种做法经常忽视或很少关注到创意可行性分析。

创业者进行商业可行性分析时，需要经历一种心智转换，即从单纯地将商业创意看作一个观点，转变为将它视为一个企业。可行性分析是对潜在业务的评价，而不是对产品或服务创意的严格评估。图6-1体现的连续步骤，清楚区分了商业创意的调查部分和规划、销售部分。可行性分析本质上是研究性的，旨在评价拟建企业的特点和价值，而创业计划更关注规划和销售。根据《创业商机测评》（*The New Business Road Test*）作者约翰·穆林斯（John Mullins）的说法，完成整个创意思考的过程非常重要，其原因在于人们要避免落入那种认为机会各方面都是极好的理想化的心智模式。在穆林斯看来，撰写创业计划前不对商业创意的特点和价值做适当研究，会使创业者难以发现与潜在业务相关的内在风险，从而导致过于乐观、盲目自信。

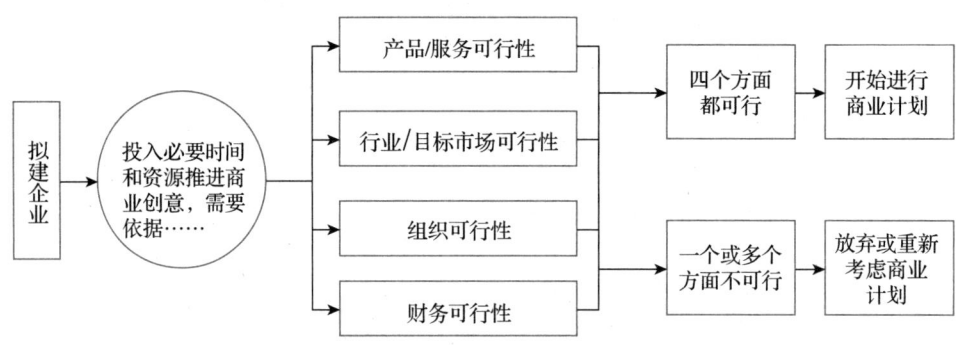

图6-1　商业可行性分析的连续步骤

6.1.2　商业可行性分析的内容

商业可行性分析包括四个方面的关键内容：产品/服务可行性分析、行业/目标市场可行性分析、组织可行性分析和财务可行性分析。

1. 产品或服务可行性分析

产品或服务可行性分析是对将要推出的产品或服务的总体吸引力进行评估。尽管创建新企业要考虑许多重要的事情，但最要紧的是将产品或服务销售出去。产品或服务可行性分析包括两个部分：产品或服务吸引力、产品或服务需求。

产品或服务吸引力旨在确认产品或服务的受欢迎程度，以及在市场中是否满足了需求。为了确定产品或服务吸引力，创业者需要分析产品或服务的特征、目标市场、价值以及相对于竞争对手的定位。产品或服务需求旨在确定人们是否对产品或服务有需求。创业者可以通过调查购买意愿来确定产品或服务需求。

2. 行业或目标市场可行性分析

行业或目标市场可行性分析是对产品或服务进入的行业与目标市场所做的整体吸引力进行评估。多数企业不会试图服务整个产业，它们会有选择地开拓特定目标市场，并努力服务这个市场。比如，斯普瑞玩具公司没有瞄准整个儿童玩具行业，它的目标市场是那些愿意支付较高价格购买安全、环保的教育类玩具的父母。行业或目标市场可行性分析包括两个部分：行业吸引力、目标市场吸引力。

不同行业的总体吸引力之间有很大差别。一般来说，最有吸引力的行业具备表6-1中所描述的特征，其中前三项特征尤其重要。

表6-1 有吸引力的行业特征

- 新兴产业，而非传统产业
- 行业生命周期早期阶段，而非后期阶段
- 行业分散化，而非结构集中
- 行业正在成长，而非收缩
- 出售顾客必定要买的产品或服务，而非可能想买的产品或服务
- 行业空间巨大，现有竞争对手少
- 具有较高的营业利润
- 不依赖关键原材料的历史低价来维持盈利，如汽油

目标市场是市场空间的一部分，是具有相同需求的顾客群。大多数初创企业没有足够资源进入众多市场，此时可以通过关注较小的目标市场，避免与行业领导者的正面竞争，专心服务于特定市场。为了评价目标市场吸引力，创业者通常需要收集、综合多个行业或市场的信息，并做出有见识的判断。

3. 组织可行性分析

组织可行性分析用来判定创业者是否具有足够的管理专业知识、组织能力和资源成功创办新企业。在这个部分，要注意评估两个重要方面：管理才能和资源丰度。

在评估管理才能时，需要关注两个非常重要的因素：一是创业者或管理团队对商业创意抱有的激情；二是创业者或管理团队对将要进入的市场的了解程度。这两个方面是其他因素无法替代的。

评估资源丰度在于确定拟建企业是否拥有或能够获得充足资源来推进事业发展，其目的在于识别出最重要的非财务资源并评估它们是否可以得到。一般来说，新创企业可能需要具有专业技能的员工，以及在其关键业务上获得知识产权保护的能力。

4. 财务可行性分析

财务可行性分析是可行性分析的最后一部分。通常来说，比较基本的财务可行性分析就足够了，过分严格的财务分析是不必要的，因为企业的细节问题肯定会不断变化，过早花费大量时间准备详尽的财务预算没有太大意义。

在这个阶段需要考虑的重要问题包括：启动资金的现金总需求量，即企业开业和运营所需的所有预期资产购买项目和经营费用；同类企业的财务绩效，即通过与已经营业的同类企业相比，评估拟建企业的潜在财务绩效；拟建企业总的财务吸引力，即评估新创企业的预计销售额和回报率（或利润率）。

6.1.3 数字时代网络跨界创业可行性分析模型

在数字经济时代，网络跨界创业面临着全新的挑战和机遇。网络跨界创业是指利用互联网作为技术平台，将它应用于传统行业中，通过不断地渗透和融合，创造出新型的创业模式、特征和趋势。为了有效评估网络跨界创业的可行性，需要建立一个基于目标管理框架的分析模型。首先，企业应设定明确的管理目标，重点关注大众消费潜力、线下对线上的支持度以及移动网络渗透率等关键指标。这些指标不仅能够指导企业在移动互联网背景下的发展方向，还能够帮助企业理清传统行业与互联网技术的融合路径。其次，根据行业特点和发展阶段，制订符合商业模式核心竞争力的渐进式或探索式的目标实施方案。这种策略能够帮助企业在探索新业务模式的同时，保持灵活性和适应性，应对市场变化和技术进步带来的挑战。最后，通过监测盈利能力、业务模式的天花板以及核心用户的忠诚度等关键指标来评估目标的实现情况。这种评估模型不仅能够帮助企业及时调整战略和资源配置，还能够为未来的发展提供数据支持和决策依据。综上所述，基于目标管理框架构建的网络跨界创业可行性分析模型，能够有效地指导企业在移动互联网时代实现创新和持续增长。这种方法不仅有助于企业理解和把握市场机会，还能够提升企业在竞争激烈的市场中的竞争力和可持续发展能力。

> **创业标杆**
>
> ### 青年创业者
>
> 胡润加拿大 U30 创业先锋榜单是胡润百富每年发布的评选加拿大地区 30 岁以下杰出青年的榜单，旨在展示加拿大的优秀年轻人才。这个榜单涵盖了各行各业，包括科技、金融、医疗、创业等领域的杰出人才，旨在展示年轻一代的领袖和创新者。Aidan Gomez 作为 Cohere 创始人在 2023 年登上了这一榜单。

Aidan Gomez 年仅 20 岁时就作为实习生加入 Google Brain，一个深度学习与人工智慧科研项目团队。获得牛津大学的博士学位之后，他带着对自然语言处理的独到见解，于 2019 年成立 Cohere，成为联合创始人之一兼 CEO。Cohere 基于 Transformer 架构开发了先进的大型语言模型，利用自然语言处理技术训练大型神经网络，使聊天机器人不再呆板，实现了真实的"人类"交流。此外它还可用于内容管理、客户评论分析，以及为目标受众撰写文案。迄今为止，这家多伦多初创企业已融资超过 4.35 亿美元。

6.2 可行性分析工具

创业者在确定了创业机会后，要进行可行性分析。常用的可行性分析工具有 SWOT 分析法、PEST 分析法及波特五力模型。其中，SWOT 分析法是对企业内部与外部因素进行综合分析，PEST 分析法与波特五力模型是针对企业外部宏观环境进行分析。创业者利用以上分析工具检验创业想法是否切实可行，从而辅助创业决策。

6.2.1 SWOT 分析[⊖]

SWOT 模型也称态势分析模型，是将与目标对象密切相关的各种内外部因素，包括优势（strengths，S）、劣势（weaknesses，W）、机会（opportunities，O）和威胁（threats，T）四项，通过调查列举与矩阵分析，将目标对象的内部资源和外部环境有机地结合起来，从而分析竞争环境和制定战略决策，如图 6-2 所示。

优势 strengths S	劣势 weaknesses W
O 机会 opportunities	T 威胁 threats

图 6-2 SWOT 分析

SWOT 模型最早是由哈佛大学商学院安德鲁斯（Andrews）教授提出的框架，后由美国旧金山大学韦里克（Weihrich）教授完善而成，目前已经被广泛应用于对目标对象的内外部环境进行综合性分析，以及制定竞争战略。

具体来说，SWOT 分析法主要有分析因素、构造矩阵、制订计划这几个步骤。其中，分析因素如表 6-2 所示。

⊖ 刘宇，方曙，陆颖，等．基于 SWOT-QSPM 模型的科技成果转化竞争战略研究 [J]．科技管理研究，2019，39(18)：224-230．

表 6-2　SWOT 分析因素

优势 (strengths)	劣势 (weaknesses)	机会 (opportunities)	威胁 (threats)
有利的战略 有利的竞争态势 充足的财政来源 有利的金融环境 良好的企业形象 技术力量 规模经济 产品质量 市场份额 成本优势 广告攻势 专利技术 优质的客户服务 ……	无明确战略导向 设备老化 管理混乱 缺少关键技术 研发落后 超额债务 高额成本 资金短缺 经营不善 产品积压 产品组合狭窄 市场规划能力弱 ……	新产品 新市场 新需求 外部市场壁垒解除 竞争对手失误 竞争对手的支持 垂直整合的战略形势 品牌形象拓展 ……	新的竞争对手 替代产品增多 市场紧缩 行业政策变化 商业周期变化 经济衰退 客户偏好改变 人口与环境变化 消费者需求降低 突发事件 ……

1. 分析因素

（1）机会与威胁（opportunities and threats）分析。环境发展趋势分为两大类：一类表示环境威胁，另一类表示环境机会。环境威胁是指环境中不利的发展趋势所形成的挑战，如果不采取果断的战略行为，这种不利趋势将削弱公司的竞争地位。环境机会指某一特定领域，在这一领域中，该公司将拥有竞争优势。创业者在创建企业的过程中，要尽量抓住环境机会，避开环境威胁。

（2）优势与劣势（strengths and weaknesses）分析。因为企业是一个整体，并且竞争性优势来源十分广泛，所以在做优劣势分析时，必须从整个价值链的每个环节上，将企业与竞争对手做详细的对比。比如产品是否新颖、制造工艺是否复杂、销售渠道是否畅通以及价格是否具有竞争性等。如果一个企业在某一方面或几个方面的优势正是该行业企业应具备的关键成功要素，那么该企业的综合竞争优势也许就强一些。

2. 构造矩阵

构造矩阵是 SWOT 分析法的第二步，构造矩阵的过程是将各种内部和外部因素根据影响程度排序，如图 6-3 所示。在该过程中，重要的、直接的会优先排列，次要的、间接的暂时排在后面。在 SWOT 模型的适应性分析中，一般对杠杆效应、抑制性、脆弱性和问题性四个基本概念进行分析。

（1）杠杆效应，即优势 - 机会（SO）。这是一种研究对象内部优势与利用外部机会的战略，是一种理想的战略模式。当内部的优势和外部机会一致时会产生杠杆效应，若外部环境又为发挥这种优势提供了有利机会，便可以采用该战略。此时，初创企业可以用自身内部优势撬动外部机会，将机会和优势充分结合。但机会往往是稍纵即逝的，因此，初创企业必须敏锐捕捉机会，把握时机，从而寻求更大的发展。

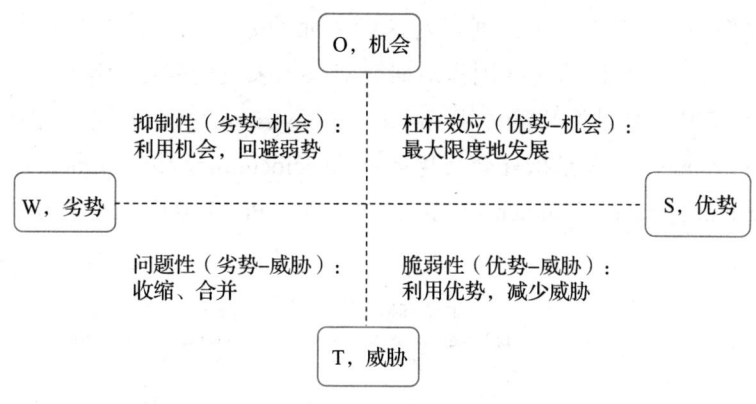

图 6-3　构造 SWOT 矩阵

（2）抑制性，即劣势–机会（WO）。这是利用外部机会弥补内部弱点，使初创企业改变劣势而获取优势的战略。抑制性意味着当外部环境中的机会与内部资源优势不适应时，内部优势再大也难以得到发挥。此时初创企业需要提供或追加某种资源，以促进内部资源由劣势向优势转化，适应外部机会。

（3）脆弱性，即优势–威胁（ST）。这是指初创企业利用自身优势，回避或减少外部威胁所造成的影响。脆弱性意味着优势的程度或强度在降低或减弱，环境状况对初创企业的优势构成威胁，优势得不到充分发挥，并出现了优势不优的脆弱局面。这时初创企业必须克服威胁以发挥优势。比如，当竞争对手利用新技术、新生产方式等其他手段取得领先时，初创企业可以开发新渠道、拓展新思路。新渠道、新思路一旦实施并产生积极效果，将能使初创企业有效地回避外部威胁和影响。

（4）问题性，即劣势–威胁（WT）。这是一种旨在减少内部劣势，回避外部威胁的防御性技术。当初创企业内部劣势与外部威胁同时存在时，它面临着严峻的挑战，如果处理不当，很可能会直接威胁到初创企业的存续。此时，初创企业往往采取降低成本和消耗以实现自保的方式。

3. 制订计划

当分析因素和构造矩阵完成后，就要开始制订计划。制订计划的基本思路是发挥优势因素、克服弱势因素、利用机会因素、化解威胁因素。在决策时做到考虑过去、立足当前、着眼未来，运用系统分析的方法，将排列与考虑的各种因素相互联系并加以组合，得出初创企业未来发展的一系列可选择对策。

6.2.2　PEST 分析

PEST 分析是战略咨询顾问用来帮助企业检阅其外部宏观环境的一种方法，即从众多宏观环境影响因素中选择政治环境、经济环境、社会文化环境、技术环境四个关键性因素,通过对这四方面的分析,从总体上把握研究对象所处的宏观环境,并评估这些因素对研究对象未来发展战略的影响。

其中,P 是指政治环境(political environment),E 是指经济环境(economic environment),S 是指社会文化环境(sociocultural environment),T 是指技术环境(technological environment),如图 6-4 所示。PEST 分析的主要因素如表 6-3 所示。

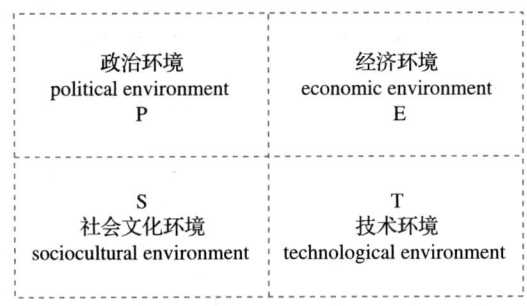

图 6-4　PEST 分析

表 6-3　PEST 分析的主要因素

政治环境	经济环境	社会文化环境	技术环境
政府和消费者的关系	财政政策和货币政策	生活方式变革	政府研究开支
财政政策与货币政策	经济转型	职业与休闲态度	产业技术关注
政府财政支出	国民生产总值变化趋势	企业家精神	新型发明与技术发展
政府法规	贷款难易程度	教育程度	技术转让率
政府换届	可支配收入水平	潮流与风尚	技术更新速度与生命周期
外交状况	地区收入和消费习惯	健康意识	能源利用成本
政府预算规模	消费者信心	社会福利	信息技术革命
产业政策	通货膨胀率	生活条件	互联网革命
政府管制	消费模式	宗教信仰	移动技术变革
政府采购规模	货币市场模式	种族结构	专利及其保护情况
进出口限制	政府预算赤字	人口流动性	……
环境保护法	劳动生产率	文化风俗	
专利法	就业状况	……	
税法	股票市场趋势		
劳动保护法	汇率		
……	税率		
	收入分布		
	人口统计		
	人口增长率		
	年龄分布		
	……		

1. 政治环境

政治环境是指对研究对象具有实际与潜在影响的社会制度,如执政党性质或政府的方针、政策、法令等。政治因素的存在对研究对象的发展战略具有重要影响。法律制度更是制定发展战略的刚性约束条件。不同的国家有不同的社会性质，对组织活动有不同的限制和要求。即使在社会制度不变的同一国家，在不同时期，由于执政党的不同，其政府的方针特点、政策倾向等对组织活动的态度和影响也在不断变化。

2. 经济环境

经济环境可以分为宏观经济环境和微观经济环境。宏观经济环境主要指一个国家的人口数量及其增长趋势，国民收入、国民生产总值及其变化情况，以及通过这些指标能够反映的国民经济发展水平和发展速度。微观经济环境主要指企业所在地区或所服务地区的消费者的收入水平、消费偏好、储蓄情况、就业程度等，这些因素直接决定着企业目前及未来所处的市场大小。

3. 社会文化环境

社会文化环境对研究对象的影响持久而深远，包括文化水平、宗教信仰和风俗习惯、价值观念、审美观点等因素。具体来说，文化水平会影响消费者的需求层次；宗教信仰和风俗习惯会影响某些活动的进行；价值观念会影响消费者对组织目标、组织活动以及组织本身的认可；审美观点会影响消费者对组织的活动内容、活动方式以及活动成果的态度。

4. 技术环境

技术环境是指研究对象所在国家的技术水平、新产品开发能力以及技术发展的动态等。技术力量是推动社会发展的核心动力，以技术发明和创新为原动力的工业革命不仅创造了大量的物质文明，也深刻地改变了社会发展的形态及人们生活的方式。进入信息化时代后，互联网的飞速发展使我国创业场景发生了翻天覆地的变化。博客、网络论坛、微博、微信等新兴媒体的出现，使网络成为当前创意机会迸发的重要阵地，也成为我国实现大众创业、万众创新的重要渠道。

6.2.3 波特五力模型

波特五力模型由迈克尔·波特于 20 世纪 80 年代初提出，对企业战略的制定有着深远的影响。[一] 它主要用于竞争战略的分析，可以有效地分析消费者的竞争环境。模型中的五力分别是：供应商的议价能力、购买者的议价能力、新进入者的威胁（潜在竞争对手进入的能力）、替代品的威胁（替代品的替代能力）、同行竞争程度（行业内现有竞争对手的竞争能力），如图 6-5 所示。五种力量的不同组合变化，最终影响行业利润潜力变化。

㊀ 波特，詹正茂. 塑造战略的五种力量 [J]. 哈佛商业评论，2008(2).

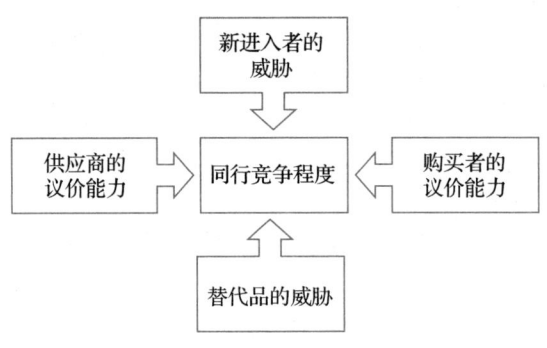

图 6-5 波特五力模型

1. 供应商的议价能力（bargaining power of suppliers）

供应商主要通过提高投入要素价格与降低单位价值质量影响行业中现有企业的赢利能力与产品竞争力。供应商力量的强弱取决于他们提供的投入要素对购买者的重要性，当供应商所提供的投入要素价值构成了购买者产品总成本的较大比例、对购买者的产品生产过程非常重要，或者严重影响购买者的产品质量时，供应商对于购买者的潜在议价能力就大大增强。

2. 购买者的议价能力（bargaining power of buyers）

购买者主要通过压价与要求提供较高的产品或服务质量，影响行业中现有企业的盈利能力。一般来说，购买者在下列情况下具有较强的议价能力：购买者的总数较少，而购买量较大；供应商行业由大量规模较小的企业组成；购买者购买的基本上是一种标准化产品，可以同时向多个供应商购买；购买者有能力实现后向一体化，而供应商不能实现前向一体化。

3. 新进入者的威胁（threat of new entrants）

新进入者在给行业带来了新生产能力、新资源的同时，必然会与现有企业在生产原材料与占据市场份额上产生竞争，最终导致行业中现有企业盈利水平降低，甚至危及现有企业的生存。新进入者的威胁程度取决于两方面的因素。一是进入障碍与预期现有企业的反应。进入障碍主要包括规模经济、产品差异、资本需要、转换成本、销售渠道开拓、政府行为与政策、不受规模支配的成本劣势、自然资源、地理环境等。二是预期现有企业的反应，主要指现有企业对进入者采取报复行动的可能性大小。

4. 替代品的威胁（threat of substitutes）

两个处于同行业或不同行业的企业，可能会由于所生产的产品互为替代品，而产生相互竞争的行为。替代品价格越低、质量越好、用户转换成本越低，它产生的竞争压力越大。这种来自替代品生产者的竞争压力的强度，可以通过考察替代品销售增长率、替代品生产者生产能力与盈利扩张情况描述。

5. 同行竞争程度（rivalry among existing competitors）

处于某一特定行业中的企业，其战略目标都是获得相对于竞争对手的优势，因此在战略实施过程中就必然会产生冲突与对抗现象，这些冲突与对抗就构成了现有企业之间的竞争。现有企业之间的竞争常常表现在价格、广告、产品介绍、售后服务等方面。

根据上面对五种竞争力量的讨论，初创企业可以尽可能地采取将自身的经营与竞争力量隔绝开来、努力从自身利益需要出发影响行业竞争规则、先占领有利的市场地位再发起进攻性竞争行动等手段来应对这五种竞争力量，从而增强自己的市场地位与竞争实力。

创业标杆

蜜雪冰城：竞争环境阐述之波特五力分析模型

蜜雪冰城成立于2009年，是中国知名的连锁饮品品牌，凭借其独特的产品定位和市场营销策略，在竞争激烈的饮品市场中获得了广泛的认可和消费者群体。使用波特五力模型分析蜜雪冰城的竞争环境可以为其发展提供方向。

同行竞争程度（竞争力量）：蜜雪冰城面对的主要竞争对手包括国内外众多知名的饮品连锁品牌，如星巴克的茶叶品牌、喜茶、奈雪的茶等。这些品牌在产品创新、营销推广和店铺分布等方面都有强大的竞争力。市场上的竞争激烈，品牌的知名度和消费者的忠诚度成为决定因素。

新进入者的威胁（市场进入难度）：饮品行业市场相对成熟，但新品牌和创新产品不断涌现，使得新进入者有机会进入市场。然而，由于行业竞争激烈，新品牌需要具备强大的资金实力、创新能力和市场运营经验，才能在竞争中立足。

替代品的威胁（替代品的可用性）：在饮品行业，消费者对于口味和品牌的偏好较为明显，因此替代品的威胁相对较低。但随着健康饮食和功能性饮品的兴起，以及消费者偏好的多样化发展，某些替代品如果汁、健康饮品等可能会成为部分消费者的选择。

供应商的议价能力（供应链的控制）：蜜雪冰城作为大型连锁品牌，拥有一定的采购规模和供应链管理能力。然而，饮品行业的原材料和包装物料等供应商数量众多，供应商的议价能力相对较高，这可能对企业的成本控制和利润率构成一定的挑战。

购买者的议价能力（消费者对价格的敏感度）：蜜雪冰城的消费者群体主要集中在年轻人，对于产品品质、口味、服务和体验有较高的期待。虽然价格对于消费者来说是一个考量因素，但品牌忠诚度和产品体验对消费者选择的影响更为显著。

综上所述，蜜雪冰城作为中国知名的饮品连锁品牌，面临着竞争激烈的市场环境，需要在产品创新、品牌营销、成本控制和消费者体验等方面持续优化和改进，从而保持其竞争优势并实现可持续发展。

6.3 创业计划书撰写

6.3.1 创业计划书的内涵

一般来说,创业计划书被认为是创业者为吸引投资者而制定的一份报告性文件,是集产品、项目的功能、规划、市场营销介绍及计划于一体的项目融资推广书。从创业过程的整体视角来看,创业计划书是对新企业创立之前的所有准备工作的总结和整理,是创业经营过程中制定决策的依据和指导方针。

创业者有了一个好的创业想法之后必然要考虑项目的可行性。可行性涉及对方方面面的分析与思考,包括市场分析与细分、可行性研究、对预期销售额和利润率的估计、盈亏平衡分析、供应链可行性分析、能否得到充足的营运资本以及能否雇到得力的员工等。创业计划书将对这些问题一一进行梳理。创业计划书从企业内部的人员、制度、管理以及企业的产品、营销、市场等各方面对即将开展的商业项目进行可行性分析,采用国际通用的标准文本格式形成项目建议书,全面介绍企业和项目的运作情况,阐述产品市场、融资要求,以及竞争、风险和未来发展前景。

需要明确一点,撰写创业计划书不是一件一劳永逸的事情,而是需要根据创业环境的变化以及创业企业的实际情况,不断地、实事求是地对创业计划书进行修正,这样的创业计划书才是真正有用的行动纲领。

6.3.2 创业计划书基本内容[一]

在不同的行业,创业计划书的结构与写法不尽相同,没有绝对统一的格式,但大体上都有一个相对通用的写作模式。鉴于创业计划书在吸引投资者进行投资方面的重要作用,创业计划书的撰写要尽可能迎合投资者的需求。一般来说,创业计划书包括执行摘要、正文和附录三大部分,如表6-4所示。

表6-4 创业计划书框架

第一部分:执行摘要	7. 财务计划
第二部分:正文	8. 风险评估
1. 企业基本情况	9. 收获与退出机制
2. 产品或服务介绍	第三部分:附录
3. 环境与行业分析	1. 信函
4. 营销策略	2. 市场研究数据
5. 产品制造	3. 团队个人简历
6. 组织计划	4. 辅助性证明资料

一 巴林杰. 创业计划书 [M]. 陈忠卫,等译. 北京:机械工业出版社,2016.

1. 第一部分：执行摘要

执行摘要是创业计划书的重要组成部分，是对整个计划书的高度概括，是整个创业计划书的精华。创业者应以最精练的语言来展现整个计划书的要点，以便投资者能在最短的时间内完成评阅并做出判断。执行摘要的篇幅一般控制在1~2页。从一定程度上讲，投资者能否看中创业项目，执行摘要起着关键性作用。

执行摘要一般包含：企业介绍、主要产品、业务范围、市场概况、营销策略、销售计划、生产管理计划、管理者及其组织、财务计划、资金需求状况等。执行摘要应尽量简明扼要，特别是要详细说明自己所创办企业的与众不同之处，以及企业能取得成功的关键市场因素。

2. 第二部分：正文

正文部分需要详细介绍创业项目的每一个细节问题，尽可能让不同的参与者都能了解到其关注的信息，具体内容如下。

（1）企业基本情况。它主要包括以下六个方面。

1）业务性质。概要介绍企业的主要业务，使投资者快速了解企业的产品或服务。

2）企业战略。介绍企业的战略目标，规划企业未来业务的发展目标，指出关键性发展阶段，突出展现创意源于何处，怎样进化，由谁负责等方面，让投资者了解企业未来五年业务的发展方向及其变动理由。

3）企业组织结构。主要说明企业所有制性质，企业各部门、各层次的构成方式。

4）供应商。主要列出企业生产所需原材料及必要零部件的供应商名单。投资者通常会直接与名单中的部分或全部供应商联系，确认该名单的真实性。

5）合作者。说明企业产品生产、销售过程中的协作人或分包人，内容包括协作人名单或协作单位名称、协作金额、地址、联系电话等。

6）专利和商标。对企业持有或将要申请的专利和商标进行描述。企业可以通过对专利和商标的描述来强调其独特性，或者在此列出企业的专利和商标清单。

（2）产品或服务介绍。在进行投资项目评估时，投资者最关心的问题之一就是创业企业的产品或服务能否以及能够在多大程度上解决市场痛点，即能否满足市场的需求。因此，产品或服务介绍是创业计划书中不可缺少的一项内容。产品或服务介绍的内容包括：产品的概念、性能、用途及特征；产品的研发过程；产品所处生命周期的阶段；产品市场前景和竞争力状况；产品技术改进和更新换代的计划及成本。值得一提的是，附上产品的样本或样品对获得投资极有帮助。

（3）环境与行业分析。将新创企业放在一个适当的背景下分析，确定可能会对新创企业产生影响的国内、国际市场的趋势和变化是非常有意义的。环境因素包含经济因素、文化因素、技术因素和法律因素。上述因素对创业者来说都具有不可控性，认识和分析这些因素，对创业者发现市场机会、拟定与环境相适应的营销战略、规避风险有着重要意义。除了进行环境分析外，还要对具体的行业进行分析，行业分析涉及的因素有行业需求量和竞争情况。环境与行业分析最终的落脚点都应该是某个特定市场。表6-5给出了创业者在环境与行业分析时所要考虑的关键问题。

表6-5 环境与行业分析的关键问题

1. 在过去五年中，该行业的销售总额是多少
2. 该行业预计的增长率如何
3. 在过去三年中，该行业有多少新进入的企业
4. 该行业最近有什么新产品上市
5. 实力最接近的竞争对手是谁
6. 你的企业如何经营才能超过该竞争对手
7. 你的每个主要竞争对手的销售额是在增加、减少，还是保持稳定
8. 你的每个竞争对手的优势和劣势是什么
9. 你的消费者的特点是什么
10. 你的消费者与你竞争对手的消费者有什么区别

（4）营销策略。任何一个风险投资者都十分关心新产品或服务未来的市场营销策略。因为市场营销极具挑战性，其策略设计可以充分展示创业者的能力。新创企业必须尽快把它的产品或服务投放到市场，获取利润从而支持企业进一步的发展。可是，怎样才能让消费者了解并喜欢新产品呢？这就需要制定营销策略，进行促销活动。

在描述竞争对手时，应尽可能地对全部竞争产品及竞争对手做出描述与分析，尤其要分析竞争对手占有的市场份额、年销售量与销售金额以及它们的财务实力。此外，需要分析本企业产品相对于竞争产品所具有的优势。

有些企业可能暂时没有竞争对手，那么就要说明原因（如拥有专利权）。如果未来会出现竞争对手，则必须指明存在哪些可能的竞争对手及他们进入市场的预计时期。一个完善、有效且符合企业产品实际情况的营销计划，可以大大增强风险投资者的投资决心。因此创业者必须认真对待，必要时也可以寻求市场营销专家和管理咨询顾问的帮助。

（5）产品制造。在这一部分，创业者应尽可能地把新产品制造及经营的过程展示给投资者。其主要内容包括：新产品的生产经营计划；企业现有的生产技术能力，以及品质控制和质量改进能力；已有的生产设备或将要购置的生产设备；改进或购置生产设备的成本；现有的生产工艺流程，等等。此外，风险投资者还希望了解新产品原料的采购、供应商的有关情况、劳动力和雇员、生产资金的安排计划、相应的厂房土地的规划安排等问题。以上内容在这一部分

都应当有所交代，并且内容要尽量详细，细节要明确。因为除了可以给投资者提供更多的信息外，在今后的投资谈判中，它还可以为预测创业者所占股权的估值提供重要的依据。具体来说，产品制造介绍包括以下五个方面。

1）介绍的重点。对产品生产全过程及影响生产的主要因素进行介绍，重点是对生产成本的分析。此外，投资者还需要创业者对产品销售成本的构成做出分析。

2）生产特征。本部分主要回答以下问题：产品生产过程及工艺是否复杂、是否成熟？是否需要员工具有特殊生产技能？生产过程中哪几个环节最为关键？生产所需的零部件种类是否繁多？哪一种或哪几种零部件最为关键？产品附加值有多高？

3）设备。主要内容包括：详细介绍本企业已有或打算购买的主要设备；概要说明固定资产总额及其可变现价值；说明使用现有设备能达到的产值和产量；说明设备采购周期。

4）厂房和生产设施。主要介绍企业拥有的厂房或租用的办公场所等。指出工厂的面积大小及单位面积价格，相关固定资产和生产设备，等等。投资者需要通过本部分的介绍判断现有厂房和生产设施能否满足企业增长的需要。如果厂房需要在短时期内搬迁，那么企业要持续快速增长就有一定的困难。需要提醒的是，有些投资者不喜欢投资那些在很短的时间里就要搬迁的企业，他们认为这种搬迁会损害企业效益的增加。

5）基础设施。主要对水电供应、通信、道路等配套设施的情况做概略介绍。

（6）组织计划。人是创业中最具能动性的资源要素。从某种意义上讲，创业者能否取得成功，很大程度上取决于该企业是否拥有一个强有力的创业团队。创业者要深刻认识到，企业管理的好坏将直接影响企业的经营效果和竞争能力。投资者在阅读创业计划书时，往往比较注重对创业团队的考核评估，这一点在创业计划书中需要给予特别关注。

对企业团队进行全面介绍，包括介绍企业的主要股东及他们的股权结构、董事和其他一些高级职员、关键的雇员以及企业管理人员的职权分配和薪金情况等，还要介绍他们的详细经历和个人背景。企业的管理结构包括股东情况、董事情况、各部门的构成情况等最好用一览表或其他明晰的形式展示出来。要向投资者详尽展示企业管理团队的战斗力和独特性，包括他们的职业道德、能力与素质。要让投资者认识到企业管理团队具有与众不同的凝聚力和战斗力，管理团队人才济济且结构合理，在产品设计与开发、财务管理、市场营销等各方面均具有独当一面的能力，足以保证企业以后成长发展的需要。

（7）财务计划。它具体包括以下六个方面。

1）投资估算。准确、全面估算创业项目的投资金额是创业计划可行性研究的重要内容，对投资决策具有重大影响。建设项目总投资是指保障投资项目建设和生产经营活动正常进行所必需的资金，简称为投资总额，有时也简称为投资。

2）预计利润表。利润表主要反映项目计算期内各年度的利润总额、净利润及税后利润分配情况。利润表中营业收入、税金及附加、总成本费用的各年度数据分别取自相应的辅助报表。利润表中部分项目的计算公式如下：

$$利润总额 = 营业收入 - 税金及附加 - 总成本费用$$
$$所得税费用 = 应纳税所得额 \times 所得税税率$$

应纳税所得额为利润总额根据国家有关规定进行调整后的数额。

$$净利润 = 利润总额 - 所得税费用$$

可供分配利润 = 净利润 + 年初未分配利润（或 - 年初未弥补亏损）+ 其他转入

按提取法定盈余公积、提取任意盈余公积、向投资者分配利润的顺序进行利润分配。

3）预计现金流量表。项目的现金流量系统将项目计算期内各年度的现金流入与现金流出按照各自发生的时点顺序排列，表达为具有确定时间概念的现金流量。现金流量表即对建设项目现金流量系统的表格式反映。需要注意的是，现金流量并不等同于利润，出现负现金流时须借入现金或保持银行账户中有足够的现金；出现正现金流时可以进行短期投资或将其存入银行账户。

可能的现金流入包括：营业现金流入、经营期末的残值收入、收回的流动资金。

可能产生的现金流出包括：购买固定资产的价款、固定资产的运输费和安装调试费、生产试制费、专有技术使用费、流动资金的投入。

4）预计资产负债表。资产负债表综合反映项目计算期内各年末资产、负债和所有者权益的增减变化及对应关系，用以考察项目资产、负债、所有者权益的结构是否合理，以进行清偿能力分析。

资产由流动资产和非流动资产组成。

负债包括流动负债和长期负债，流动负债中的应付账款数据可由流动资金估算表直接取得。流动资金借款和其他短期借款这两项流动负债及长期借款均指借款余额，须根据资金来源运用表中的对应项及相应的本金偿还项进行计算。

所有者权益包括实收资本、资本公积、盈余公积及未分配利润。其中，实收资本为项目投资中累计自有资金（扣除资本溢价），当存在由资本公积或盈余公积转增资本的情况时，应进行相应调整。资本公积为累计资本溢价及赠款，转增资本时，应调整资产负债表以满足等式：资产 = 负债 + 所有者权益。未分配利润可直接由利润表得到。盈余公积也可由利润表中盈余公积项计算各年度的累计值。

5）盈亏平衡分析。盈亏平衡分析是通过计算项目盈亏平衡点（break even

point，BEP）来分析项目成本与收益的平衡关系的一种方法。盈亏平衡点是项目盈利与亏损的转折点，在这一点上，项目刚好不亏不盈。盈亏平衡分析原理如下。

假设条件：产量等于销售量（无库存）；平均变动成本、产品销售价格不随产量的变动而变动；产量在一定范围内变动时，固定成本保持不变；产品及产品组合保持不变。

销售收入：销售收入＝价格 × 销售量　　$y_1 = p \times x$

其中，y_1 表示销售收入，x 表示产品产量（销售量），p 表示产品价格。

成本分解：总成本＝总固定成本＋总变动成本　　$y_2 = f + v \times x$

其中，y_2 表示总成本，f 表示总固定成本，v 表示平均变动成本，x 表示产品产量（销售量）。

6）预计投资回收期。投资回收期是指项目投产后用所获得的年净收益抵偿全部投资（包括固定资产投资和流动资金）所需要的时间，亦称投资返本期。投资回收期的计算分为静态和动态两种。

静态投资回收期是指项目从建设开始之日起，到项目每年所获得的净收益之和可补偿全部投资所需的时间，通常以年来表示。

动态投资回收期实质上就是项目在某一特定折现率下，各年净现金流量现值累计和为零的年限，是累计净现金流量现值从负变正的临界点。

（8）风险评估。风险评估是指评估潜在的危险或可以选择的策略以实现业务计划的目标。在特定行业和竞争环境下，创业企业面临着各种各样的潜在风险，所以创业者应该对风险进行评估。创业者首先应该列出企业面临的潜在风险，并描述一旦潜在风险发生会产生什么样的后果，最后表明将采取什么样的策略规避、减少或对抗风险。对创业企业来说，主要风险来自竞争对手的反应，包括企业自身在市场营销、生产或管理方面的弱势，以及技术进步造成的产品过时等方面。即使所有这些因素都不对创业企业构成威胁，创业者也要在计划书中讲明风险不存在的原因。

（9）收获与退出机制。在阅读创业计划书时，投资者往往关注两个问题：一是他将获得多少回报；二是他的投资如何退出。因为这两个问题直接关系到投资者的风险投资能否成功。这一部分须对企业未来上市公开发行股票的可能性、出售给第三方的可能性、回购投资者股份的可能性给予周密的预测，并且要让投资者明确了解，在任何一种可能性出现的情况下投资者的投资回报率分别是多少。

风险投资者收回投资大体有三种方式：上市、兼并收购和偿付协议。创业者要对这三种方式分别进行描述，并指出创业项目投资最有可能实现的退出方式。

- 上市。上市后公众会购买企业股份，投资者可将所持有的部分或全部股份卖出，进而收回资金。
- 兼并收购。可以把企业出售给一家大企业或某个大型集团。如果采用这种方式，创业者应当在计划书中提及几家对本企业感兴趣并有可能进行收购的大企业或大型集团。
- 偿付协议。这种方式下，投资者会要求本企业根据预先商定好的条件回购其手中的权益。

3. 第三部分：附录

附录是对创业计划书主体部分的补充。为了使正文言简意赅或由于篇幅的限制，有些内容不宜在正文部分过多描述，便可将那些内容放在附录里，如一些实用表格、团队成员的个人简历、市场研究数据、辅助性证明资料等，使它成为正文的有益补充或可靠证据，供投资者和其他阅读者参考。

创业观点

如何在众筹网站发布一份专业的创业计划书

众筹网站是创业者获取资金、验证市场和推广品牌的重要平台，下面以当下热门众筹平台Kickstarter为例，分析发布一份创业计划书的内容重点与流程。

1. 计划书内容重点

（1）项目概述：描述项目的核心理念、目标和背景。

（2）项目的详细描述：提供项目的具体细节，包括产品或服务的特性、功能、技术规格等。

（3）团队介绍：展示项目背后的团队成员及其相关背景和经验，强调团队的专业性和能力。

（4）目标和用途：明确众筹的资金用途和所需资金的详细拆分。

（5）回报计划：列出吸引支持者的回报方案，回报计划应该有多个档次，从而吸引不同投资者的参与。

（6）营销和推广策略：计划书中应包含项目的营销和推广策略，包括如何吸引目标受众、增加项目曝光度以及提高社交媒体的参与度。

（7）风险与挑战：诚实地讨论项目可能面临的风险和挑战，以及如何应对这些挑战。

2. 发布流程

（1）注册和创建账户：在Kickstarter网站上注册账户，填写基本信息并创建项目页面。

（2）项目页面设计：设计和编辑项目页面，包括项目的标题、标语、主图像和项目视频（如果有）。

（3）编写和完善计划书：根据上述内容重点，撰写和完善项目的计划书。

（4）设置众筹目标和期限：在项目页面上设置众筹的目标金额和筹款期限。

（5）审核和批准：提交项目后，Kickstarter 平台会对项目进行审核。审核通过后，项目将正式发布，并开始接受支持者的捐款和投资。

（6）营销和推广：发布后应积极推广项目，包括通过社交媒体、网络宣传、媒体报道等渠道增加项目的曝光度。

（7）与支持者互动和更新：在整个众筹过程中，定期更新项目的进展和最新动态，与支持者保持互动和沟通，增强他们的参与感和信任感。

（8）筹款结束和执行计划：筹款期结束后，如果项目达到或超过设定的众筹目标，Kickstarter 将从支持者那里收集资金。然后，项目团队开始实施项目并履行回报计划。

6.4 创业计划书评估[①]

6.4.1 创业计划书的重要性

创业计划书在创业过程中扮演着至关重要的角色，特别是在获得外部融资和展示商业概念可行性方面。

1. 融资的必要条件

自 20 世纪 70 年代以来，创业计划书逐渐被视为初创企业获得融资的必要条件之一。投资者通常需要一个结构良好、全面详尽的创业计划书评估企业的潜力和可行性。文献中多次强调，准备充分的创业计划书能够帮助创业者获取外部股权投资，因为它展示了企业的市场进入策略、风险评估、战略规划和财务预测等关键信息。

2. 信息收集与分析过程

创业计划书不仅仅是一份文档，更是一个信息收集和分析的过程。它涵盖了从市场分析、竞争对手研究到财务计划和风险管理的广泛内容。这种系统性的分析有助于创业者更好地理解市场环境和潜在机会，为企业的长远发展制定战略。

3. 向利益相关者展示企业

创业计划书充当了向各种利益相关者（如投资者、合作伙伴、供应商等）展示企业愿景和战略的工具。它不仅仅是一份内部使用的文档，还是外部交流的重要媒介。通过清晰和有条理地表达企业的使命、目标和市场定位，创业计划书帮助企业建立了专业形象和可信度。

[①] 王国红，邢蕊，等. 创业与企业成长 [M]. 2 版. 北京：清华大学出版社，2019.

4. 评估投资回报潜力

对于投资者而言，创业计划书是评估投资者是否愿意投资的关键依据之一。投资者会根据创业计划书中的市场分析、竞争策略、营收模型和成本预测等信息判断企业的成长潜力和盈利能力。因此，一份优秀的创业计划书能够大幅提升企业获得融资的机会。

5. 社会规范和接受度

创业计划书不仅在投资界被普遍接受，而且在整个商业社会中也成为一种规范。它体现了企业家的专业素养和对市场现实的理解能力。因此，准备和提交一份高质量的创业计划书不仅是获得融资的手段，更是向外界展示企业家才华和决策能力的方式。

创业计划书不仅仅是一份企业发展的路线图和融资的申请材料，更是创业者能力和企业前景的综合体现。它通过详尽的信息和专业的分析，为初创企业赢得外部投资、建立合作关系和实现战略目标提供了强有力的支持，对所有利益相关者而言都极为重要。

6.4.2 创业计划书评估

写一份好的创业计划书是所有投资者的共同期望，好的创业计划书应该涵盖正确的市场机会分析和优秀的管理团队介绍。投资机构在进行风险投资前，会对创业计划书进行非常科学、严谨的审查评估。因此，创业计划书的内容与格式能否顺利通过评估，是创业者能否获得投资的关键。

1. 创业计划的评估者

客观来看，某个创业计划书的特定读者就是该计划的评估者。无论他是否与该计划的研究、编制者有利益关系，他都可以对创业计划进行评估。

特别需要关注的是创业计划的如下评估者。①创业者希望吸纳到创业团队中的个人或组织，即潜在的合作伙伴、加盟者。他们关心的是该计划的现实性、可能性及其前景，以及他们在创业团队中的地位和利益。②潜在的投资者。他们主要关心三类问题：一是特定创业活动的未来前景和商业价值；二是投资者可能的利益所在；三是推动该项创业活动的主要人员的知识、经验、人品和既有业绩。③供应商。限于资金压力，向供应商展示一份令人信服的创业计划，使他们相信初创企业能够盈利、能够支付欠款，往往是获得供应商赊账供给的可行之路。

2. 评估的重点内容

在对创业计划进行评估时，评估者往往特别关注以下内容。

（1）创业团队的合理性及其优劣。是否有一个充满魅力的领导者；团队成员在资源、能力、背景等方面的互补性以及在团队内部分工的合理性；成员之间是否有共同的创业理念、共同的行动纲领和纪律制度；团队成员之间的互信程度，即能否相互协作，是否拥有强大的凝聚力；团队成员是否拥有危机意识，并可进行有效的风险管理。

（2）所提供产品或服务的市场前景。产品是否具有独特性，是否拥有知识产权且不易被模仿；预期产品满足真实需求的程度；市场对预期产品需求的显著性与潜在性；凭借该产品进入和创造市场的可能性及可能遇到的技术壁垒、规模壁垒、许可壁垒等；与同类产品、相近产品比较，该产品是否有可能形成产品优势甚至产业优势；产品的市场成长速度，以及有没有可能形成创新产品链或产品群。

（3）所采用技术的先进性。特别是所采用技术功能的先进性，如技术参数、费用参数、技术的市场生命周期；所采用技术的成熟程度，即是否经过中试、小试；与同类技术或相近技术的功能、技术参数、费用参数、市场生命周期等相比较，是否可能形成某些技术优势。

（4）特许资源的可保障程度。特别是所需的资金、原材料、社会网络、特殊人才和营销渠道等能否满足项目启动的需求；所需资源种类的最小范围；创业者已经掌握了的资源；创业者内部组织必需的资源；能否控制非已有资源；所需的资源是否存在可替代品，特别是不同品质的替代品。

（5）财务效益与股东回报。项目整体收益是股东收益的源泉，评估者主要关心三个方面：一是项目的整体收益，即该项目可能实现的利润及其利润增长前景；二是股东回报，即投资者可能得到的收益；三是创业者自己可能得到的回报。

创业警示

创业计划书中的常见问题与解决方法

当撰写创业计划书时，可能会出现一些常见的问题，这些问题可能会影响计划书的逻辑性、内容的深度和文档的整体质量。以下是几个常见的问题及其分析。

1. 缺乏市场调研和分析

计划书未充分描述目标市场的现状、需求和趋势，缺乏对竞争环境的深入理解。解决方法：应该包括详细的市场调研，分析目标市场的规模、增长率、竞争对手、消费者需求等。这些信息有助于确保创业策略与市场需求对接，并为商业模式的制定提供依据。

2. 财务预测不合理或过于乐观

计划书中的财务预测可能未基于足够的市场数据和实际情况，或者忽视了潜在的风险因素。解决方法：应该进行基于市场调研和现实数据的财务分析和预测。必须考虑到潜在的市场波动、变化的成本和需求模式等因素，从而建立更可靠和可持续的财务模型。

3. 战略规划缺乏深度和连贯性

计划书中的战略规划可能是片面的或零散的，缺乏整体性和长期发展的考虑。解决方法：应该确保战略规划具有清晰的短期和长期目标，并且与市场分析和财务预测紧密结合。每一步战略决策都应该明确其实现目标的路径和贡献。

4. 未能充分考虑风险管理

计划书可能未涵盖潜在的风险和挑战，或者风险管理策略不够详细和实际。解决方法：应该进行全面的风险评估，包括市场风险、法律风险、技术风险等，并提出具体的应对措施和风险管理计划。这有助于展示创业者对潜在风险的认识和应对能力。

本章要点

- 商业可行性分析是确定商业创意是否可行的过程。最有效的创业需经过如下阶段：识别商业创意；测试创意的可行性；撰写创业计划书；创建企业。
- 商业可行性分析包括四个关键方面的内容：产品或服务可行性分析、行业或目标市场可行性分析、组织可行性分析和财务可行性分析。
- SWOT 分析法主要有分析因素、构造矩阵、制订计划这三个步骤。
- PEST 分析是帮助企业分析其外部宏观环境的一种方法，主要对政治、经济、社会文化和技术这四大类影响企业的主要外部环境因素进行分析。
- 波特五力模型的五力分别是：供应商的议价能力、购买者的议价能力、新进入者的威胁、替代品的威胁、同行竞争程度。
- 创业计划书包括执行摘要、正文和附录三大部分。其中正文部分主要包括企业基本情况、产品或服务介绍、环境与行业分析、营销策略、产品制造、组织计划、财务计划、风险评估、收获与退出机制这九个部分。
- 好的创业计划书主要有五个特点：内容完整、条理清晰、有针对性、讲究科学、文风朴实。
- 在对创业计划进行评估时，评估者往往特别关注以下五方面内容：创业团队的合理性及其优劣、所提供产品或服务的市场前景、所采用技术的先进性、特许资源的可保障程度、财务效益与股东回报。

行动学习

进行班级分组，请每个团队撰写一份创业计划书，内容可参考表 6-4 的计划书框架。

思维训练

优秀的摘要在任何好的创业计划中都是重要的组成部分。优秀的摘要能得到那些通常依据摘要做决策的潜在投资者的注意和兴趣，并据此决定是否继续将创业计划阅读下去。因此，撰写优秀的摘要对创业者来说是一项非常有用的技能，假如你是一名创业者，下述措施将有利于你提高这项技能。

1. 撰写创业企业摘要，确保它的篇幅只有2~3页。
2. 邀请一些人阅读这份摘要，并对它进行评论，尤其是要请他们就下述方面对摘要评分（评级采用5分制：1=很差；2=差；3=中等；4=好；5=很好）。
   a. 摘要提供了新产品或服务的清晰描述。
   b. 摘要说明了新产品或服务为什么在特定市场是有吸引力的。
   c. 摘要辨明了市场并计划了如何在这些市场中促销产品。
   d. 摘要说清了产品处于生产的什么阶段。
   e. 摘要阐明了创业团队的背景和经验。
   f. 摘要明确了创业者寻求多少资金以及资金用途。
3. 得出每个方面的平均分。那些得分低（3分或更低）的部分，就是你应该改进的内容。准备一份改进后的摘要，再让其他人给它评分。
4. 持续进行这个过程，直到所有方面的评分都达到4分或5分。

问题回顾

1. 什么是商业可行性分析？
2. 如何进行商业可行性分析？

参考文献

[1] 巴林杰，爱尔兰.创业管理：成功创建新企业（原书第5版）[M].薛红志，张帆，等译.北京：机械工业出版社，2017.
[2] 刘宇，方曙，陆颖，等.基于SWOT-QSPM模型的科技成果转化竞争战略研究[J].科技管理研究，2019，39(18)：224-230.
[3] 杜晓燕.中国经济转型期腐败治理宏观环境的PEST分析：基于1990—2012年面板数据分析[J].华东经济管理，2014，28(8)：132-137.
[4] 波特，詹正茂.塑造战略的五种力量：迈克尔·波特再论"五力模型"[J].哈佛商业评论，2008(2):120-139.
[5] 巴林杰.创业计划书：从创意到方案（原书第2版）[M].陈忠卫，等译.北京：机械工业出版社，2016.
[6] 王国红，邢蕊，唐丽艳，等.创业与企业成长[M].2版.北京：清华大学出版社，2019.

第 7 章 商业模式

当今企业间的竞争不是产品之间的竞争,而是商业模式之间的竞争。

——彼得·F. 德鲁克(Peter F. Drucker)

【学习目标】

学完本章后,你应该能够:
- ☑ 了解商业模式的构成和特征
- ☑ 了解商业设计是一个什么样的过程
- ☑ 了解商业模式的典型类型

引例　　　　三只松鼠的商业模式

在创业之初,三只松鼠团队进行了深入的市场调研,识别了休闲食品市场的潜力和消费者对健康、便捷零食的需求。2012年,三只松鼠品牌正式建立,以互联网销售渠道为主,通过创新的品牌形象和营销策略迅速吸引了消费者的注意。

三只松鼠最初完全依托线上渠道,利用互联网的便捷性和覆盖广度迅速打入市场。通过电商平台的数据分析能力精准营销,满足消费者个性化需求。依托天猫、京东等电商平台,三只松鼠实现了快速的市场扩张和品牌推广,成为线上休闲食品的领先品牌。

随着线上流量成本的增加和消费者体验需求的提升,三只松鼠开始向新零售转型。三只松鼠通过整合线上线下资源,向消费者提供更全面的服务和更丰富的消费体验。三只松鼠的模式可以简称为"一主、双翼、三侧"。"一主"即以线上电商平台为核心,保持线上业务的竞争力。"双翼"即线下自营和加盟门店，拓宽消费者接触点，增强品牌可见度。"三侧"包括社会化电子商务、线下配送、主题松鼠小镇等，实现品牌的多维度扩展。

通过打造独特的品牌 IP，三只松鼠塑造了有辨识度的品牌形象。个性化的服务和产品满足了消费者对特色和差异化的追求。线下门店提供直观的产品体验，增强消费者的品牌忠诚度。同时结合线上数据，优化线下店铺布局和产品展示，提升转化率。三只松鼠还通过会员制度和定制化服务，增强消费者黏性。

三只松鼠的商业模式体现了它对市场趋势的敏锐洞察和快速响应能力，以及通过创新和科技应用提升消费者体验和企业绩效的战略思维。

资料来源：根据网络公开资料改编。

商业模式是企业创业的原点，也是企业健康发展的根本前提，关乎企业生死存亡、兴衰成败。早在 20 世纪 50 年代，商业模式便作为偶尔提及的概念出现在学术期刊中，20 世纪 90 年代中期以来更是逐渐受到广泛关注。互联网的兴起带来了许多新的商业模式。到 21 世纪初，商业模式已成为企业创立与运营中不得不讨论的话题。越来越多的研究认为，苹果、谷歌、微软、迪士尼、阿里巴巴、腾讯、携程、如家连锁酒店等企业的成功很大程度上要归于商业模式的创新。越来越多的企业高管意识到，无论是创业企业还是成熟的企业，要想保持良好的运营，维持企业的生存和发展，都必须设计适合自己企业的商业模式。

7.1 商业模式概述

7.1.1 商业模式的含义

商业模式（business model）是创业企业为实现战略发展而构建起来的商业系统，体现了企业创造价值和实现价值的逻辑。商业模式旨在说明创业企业如何运用企业战略，构建商业体系，在特定的市场上建立可持续的竞争优势，从而实现消费者与创业企业自身价值的增值，以及企业利润的持续增长。

商业模式是创业企业明确在何时（when）、何地（where）、为何（why）、如何（how）和多大程度（how much）地为谁（who）提供什么样（what）的产品和服务，即"5W2H"。在这个过程中，创业企业通过创造价值与分享价值获得消费者与供应商的支持，从而为自己的价值获取定制了一套切实可行的商业运行体系，保障自身的可持续发展。

商业模式包括了三个层面的逻辑，即价值占有逻辑、价值创造逻辑、战略逻辑。

1. 价值占有逻辑

学者和企业家比较一致地认为，商业模式是一个企业收益的获取模式。例如，Timmers（1998）认为商业模式是产品、服务和信息流的体系，描述了不同参与者及他们担当的角色、这些参与者背后的潜在利益，以及最后获益的来源。Geoffrey Colvin（2001）认为，商业模式就是企业赚钱的方式。Stewart 等（2000）认为，商业模式是创业企业能够获得并且保持收益流的逻辑陈述。朱吉初、张大亮（2003）认为，商业模式说明了企业如何组织和利用资源，以及通过哪些途径，提供什么样的服务来创造利润。

获得稳定的利润流是企业追求的主目标之一。创业企业想要长期生存和发展就必须有获利的潜力和能力，有可持续的收入流，也就是必须遵循价值占有逻辑。商业模式的价值占有逻辑是以企业战略为基础，从客户需求出发，去创造和共享价值。

创业聚焦

微信平台的商业模式特征

微信平台的商业模式以社交平台为核心，通过创新的广告模式、用户黏性策略、内容传播机制和强化监管，构建了一个多元化、互动性强的商业生态系统，旨在实现长期可持续发展。微信平台的商业模式特点可以概括如下：

- 信任度高的信息传播机制：微信朋友圈的封闭性设计，基于熟人关系网络社交，提高了信息传播的信任度。
- 手机端深度整合：微信功能主要依赖手机端使用，包括微信支付和红包功能，增强了用户对手机端的依赖。
- 互联网广告的创新模式：微信朋友圈信息流广告通过大数据分析用户特征，实现精准投放，同时允许用户反馈优化广告体验。
- 基于社交特性的内容分享：微信推文能够一键分享到朋友圈，利用用户分享行为进行免费推广，增强品牌口碑。
- 用户黏性驱动的平台合作：微信钱包合作商家覆盖多个生活消费领域，提供一站式服务，增强用户黏性。
- 微信公众平台的内容传播：公众号成为自媒体和企业宣传的重要渠道，优质内容抢占用户有限的注意力资源。
- 商业模式的可持续发展：微信平台鼓励合法运营商入驻，注重平台优化升级，打造良性商业运作环境。
- 创新尝试与市场适应性：微信小程序的推出体现了微信在产品创新上的努力，尽管面临挑战，但显示了对市场变化的适应性。

资料来源：根据网络公开资料改编。

2. 价值创造逻辑

许多学者在研究商业模式时，强调它是企业创造价值、实现价值的逻辑。例如，Linder等（2000）认为，商业模式是组织或商业系统创造价值的逻辑。Dubosson等（2002）认为，商业模式是企业为了进行价值创造、价值占有和价值提供所形成的企业结构及其合作伙伴的网络，是一种以赢利和维持利益为目的的用户关系资本。Heabrough等（2002）认为，商业模式是反映企业价值创造、价值提供和价值分配等活动的一种架构。Teece（2010）认为，商业模式可以为企业找到收入和成本的合理比例，并联合企业经营逻辑和数据从而支持用户价值的实现。Amit和Zott（2015）认为，商业模式是企业为自己、供应商、合作伙伴及用户创造价值的决定性来源。张建琦（2019）认为，商业模式的核心内容是实现用户价值最大化，其本质是创造、传递和获取价值。

创业聚焦

e袋洗的价值创造逻辑

e袋洗成立于2013年底，由拥有20余年洗衣经验的荣昌转型而来，是国内领先的移动互联网智能洗护平台。e袋洗颠覆了传统洗衣行业的服务模式，为用户提供了具有全新概念的智能洗护模式。

e袋洗着力解决用户懒得洗衣又懒得出门的痛点，简化了用户送洗衣物及取走衣物的老式洗衣流程，极大程度地节省了用户的时间和金钱。e袋洗采取众包业务模式，以社区为单位进行线下物流团队建设，用大物流进行小区快速覆盖，用户通过移动终端（微信公众号、app等）实现便利快捷下单，由专业取送人员全天候上门取送，1min即可交接，相比传统方式更便利。用户可选择按袋或按件计费，只需将袋子完全塞满即可，与件数无关，相比传统计件方式更加简单便宜。每件衣物都会经过15道严格的专业清洗工序，衣服到了洗涤工厂之后全程都有录像，之后还有检查流程。此外，每件衣物都会经过精心的熨烫，并于72h内送回，用户可实时查看订单状态，实时跟踪，放心送洗。e袋洗通过联合线下大规模洗涤工厂压缩成本，使企业的利润得到保障。

到2014年，e袋洗已拥有500多万用户，日订单达10万单，覆盖全国50余个城市。2014年7月，e袋洗获腾讯2 000万元人民币的天使轮投资；2014年10月，获经纬中国、SIG 2 000万美元的A轮投资；2015年8月，e袋洗获得由百度领投的1亿美元融资，成为一家互联网独角兽公司。2017年1月，e袋洗获得立白集团、润都集团超亿元人民币的B+轮投资。如今，e袋洗业务已经拓展到洗衣、洗鞋、洗家纺、洗窗帘、奢侈品养护、高端成衣家纺洗护等多个品类。

资料来源：根据网络公开资料改编。

3. 战略逻辑

商业模式也是一个企业为实现创业战略而打造的商业系统，包括市场主张、组织形式、增长机会、竞争优势、可持续性等，也包括用户、供应商、合作伙伴、员工和社区等利益相关者构成的利益关系。这种系统有助于企业实现价值创造和获得利润。

一些学者在研究商业模式时阐明了商业模式、商业战略及商业系统三者之间的关系，例如，Petrovic等（2001）认为，商业模式是一个通过一系列业务过程创造价值的商务系统。Amit和Zott（2001）认为，商业模式是利用商业机会的交易成分设计的体系，它是企业、供应商、辅助者、合作伙伴以及员工之间所有活动的整合。Weil和Vital（2002）把商业模式描述为在一个企业的用户、联盟、供应商之间识别产品流、信息流、货币流和参与主体利益的角色和关系。Morris等（2003）认为，商业模式是一种简单的陈述，旨在说明企业如何对战略方向、运营结构和价值占有逻辑等一系列具有内部关联性的变量进行定位和整合，以便在特定的市场上建立竞争优势。傅世昌和王惠芬（2011）认为，商业模式隐含一系列假设成立的前提条件，具有生命周期性，是一个具有层次和要素的结构化的系统，具有全息性和系统整体性，其本质是制度结构和制度安排的连续体，其核心是组织的价值产生机制。

商业模式是企业实现战略的载体，是包含多项业务的整体性系统，是企业与其利益相关者相互联结的纽带，也是各利益相关者共同构成的商业生态系统。其确立的目的是为企业和利益相关者创造价值，为企业带来持续的盈利。

7.1.2 商业模式对创业的意义

1. 商业模式有助于提高创业成功率

商业模式帮助创业者清楚地明白企业可能获利的路径，明确利润的来源，从而使创业者能够获得必要的利润并使企业生存下来。许多创业者失败的原因不是他们工作不努力或遇到的机会不够好，而是他们对企业赢利能力的重视程度不够，没有厘清企业内在的价值占有逻辑。创业者往往具有雄心壮志，具有较强的社会责任感，注重为用户和社会创造价值，重视解决用户的痛点和满足用户的需求，重视技术的突破和机会的抓取，偏偏对获利缺乏必要的重视。加之许多初创企业大多处于亏损状态，一些优秀的创业项目又获得了风险资本的青睐，使创业者误认为亏损是创业的正常现象，不获利照样可以活得很好，从而导致最后创业的失败。

> **创业聚焦**

好大夫商业模式的反思

阿里健康与好大夫在线的并购传闻传出后，陆杰并未感到惊讶。从2022年开始，身边越来越多的人离开了互联网医疗行业，他们所在的公司或多或少地与好大夫在线面临着同样的困境。尽管如补贴、广告等互联网打法在过去曾有效，但在医疗行业却验证无效。

陆杰有着在传统药企做销售的背景，曾在互联网医疗热潮中加入好大夫在线，希望通过"医带患"模式扩大慢病管理业务，但最终发现这种模式难以在大平台上快速复制，用户留存率低。孙鸿曾在一家头部互联网医疗公司负责市场品牌工作，他所在的公司尝试通过各种业务路径来实现商业化，但最终发现线上医疗服务的变现效率远低于药品零售。

好大夫在线在2020—2022年经历了用户量的暴涨，但随着行业资本寒冬的到来，公司开始降低补贴，医生和用户活跃度下降。好大夫在线的创始人王航坚持三不做原则，赢得了用户的信任，但在商业化上遇到了难题。公司尝试过包括商业保险在内的多种变现服务，但效果有限。

好大夫在线虽然积累了大量的医生资源和用户信任，但在商业化方面一直难以突破，难以找到稳定且有效的盈利模式。通过高额补贴吸引的用户留存率很低，用户在平台上的活跃度和忠诚度难以维持。相比于药品零售，线上医疗服务的变现效率较低，难以成为公司的主要收入来源。为了吸引医生和用户，平台需要付出巨大的成本，但高获客成本下用户留存问题依然突出。同时，医疗服务的线上转化面临复杂性问题，如问诊、诊断、治疗等环节难以完全在线上完成。此外，互联网医疗行业受到政策和监管的影响较大，如医保支付、处方药流转等问题尚未明确。

随着京东健康、阿里健康等大型企业的加入，行业竞争日益激烈，好大夫在线等行业早期企业面临更大的压力。这些挑战反映了互联网医疗行业普遍面临的问题，好大夫在线作为行业的一个代表，其经历也映射出整个行业在发展过程中需要克服的困难。

资料来源：谭丽平. 好大夫挣扎18年，狂热者回到现实[J]. 中国企业家，2024，(5)，86-89.

2. 商业模式有助于明确目标用户并为用户创造价值

商业模式中的价值主张是创业企业的出发点。为用户实现价值创造是创业企业立足于市场的基础。创业企业必须从市场上众多的用户中划分出目标用户群，选择细分市场，决定为谁服务，从而使目标用户更好地体验到获得的增值服务，以此在市场中将企业与竞争对手有效地区别出来。用户黏性很大程度上取决于用户的满意度，价值增值是用户满意度的重要来源。超出预期的价值增值会使用户感到非常满意或惊喜，从而帮助企业传播。因此，明确为用户创造价值与帮助用户获得价值增值能帮助创业企业获得更高的短期和长期回报。

> **创业聚焦**

农夫山泉天然水

农夫山泉股份有限公司（以下简称"农夫山泉"）是一家饮用水生产企业，是养生堂旗下的控股公司，前身为"浙江千岛湖养生堂饮用水有限公司"，1996年成立于浙江省建德市，位于国家一级水资源保护区千岛湖畔。自1995年以来，中国饮用水市场年平均增长率均超过20%，1999年总销量达到29亿元，其中纯净水占据大约70%的饮用水市场，远超过矿泉水。但农夫山泉从1999年开始决定只生产天然水，不生产纯净水，认为好的天然水源含有丰富的对人体有益的天然矿物元素，呈天然的弱碱性，适合人长期饮用，是优质的饮用水。农夫山泉坚持水源地建厂、水源地灌装、不添加任何人工矿物质，取水自浙江千岛湖、吉林长白山、湖北丹江口、广东万绿湖、陕西太白山、新疆天山玛纳斯、四川峨眉山等全国各地的优质天然水源地。农夫山泉推出"农夫山泉有点甜""农夫山泉从不使用城市自来水，每一滴农夫山泉都有其源头""我们不生产水，我们只是大自然的搬运工"等广告语，并利用"对比测试"证明喝农夫山泉天然水比喝纯净水对人体更有益。

资料来源：根据农夫山泉公司官网资料改编。

3. 商业模式有助于推动企业战略实施

商业模式是推动创业企业战略实施的有效工具，也是构建企业生态系统的有效规划。商业模式是一个企业为实施战略而打造的商业系统。商业模式以机会为中心，包含价值创造与获取的内在价值占有逻辑，是对企业生态系统的整体描述。企业进行商业模式创新，意味着它将构建特有的资源组合形式，难以被其他企业复制，并有可能改变整个产业的经济性，具有巨大的经济潜力。

4. 商业模式有助于构建强有力的价值观念

在创业过程中，商业模式对于构建强有力的价值观念至关重要，它在多个方面发挥作用。首先，商业模式为创业企业提供了一个清晰的方向和目标，帮助企业确定它在市场中的定位和竞争策略。通过商业模式，企业能够识别和创造独特的价值主张，满足用户需求，提供与众不同的产品和服务。其次，商业模式指导企业如何有效整合资源，包括资金、人才、技术和市场渠道，从而提高运营效率。良好的商业模式强调可持续发展，确保企业在追求利润的同时，也关注社会责任和环境保护。第三，商业模式为企业与投资者、合作伙伴和用户沟通提供了一个框架，帮助他们理解企业的长期价值和成功潜力。特别是以用户为中心的商业模式强化了与用户建立长期关系的重要性，提高用户忠诚度。最后，商业模式所积极倡导的行为取向和道德观念可以成为企业文化的一部分，引导员工行为，增强团队凝聚力。总而言之，在创业过程中，一个深思熟虑的商业模式是成功的关键，它不仅帮助企业在市场中立足，而且为构建企业的价值观和文化奠定了坚实的基础。

7.1.3 商业模式的构成要素

由于研究领域、视角及侧重点的不同,加之对商业模式界定的多样性,商业模式构成要素划分呈现差异化。相对于商业模式的定义,商业模式的构成要素研究更具体。第一类学者以企业业务流为基础划分商业模式构成要素,Timmers(1998)认为,构成商业模式的主要因素有产品、服务、信息流结构、参与主体利益、收入来源;第二类学者以价值创造过程或关键决定因素为基础划分商业模式要素,Hamel(2000)认为,构成商业模式的主要因素有核心战略、战略资源、价值网、用户界面。本书认为,从企业价值创造的关键因素出发更能帮助企业厘清发展方向。

7.2 商业模式内容

亚历山大·奥斯特瓦德和伊夫·皮尼厄在《商业模式新生代》一书中提出的商业模式由三个主要要素的九项内容组成。我们将这九项内容划分成三大类,即价值主张、价值创造和价值获取,如图 7-1 所示。

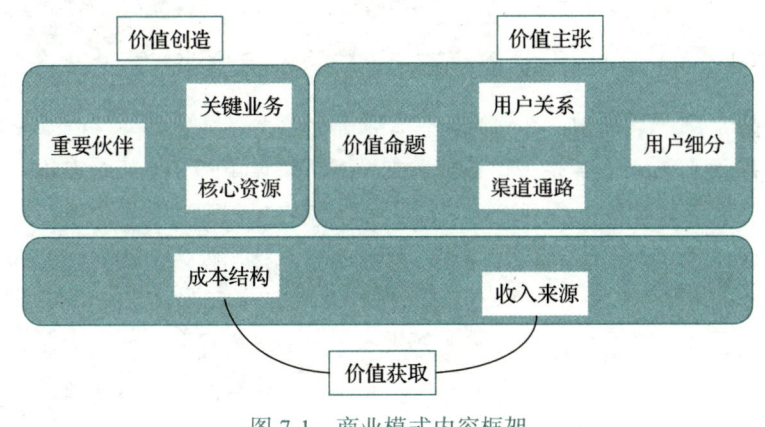

图 7-1 商业模式内容框架

7.2.1 价值主张

价值主张意味着企业在拥有自己价值主张的前提下,细分目标用户,与用户保持良好的关系,通过一定的渠道实现价值市场化,与目标用户分享所创造的价值,包含价值命题、用户细分、用户关系和渠道通路。

1. 价值命题

价值命题是企业试图为用户与社会创造价值。清楚定义企业试图为用户与社会创造的价值是什么,这一点很重要。因为价值创造是企业存在的理由,没有价值创造就不可能有长远的利润收益。阿里巴巴创始人曾言:创业,要真正想清楚你解决了什么问题,创造了什么独特价值。[一]

初创企业的价值命题源自创业者的愿景与战略目标。价值命题是企业价值观的核心组成部分,是一种希望解决社会问题、个人问题或用户问题的愿望与想法。只有说服支持者接受企业愿景,他们才会掏钱购买初创企业尚不完美、充满缺陷和功能不全的早期产品。[二]

在企业运营过程中,除了需要关注企业自身价值的增值部分外,更需要关心的是用户价值的增值部分。不仅要让企业价值增值最大化,还要让用户价值增值最大化。因此,企业不仅需要关心用户需要什么产品与服务,更需要关心他们为什么有这种需求,这种需求对他们有什么价值或对其发展有什么影响。

在这一模块内容中,创业者需要回答以下几个问题:我们该向用户传递什么样的价值?我们正在帮助用户解决什么问题?这些问题对他们是否重要?我们会向目标细分用户提供什么样的产品与服务?这些产品与服务会给用户带来怎样的利益?与我们的竞争对手相比,我们提供的价值增值服务是否具有独特性或是否可以带给用户更多的利益?

创业聚焦

蔚来汽车的价值主张

2014年,李斌等创始人在上海成立了蔚来汽车公司,专注于高性能电动汽车的研发与制造。2016年,蔚来汽车推出了其首款电动超级跑车EP9,该车型在国际赛道上取得了优异成绩,提升了品牌知名度。2018年,蔚来汽车在美国纽约证券交易所成功上市。蔚来汽车持续在技术创新和产品研发上投入,同时与多个行业伙伴建立合作关系,推动电动汽车生态系统的发展。

蔚来汽车的价值主张是其商业模式的基石,主要围绕以下几个核心方面。第一,蔚来汽车定位于高端市场,通过高品质的产品和服务,塑造了它作为高端智能电动汽车品牌的市场形象。第二,蔚来汽车注重提供卓越的用户体验,从购车到使用,再到售后服务,致力于满足用户在各个环节的需求。第三,蔚来汽车通过NIO Power等创新服务,提供包括充电、换电在内的一站式能源补给解决方案,致力于解决用户对电动汽车续航和充电便利性的担忧。同时,蔚来汽车积极响应环保和可持续发展的理念,通过研发低碳技术,降低汽车的全生命周期碳排放。

蔚来汽车的价值主张在于它不仅仅提供汽车,更提供一种智能化、便捷化的生活方式,

[一] 张少平,杨俊,等.创业实务[M].广州:华南理工大学出版社,2012.
[二] 布兰克,多夫.创业者手册:教你如何构建伟大的企业[M].新华都商学院,译.北京:机械工业出版社,2013.

通过车辆与用户生活的深度融合，提升生活品质。蔚来汽车的价值主张体现了它对市场趋势的敏锐洞察、对用户需求的深刻理解以及对创新和可持续发展的承诺，这些都是它在竞争激烈的新能源汽车市场中获得成功的关键因素。

资料来源：根据网络公开资料改编。

2. 用户细分

用户是企业利润的来源，也是构成商业模式的核心内容。创业企业的首要任务是明确自己的目标用户是谁，为谁提升产品与服务。用户细分构造模块要阐明企业想要服务的用户群体。可把用户需求按重要性和迫切性分成四类：重要且迫切、重要但不迫切、迫切但不重要、既不重要也不迫切。如果能把握住用户既重要又迫切的需求，并将这群用户作为重点，创业就容易成功。

市场细分的概念已被企业广泛接受，任何一个企业经营者都清楚地知道自己无法满足用户的所有需要，这是因为不同类型的用户需求是不同的，企业只有提供有针对性的、符合用户个性化需求的产品和服务，才能更好地提升用户的满意度。而为了满足不同用户多样化的需求，就需要对用户群体按照不同的标准进行细分。只有通过细分，紧紧抓住目标用户的需求，采用最经济的手段满足用户多样化的需求，才能为用户创造更大的价值，也为自己创造更大的价值。

在这一模块内容中，创业者需要回答两个问题：谁是我们最重要的用户？他们在哪里？

创业聚焦

嗨特购的市场定位

张强，嗨特购的创始人，之前在互联网行业工作，曾是阿里巴巴旗下B2B公司的销售团队成员，也就是著名的中供铁军，并在美团和去哪儿网担任过重要职位。张强认为，零售业是一个有趣的行业，他将互联网思维中的用户画像、精准投放等理念应用到线下零售中，创立了嗨特购。

嗨特购主打品牌集合折扣店，提供正品、大牌商品的超低折扣，吸引追求性价比的消费者。嗨特购依靠自研的系统进行采购、库存管理、销售预测、新店选址、进货、配货、调货、降价以及促销等，实现高效率的运营。其中，在供应商管理方面，嗨特购通过最短供应链的方式，砍掉中间商，直接与厂家合作，实现商品的超低价格。

嗨特购的目标人群是每月有2 000~5 000元可支配收入且对美好生活有向往的人。嗨特购的选址逻辑从写字楼转向商场，以适应消费者在商场逛街的心态，提高客单价和复购率。目前嗨特购的门店数接近500家，并计划未来可能发展到3 000家，以直营店和加盟店的形式扩张。

张强认为，未来零售业的机会存在于系统化的过程中，嗨特购将继续依靠系统化管理来把握消费者需求和提供低价商品。目前嗨特购开始尝试建立自有品牌，如强小卤，避开品牌属性强的品类，选择消费者对品牌忠诚度不高的品类进行自营。

资料来源：李欣. 嗨特购：阿里出身的销售"铁军"盯上了折扣产品 [J]. 中国企业家. 2024, (7), 55-59.

3. 用户关系

用户关系这个概念的主体是企业与其用户。用户关系构造模块要阐明企业与特定用户细分群体建立的关系类型。

用户关系具有多样性、动态性、双赢性等特征，是一种互动的学习型关系。企业会与不同的用户建立不同的用户关系，有些是战略性的合作关系，有些是紧密的贸易关系，有些是互补的市场合作关系。用户不同，关系也不同，有些是忠诚的老用户，有些是新用户，有些是潜在用户。维护一个老用户往往比开拓一个新用户更重要，尤其是与优质的老用户保持长期稳定的关系。由于用户需求类型不同，需要建立的用户关系也有所不同。有些用户具有消费的引领性，对新生事物和新技术非常敏感，喜欢新的尝试，对价格不敏感，新产品适合销售给这类用户。有些用户十分注意品牌形象，且品牌忠诚度强，容易成为优质的老用户。有些用户具有典型的逐利性，且对价格敏感，哪里便宜买哪里的产品。

用户关系对企业而言有着长远的战略意义。面对重要的用户，企业必须有战略性地与之发展合作关系，甚至有些企业间会相互持股。用户关系中偶尔会存在一定的交易冲突，但大部分情况下会达成双赢的结果，以求长期合作、共同发展。良好的用户关系不仅可以为交易提供方便，节约交易成本，还可以为企业深入理解用户的需求提供帮助。

在这一模块内容中，创业者需要回答以下几个问题：企业的每个用户细分群体希望企业与他们建立和保持何种关系？企业已经建立了哪些关系？建立和保持这些关系的成本如何？

4. 渠道通路

销售渠道是企业与用户的接触通道。渠道通路构造模块要阐明企业是如何沟通和接触用户并向用户传递价值主张的。销售渠道一般可分为自有渠道与合作伙伴渠道，如表 7-1 所示。自有渠道又称直销渠道，是指企业直接将产品或服务销售给最终用户，即生产者－用户。具体表现为通过销售人员，或通过自己的店面、商铺或连锁店，或通过互联网建立的网络平台直接向用户销售产品或服务。合作伙伴渠道又称非直销渠道，是指企业通过代理商、经销商、批发商、网络销售商、零售商等合作伙伴把产品或服务销售给用户，具体表现为增加了一个中间环节或多个中间环节，如生产者－零售商－用户，或是生产者－

代理商-零售商-用户，或是生产者-批发商-零售商-用户等。一般来说，渠道越长，参与价值分享的环节和合作伙伴越多，最终价格上涨的可能性越大。合作伙伴渠道的好处是借助合作伙伴已有的渠道帮助企业销售，扩大销售区域。

表 7-1 销售渠道

渠道类型		渠道阶段				
自有渠道（直销渠道）	销售队伍	1. 认识 提升用户对企业产品和服务的认知	2. 评估 帮助潜在用户认知和评估企业价值主张	3. 购买 帮助用户实现产品和服务的购买	4. 传递 把价值主张传递给用户	5. 售后 给用户提供售后支持和服务
	在线销售					
	展销会					
	自办商店					
	自动售货机					
合作伙伴渠道（非直销渠道）	代理商					
	批发商					
	零售商					
	网络销售商					

良好的销售渠道设计可以帮助企业提升产品或服务在用户心目中的认知，可以更好地向用户传递价值主张，帮助潜在用户正确认知与评估企业价值主张，协助和促进用户实现产品和服务的购买，并为用户提供良好的售后服务支持，提高用户售后满意度。

在这一模块内容中，创业者需要回答以下几个问题：企业能通过哪些渠道接触到目标用户群体？渠道能否通过整合变得更为有效和通畅？渠道的效益是否可以进一步提升？哪些渠道有可能突破从而使企业能更有效、更多地与目标用户接触？

创业聚焦

和府捞面的扩张战略

李学林在 2012 年创立了和府捞面，以高端面食市场为目标，希望将品牌发展成为拥有 2 万家门店的全球性品牌。2016—2022 年，和府捞面迅速获得 6 轮融资，融资总金额超过 13 亿元人民币，2021 年的 E 轮融资更是创下了行业纪录。

2022 年，整个粉面行业面临调整，和府捞面也遭遇了挑战，包括高管离职和客流量下降等问题。和府捞面投入大量资源开发公司管理系统，该系统能收集所有门店数据，预测客流量，帮助中后台备货，提高效率。

面对市场变化，和府捞面开始尝试降价和加盟模式，从而适应市场，增加用户黏性。过去 10 年里，和府捞面在全国 80 余座城市开了 500 多家直营门店，扩张速度并不算快。但这种状态即将改变，和府捞面正式开放了联营策略。一方面，加盟已成为越来越多面馆品牌的选择，如五爷拌面 2018 年 1 月开出首店后，5 月即开放加盟；陈香贵于 2020 年 3

月开出首店，11月开放加盟；张拉拉创立于2020年8月，年底开放加盟……另一方面，和府捞面早就在做开放联营的准备。按照李学林的计划，未来3年内开超过2 000家和府捞面门店以及超过1 500家阿兰家（和府捞面子品牌）。未来和府捞面还会在一二线城市密集开店，如上海这种一线城市，和府捞面及旗下品牌计划开400~600家店，目前，和府捞面在上海的门店仅有100多家。

目前，李学林还在计划将品牌推向国际市场，首先考虑东南亚地区，随后可能扩展到澳大利亚、美国和欧洲。此外，和府捞面也尝试推出不同场景的门店，如"和府火锅和她的面""和府小面小酒"，从而覆盖更多消费场景。

资料来源：孔月昕.3年亏7亿，和府捞面创始人：目标是2万家门店[J].中国企业家.2024,(2),58-62.

7.2.2 价值创造

价值创造的三个要素为核心资源、关键业务和重要伙伴。

1. 核心资源

核心资源是指企业拥有的能创造价值的重要资源。核心资源构造模块要阐明企业有效运营所必需的重要资源，这些资源使企业能创造和提供价值，能与用户建立良好的关系，还能与目标用户建立畅通而高效的营销渠道。核心资源包括：物质资源、知识资源、人力资源、金融资源、地理资源等。核心资源的优势是评估企业核心竞争力的重要组成部分。

在这一模块内容中，创业者需要回答以下几个问题：创造和实现企业的价值主张需要什么样的核心资源？企业的渠道通路、用户关系和收入来源需要什么样的核心资源？已有的核心资源能否保障企业的利润来源？企业未来需要的核心资源与现有的核心资源有何差异？

> **创业聚焦**
>
> ### 星巴克：员工伙伴
>
> 星巴克的员工伙伴计划是一套全面的福利和薪酬体系，旨在提升员工的工作体验和生活质量。以下是一些关键的计划内容。
>
> - 14薪：自2021年10月起，星巴克中国的全职门店零售伙伴将享有14个月的薪酬体系，即在原有13薪的基础上，额外增加1个月工资作为奖金，这在整个中国餐饮零售行业中较为罕见。
> - 父母关爱计划：自2017年起，星巴克中国为工作满两年且父母年龄低于75周岁的全职伙伴提供父母重疾保险，由公司全资提供，预计覆盖上万名伙伴的父母。

- 住房津贴计划：星巴克为初入职场的全职星级咖啡师和值班主管提供住房津贴，从而缓解他们的经济压力，使他们在追求个人及职业梦想的同时，也能更好地照顾自己。
- 咖啡星享假期：为连续服务超过 10 年的伙伴提供长达 12 个月的无薪假期，用以实现他们工作以外的追求和梦想，并有时间陪伴家人。假期结束后，伙伴可以回到原来的岗位或其他同级岗位，并保留社会保障及公司其他福利。
- 咖啡豆股票：星巴克中国为所有伙伴提供公司股票，包括兼职伙伴，这体现了公司关爱伙伴和伙伴家人的承诺。
- 职业发展：星巴克提供伙伴识天下人才交流项目，让伙伴有机会在不同的城市或国家工作和体验，促进个人职业发展。

这些计划体现了星巴克对伙伴的关怀和投资，以及它致力于成为全球最受尊敬和信任的公司的决心。

资料来源：根据网络公开资料改编。

2. 关键业务

关键业务是指实施商业模式需要进行的活动。关键业务构造模块要阐明企业必须做的那些最重要的事情，即企业创造价值必须实施的最重要动作，如制造、销售、平台或网络服务支持等。用户在选择合作伙伴时，更感兴趣的是对方能为自己带来哪些价值，而不是它们经营的业务本身。因此，明确关键业务与价值创造之间的关系是很重要的事。

在这一模块内容中，创业者需要回答以下几个问题：企业的价值主张需要哪些关键业务？渠道通路、用户关系建设中有哪些关键业务？这些关键业务对价值创造有什么影响？如何才能高效地做好关键业务？

3. 重要伙伴

重要伙伴是指企业在创造价值过程中共同合作的核心伙伴，如重要的供应商、资金供给者等，这些合作伙伴可以为价值创造提供必要的资金、设备、原材料、信息、网络平台等资源。合作伙伴构造模块要阐明企业与谁合作，如何通过合作伙伴的支持获得企业外在资源。好的合作伙伴可以帮助企业获得外在的支持，可以帮助企业优化商业模式，也可以帮助企业降低经营风险。良好的合作伙伴可以为企业建立一个良好的生态体系，使企业环境更优质。

在这一模块内容中，创业者需要回答以下几个问题：企业价值创造需要什么资源？谁是企业重要的供应商？谁能为企业提供资金支持？谁能为企业提供平台支持？合作伙伴执行了哪些关键业务？从合作伙伴处企业能获得什么，能获得多少核心资源？

📖 **创业聚焦**

华为：携手合作伙伴，打造共赢生态

华为合作伙伴网络是华为与合作伙伴之间的协作框架，包含一系列的合作伙伴计划，可满足各类合作伙伴不同的合作需求，还能有针对性地为合作伙伴提供资源和支撑，如培训、认证、测试环境、营销和销售支撑、奖励等，确保合作伙伴与华为一起实现用户价值。华为的合作伙伴有以下几种类型。

- 云伙伴是在行业或区域内销售华为产品与服务、提供基于华为云的软件产品或服务，或向用户提供云服务的合作伙伴。
- 解决方案伙伴是专门从事软件的开发、生产、销售和服务，具有自主软件产品，能够在华为 eSDK 或产品基础上进行二次开发或对接华为软硬件平台的行业应用伙伴。华为致力于构建"开放、协作、共赢"的生态系统，与合作伙伴共同带给用户最佳选择。解决方案伙伴是华为生态系统的重要成员，也是实践 BDII（business driven ICT infrastructure，业务驱动的 ICT 基础架构）行动纲领的关键。这是因为 BDII 是业务驱动的 ICT（information and communications technology，信息与通信技术）基础架构，也是华为长期坚持的行动纲领和战略原则。

销售伙伴和服务伙伴是在行业或区域内从事华为产品和解决方案销售、工程交付和售后维护的合作伙伴。华为秉承"合作共赢、耕耘、收获"的渠道理念，采用"合作、开放、共赢"的渠道策略，与销售伙伴实现双赢。服务伙伴提供销售支持、技术支持、能力支持和利益。人才生态建设伙伴是经华为公司授权，面向社会、院校等实施华为认证培训项目，培养 ICT 人才的合作伙伴。华为销售伙伴关系图如图 7-2 所示。

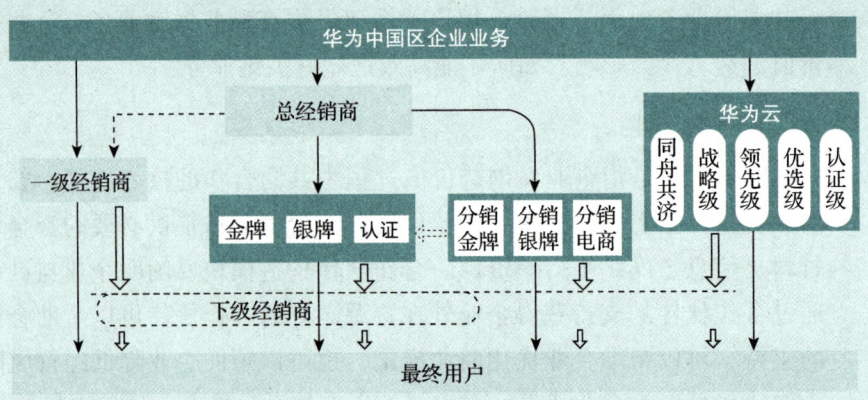

图 7-2 华为销售伙伴关系图

资料来源：根据华为合作伙伴网站资料改编。

7.2.3 价值获取

价值获取解决的是企业获利问题。企业在创造价值之后，不仅需要与一些

企业共享，自身也需要留存，因为企业获利是企业长期生存与发展的基础。

1. 成本结构

成本结构是指企业在创造价值过程中所花费的成本，即企业运营可能花费的所有成本。成本结构构造模块要阐明企业成本支出数量及其结构。成本数量及其结构决定了企业的承载负荷与承载能力。

在这一模块内容中，创业者需要回答以下几个问题：企业成本构成如何？其中固定成本是多少？哪些方面花费的成本最多？成本花费是否与其价值创造相匹配？与竞争对手比较，成本控制是否有效？是否有更好的降低成本的方法？

2. 收入来源

收入来源是指企业的利润收入流及其结构。收入来源构造模块要阐明企业的收入情况，以及从每个用户那里获得的收入额。一般来说，用户数越多，从每个用户那里获得的收入就越多；获利的次数越频繁，企业的收入就越高。收入数量及其结构决定了企业现有盈利情况、现金流的稳定性与发展能力，决定了企业的生存力与发展力。例如，谷歌、百度等企业让普通用户免费使用其搜索引擎，而通过定向广告从企业用户那里获得收益。

在这一模块内容中，创业者需要回答以下几个问题：企业有多少收入来源？其中，产品和服务的销售收入是多少？什么样的价值能让用户愿意付费？用户是如何支付费用的？用户会在何时支付费用？哪些收入来源对企业更重要？哪些是未来可以产生收入的？哪些能给企业带来稳定的收入？每个收入来源占总收入的比例是多少？

将上述九个模块的内容有机地结合起来并绘制在一张图表上，就构成了商业模式画布。其创新之处在于每个企业会根据各自的特点，改变商业模式画布上的要素及其结构，从而保障企业能更好地开展价值创造、价值共享与价值获取。

创业聚焦

SHEIN 的发展之路

SHEIN 创立于广东省广州市番禺区的南村，这里遍布着各种作坊，小到纽扣、大到成衣制作，支撑着 SHEIN 的商品供应。SHEIN 与三四百家成衣厂合作，这些工厂支持着百亿美元的商品销售，并获得了 7 亿美元的利润。

2018 年，中国互联网企业掀起 C2M（customer to manufacturer，用户对工厂）模式潮流。SHEIN 在 2014 年就开始尝试告诉中国工厂如何按需生产和数字化管理。SHEIN 在广州设立供应链基地，与工厂紧密合作，实现了"小单快返"模式，即从小批量订单开始，根据市场反馈快速追加或停止生产。

SHEIN 控制成本的策略体现在多个方面。它主要通过小批量生产测试市场反应，根据反馈快速追加或停止生产，减少库存积压和过剩生产的成本。SHEIN 还与供应商紧密合作，实现原材料采购和生产的高效协调，降低采购和生产成本。在运营中，SHEIN 采用精益生产方法，消除生产过程中的浪费，提高生产效率。SHEIN 还通过引导、参与和重度投入，帮助供应商升级智能化设备，改造工厂，提升生产效率和质量。

2019—2020 年，SHEIN 的年销售收入增长了 398%，达到了 157 亿美元。2022 年，SHEIN 卖出了约 230 亿美元的商品。目前，SHEIN 的业务遍及 150 多个国家和地区，除了主要的美国市场，还在欧洲各国、巴西等地拓展市场。SHEIN 也在海外市场建立本地团队，包括工厂和物流体系，从而适应不同市场的需求。

资料来源：闫俊文.揭秘估值660亿美元的SHEIN帝国[J].中国企业家.2023,（10），48-55.

7.3 商业模式设计

商业模式设计是指企业将商业模式中的各要素进行梳理并构建要素之间的关系。商业模式的设计是基于企业战略的，要从企业战略的愿景、使命出发。设计企业商业模式的价值主张，要从企业的内部环境以及外部的宏观环境和微观环境分析入手，研究企业的优势、劣势、机会与威胁，确定企业的目标用户，并通过细分市场和资源研究进一步确定企业能为目标用户做出的价值贡献。通过设计产品与服务和企业运营，创造出企业独特的产品与服务，从而实现赢利。

7.3.1 商业模式设计过程

商业模式设计大致可划分为四个阶段：构思设想阶段、实践探索阶段、检查评估阶段、修正提升阶段。

1. 构思设想阶段

构思设想阶段主要是进行商业模式设计的思想准备。商业模式设计可以从模仿学习开始，先借鉴国内外已经成功的商业模式，再根据企业的实际情况加以改进和创新。这种方式比较简单，由于有前人的探索，可行性较高，但缺乏创意。创业企业大多是"在寻找可重复和升级的商业模式"[一]。通过商业模式设计，企业可以创造一套适合自己的商业模式，甚至是颠覆性创新的商业模式，用全新的思维去改变目前的市场规则。这种方式比较难，而一旦成功可能会使

[一] 布兰克，多夫.创业者手册：教你如何构建伟大的企业[M].新华都商学院，译.北京：机械工业出版社，2012.

企业成为独角兽企业，前途无限。

商业模式设计以商业画布为基础，将企业商业模式的各要素和其相互关系画出，形成商业模式的初步模型。创业者要用最简单的语言把自己要干的事说清楚，把用户、供应商、合作伙伴等利益相关者的关系描述出来。这一阶段的关键是要确定企业的目标用户和价值主张。企业要确定自己到底要为哪部分用户服务，锁定在哪个细分市场；要确定用什么产品与服务赢得用户青睐，解决了用户的什么痛点。必要的市场调研和用户消费心理研究可以提高商业模式的可行性。当产品的小样出来后，企业可以进一步与目标用户沟通，检验自己的想法是否有实际意义。

2. 实践探索阶段

实践探索阶段是在商业模式确立的基础上，进行实践性尝试与确认。这一阶段要特别重视企业价值创造性，明确自己的重要伙伴、关键业务和核心能力；确保企业按照构思的路径，可以有效地产出产品与服务，从而创造出价值。这个阶段的核心是产品与服务。一个产品可分为三个层次：一是核心产品，是指提供给用户的基本效用，如产品基本功能，核心产品是用户购买的直接理由；二是形式产品，如品质、款式、价格、商标、包装；三是附加产品，如售前或售后服务、电话咨询服务、送货上门、安装等。以上每个层次都能增加用户价值。产品设计完成后还需要进行测试，完成小试、中试和批量生产等环节。

当然，本阶段还有一件非常重要的事——将企业的产品和服务卖出去，实现销售，使企业有实际的收入。从用户需要到用户购买是一个复杂的过程，关系到用户的购买动机、需求迫切性和重要性、购买便利性和支付能力等问题，这一过程中的定价、渠道和促销都很重要。为了提高销售环节的效率和成功率，打动目标用户，企业应先做市场，再做销售。在做市场调研时，可以从小规模的市场开始。销售前还需要做周密的销售计划，要按照不同的销售渠道、不同的地域划分市场，开展销售。

3. 检查评估阶段

本阶段需要在实践的基础上，进一步验证商业模式是否可行，检查每一个要素，并明确核心要素。这一阶段要特别重视企业价值的获取，确定企业能否获得预期利润。创业企业必须整合相应的外部资源，并考虑让价值链上各个利益相关者都能获得必要的利益，与企业一起分享商业模式创造的价值。

这一阶段最重要的是要关注财务报表中的各项指标，如销售量、销售额、毛利润、净利润、固定成本、可变成本等。虽然初创企业前期并不一定赢利，但如果预期的正常售价不能抵销产品或服务的直接成本，后期即使企业扩大了规模，也很难获得利润，除非之后可以通过垄断等手段提高价格。对风险投资者来说，在审核和检验一个创业项目时，最关心的问题是如何实现销量倍增，也就是关注生产和销售是否具有扩展性。

4. 修正提升阶段

本阶段需要根据评估结果开展商业模式修正，从而提升商业模式的可行性和优势。可以根据价值创造的情况，进一步思考企业为用户提供的独到的价值是否充分体现，从而进一步修改商业模式。例如，需要强化什么要素？可以消除或弱化什么要素？要将用户并不在意的、费力不讨好的产品功能与服务尽量减少或降低标准，即把那些用户用不到的功能去掉。企业运营的流程也可以依据这种思想进行重整。当然，最重要的是要明确企业创新了什么要素，那些独创的方面是否具有持续性，能否转化为核心能力。

在数字经济时代，新技术的应用为商业模式的创新提供了广阔的空间。其中，数字基础设施是数字经济发展的前提条件。我国政府高度重视信息资源开发利用，优化政策体系，推动数字基础设施建设，如5G基站和千兆光网，为数字经济提供了坚实的基础。平台经济是数字经济的重要组成部分。通过构建平台，企业可以连接用户和资源方，利用网络效应创造平台价值。例如，苹果公司通过App Store平台连接开发者和用户，实现了平台收入的增长[⊖]。数据是数字经济的核心驱动力。企业可以通过分析大数据，优化资源配置，提升生产效率。技术创新是推动商业模式创新的关键。企业需要不断研发新技术，并将它应用于商业模式中。软件即服务（SaaS）和平台即服务（PaaS）模式通过提供云平台和应用程序，降低了企业的运营成本，提高了灵活性。通过这些策略，企业可以在数字经济时代利用新技术构建创新的商业模式，实现持续增长和竞争力提升。

7.3.2 典型商业模式

不同的企业有不同的商业模式，商业模式的分类也会根据分类标准的不同而有所不同。数字经济的发展也使商业模式发生了颠覆性创新，以下是几种比较典型的商业模式。

1. 互联网商业模式

互联网商业模式是指以互联网为媒介整合传统商业类型和通过互联网连接各种商业渠道的商业模式。很多门户型网站、配对型网站、搜索型网站、网购型网站、游戏型网站等都采用了互联网商业模式。当然，互联网商业模式并没有一个固定的模式。随着互联网宽带化、大众化、个性化、移动化的不断发展，

⊖ 布兰克，多夫. 创业者手册：教你如何构建伟大的企业 [M]. 新华都商学院，译. 北京：机械工业出版社，2013.

新的商业模式也层出不穷,已经有越来越多的带有web2.0特征的服务的RSS、SNS、Tag、Blog、P2P进入网民的视野。广告是互联网平台企业收入的重要来源之一。广告的形式有网页广告、搜索广告和视频广告等。典型的企业有谷歌、网易、阿里巴巴等。

2. 连锁商业模式

连锁商业模式是指通过连锁方式扩大企业规模或参与加盟连锁,分为直营和加盟等多种形式。直营连锁店都归同一资本所有,各个连锁店由总部直接运营、集中管理,投资者通过从1复制到N的方式扩大规模。加盟连锁(特许连锁)是指许多创业者通过加盟某一品牌获得品牌资源,而总部依据许可经营权收取加盟费等利益,同时扩大品牌的影响力和市场占有率。总部与独立主体之间是合同关系,各个特许加盟店的资本是相互独立的。连锁商业模式一般采用统一采购、统一配送、统一标识、统一营销策略、统一价格、统一核算策略的方式,能实现快速扩张。典型的企业有肯德基、星巴克、新华书店等。

3. 直销商业模式

直销商业模式就是通过去掉中间商,减少产品的流通环节,快捷地满足用户需求的一种高效模式。直销商业模式的渠道通路短,贴近用户,价值传递快,能将产品快速送到用户手中。直销实际上是最古老的商品销售方式之一,现代电视销售、邮购、自动供货机、目录销售、登门销售、专营自销商铺、专卖店+直销员、网络直销店等都是直销的不同形式。典型的企业有安利、雅芳、戴尔等。

4. 免费+增值商业模式

免费+增值商业模式是指企业提供一种免费的基本服务,而对更高层次的服务进行收费。以Adobe为例,它免费发放文本阅读器,但对文本编辑器的定价很高。又如,百度文库有大量的材料可供免费下载,但对一些材料设置收费下载。其他典型的企业有微软、腾讯、迅雷、网易等。

5. 订阅商业模式

订阅商业模式是指企业在产品与服务推出时采用订阅的方式进行收费,如报纸、杂志、电视、软件使用权等。订阅方式可以按时间阶段,如每月或每年进行服务收费,也可以按一定的用量,如手机消耗的无线流量进行收费。这种方式使一次性的产品销售转变成了一个周期阶段性的销售,从而保障了企业稳定的销售量。在这种模式下,订购的服务或产品可以周期性地自动进行续约。每到一定的时期,产品或服务提供商会通过信用卡自动转账等方式进行预先收费。典型的企业有各类杂志社、报社。

6. 平台经济商业模式

平台经济（platform economy）商业模式是指一种基于数字技术构建的商业框架，其中平台充当不同用户群体之间的中介，促进双方或多方之间的互动、交易或信息交流。平台价值一般随着用户数量的增加而增加，因为更多的参与者可以提高平台的吸引力和实用性。平台可以通过收集用户行为数据来优化服务，提供个性化推荐，改进用户体验，并创造新的收入机会。因此平台经济依赖先进的技术，如大数据分析、人工智能、机器学习等，来优化匹配过程和用户体验。在商业价值方面，平台可以通过多种方式获得收入，如交易费、广告费、会员订阅、数据分析服务等。平台经济的例子包括电子商务平台（如亚马逊、阿里巴巴）、出行共享平台（如 Uber、滴滴出行）、住宿共享平台（如 Airbnb）、专业服务市场（如 Upwork）等。这些平台通过提供技术基础设施，使不同用户群体能够高效地互动和交易。

本章要点

- 商业模式是指企业为实现战略发展而构建起来的商业系统，体现了企业创造价值和实现价值的逻辑。商业模式包括三个层面的逻辑，即价值占有逻辑、价值创造逻辑、战略逻辑。
- 优秀的商业模式有助于企业提高创业成功率和构建商业壁垒。
- 商业模式由三个主要要素的九项内容组成。三个主要要素是价值主张、价值创造和价值获取，九个子项分别是价值命题、用户细分、用户关系、渠道通路、核心资源、关键业务、重要伙伴、成本结构和收入来源。商业模式将企业的各个相关要素有机地整合起来，形成一个完整的、高效率的、具有独特核心竞争力的运行系统，从而保障企业持续地发展。
- 商业模式设计过程：构思设想阶段、实践探索阶段、检查评估阶段、修正提升阶段。

行动学习

进行班级分组，请每个团队应用商业模式画布评估一个市场上流行的 app 的商业模式，并通过 PPT 的形式将自己团队的思路呈现出来。

第一步，详细阅读下面的案例。"精益创业"一词已经广为人知，然而，其背后的逻辑来自作家兼创业者奥斯特瓦德和瑞士学者皮尼厄的商业模式画布。

第二步，将团队的分析参照模板体现在相应位置。

（1）将便笺贴入空白的商业模式画布中，就形成了你的企业特有的商业模式。

（2）画布中每个要素的变化都可能会影响到其他要素的构造，所以可以在此基础上设计出各种纷繁的商业模式。

第三步，向大家展示你们团队的商业模式画布的构成和逻辑，其他团队的同学可以提问。

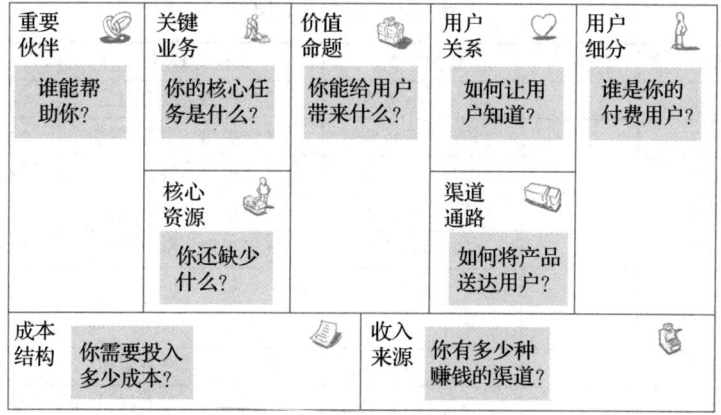

思维训练

站在用户的立场,从用户价值的视角思考问题,对初创企业是十分必要的。初创企业需要明确地定义目标用户,定义用户的需求和用户需要解决的问题。为此,创业者可将用户的问题与需要进行分类,从而更好地解决用户的问题,满足用户需求,如表7-2所示。

表7-2 用户价值关注点检测

用户的问题	用户状况	市场上解决问题状况	问题描述
重要且紧迫的问题	潜在问题	尚未解决,已有办法	
重要且紧迫的问题	现有问题	尚未解决,暂无办法	
重要但不紧迫的问题	潜在问题	尚未解决,已有办法	
重要但不紧迫的问题	现有问题	尚未解决,暂无办法	
紧迫但不重要的问题	潜在问题	尚未解决,已有办法	
紧迫但不重要的问题	现有问题	尚未解决,暂无办法	

潜在问题是指用户尚未意识到但解决后会给用户带来利益的问题。现有问题是指已经给用户带来困扰的问题,用户已经意识到并试图去解决它。紧迫性问题是指用户必须在短期内解决的问题,可能问题不大,但由于紧迫,用户往往愿意花更大的代价或付现迅速解决问题,以免影响其他进度。重要性问题是指会为用户的利益带来重要影响的问题。解决这类问题能帮助用户提升价值,特别是长远的价值,如用户的关键生产技术、用户的主材料成本、令用户夜不能寐的问题、用户梦寐以求的产品等。用户紧迫且重要但没有解决方案的问题是初创企业最好的商机,若初创企业的产品与服务能够帮助用户解决这类问题,则很容易获得用户与市场。许多优秀的初创企业善于从用户潜在与现有的问题背后找到自己的市场空间;也有许多优秀的初创企业善于从用户可以自行解决的问题中,以提供更专业、更完善的解决问题的方式或低成本的方案获得市场。

请选择一类你熟悉的产品或与你的创业项目相关的产品开展用户问题分析。

创业者需要认识到,并不是所有的产品都能满足用户的需要,特别是对于初创企业,初期的产品设计往往有很多缺陷,因此配合表7-3进行产品开发是很重要的,这可以帮助初创企业提升用户价值。

表 7-3 用户价值提升探索

产品与服务	名称	用户认为	企业现状	与同类产品比较
产品功能 1		必要 / 不必要	已经提供 / 没有提供	没有竞争力 / 有竞争力
产品功能 2		必要 / 不必要	已经提供 / 没有提供	没有竞争力 / 有竞争力
产品功能 3		必要 / 不必要	已经提供 / 没有提供	没有竞争力 / 有竞争力
产品功能 4		必要 / 不必要	已经提供 / 没有提供	没有竞争力 / 有竞争力
产品功能 5		必要 / 不必要	已经提供 / 没有提供	没有竞争力 / 有竞争力
⋮				
独特性功能 1		必要 / 不必要	已经提供 / 没有提供	没有竞争力 / 有竞争力
独特性功能 2		必要 / 不必要	已经提供 / 没有提供	没有竞争力 / 有竞争力
⋮				

问题回顾

1. 商业模式是什么?
2. 商业模式对创业有什么重要作用?
3. 商业模式设计的内容有哪些?
4. 商业模式设计的过程是怎样的?

参考文献

[1] MAGRETTA J. Why business models matter[J]. Harvard business review, 2002, 80(5): 86-92, 133.

[2] THOMAS C. Measuring business model innovation: conceptualization, scale development and proof of performance[J]. R & D management, 2017, 47(3): 385-403.

[3] 蒂蒙斯, 斯皮内利. 创业学: 原书第 6 版 [M]. 周伟民, 吕长春, 译. 北京: 人民邮电出版社, 2005.

[4] 奥斯特瓦德, 皮尼厄. 商业模式新生代 [M]. 黄涛, 郁婧, 译. 北京: 机械工业出版社, 2016.

[5] 野口吉昭, HRInstitute. 商业模式思维的 30 个技巧 [M]. 谭冰, 译. 上海: 上海交通大学出版社, 2015.

[6] 望月实, 花房幸范, 三木孝则. 世界 500 强商业模式 1[M]. 张雯, 译. 北京: 北京时代华文书局, 2016.

[7] 望月实, 花房幸范, 三木孝则. 世界 500 强商业模式 2[M]. 范丹, 译. 北京: 北京时代华文书局, 2016.

[8] 克拉克, 奥斯特瓦德, 皮尼厄. 商业模式新生代: 一张画布重塑你的职业生涯 (个人篇) [M]. 毕崇毅, 译. 北京: 机械工业出版社, 2012.

[9] 克拉克, 黑曾. 商业模式新生代 (团队篇)[M]. 郁婧, 黄涛, 译. 北京: 机械工业出版社, 2018.

[10] 刘志阳. 创业画布 [M]. 北京: 机械工业出版社, 2018.

[11] 刘长江. 重新定义商业模式: "互联网+"时代的新商业模式 [M]. 北京: 中国经济出版

社，2016.
[12] 张赵晋. 共享经济：互联网思维下商业模式的创新性研究 [M]. 长春：东北师范大学出版社，2017.
[13] 徐晋. 大数据平台：组织架构与商业模式 [M]. 上海：上海交通大学出版社，2014.
[14] 张艳，米锦欣，于继超，等. 零售商业模式研究 [M]. 北京：经济日报出版社，2015.
[15] 钟宪瑞. 商业模式：创新与管理 [M]. 北京：经济管理出版社，2017.
[16] 李亮宇. 网络经济商业模式理论模型与机制研究 [M]. 北京：中国商业出版社，2017.
[17] 张国良. 创业学：战略与商业模式 [M]. 北京：清华大学出版社，2017.

第 8 章 创业团队

> 一个人除非自己有信心,否则不能带给别人信心;已经信服的人,方能使人信服。
>
> ——马修·阿诺德(Matthew Arnold)

【学习目标】

学完本章后,你应该能够:
- ☑ 了解什么是创业团队
- ☑ 了解创业团队的构成和角色
- ☑ 掌握创业团队的组建过程
- ☑ 掌握创业团队有哪些冲突以及如何解决冲突

引例　　　谁在管理小红书:斯坦福同学会和挖来的大厂高管

作为一个正在迅速发展的互联网公司,小红书已经成为一个拥有超过一亿活跃用户的庞大网络社区,其年度收入也达到了惊人的两百亿元。这些令人瞩目的成绩主要来自其强大的商业化广告和电子商务业务。然而,关于谁真正管理着这个成功的平台的问题,答案可能让人有些惊讶。

小红书的创始人和核心团队成员主要由两个群体组成:一是毛文超和他斯坦福大学的同学们,二是来自其他大型互联网公司的顶尖人才,如腾讯、百度和阿里巴巴等。

毛文超(薯名:星矢),小红书的创始人兼首席执行官,毕业于上海交通大学并在贝恩咨询公司工作过一段时间。后来,他前往斯坦福大学攻读 MBA 学位，并于 2013 年回国创立小红书。他曾被评为 2020 年中国 40 位 40 岁以下的商界精英。

另一位关键人物是瞿芳（薯名：木兰），毕业于北京外国语大学。她曾两次被《创业邦》杂志评为最值得关注的女性创业者，并登上了腾讯"我是创始人"荣耀榜榜单以及福布斯"2018 中国商界 25 位潜力女性"榜单。

丁玲（薯名：柯南），是小红书的首席运营官，同时也是电商和商业化产品的技术负责人。她是毛文超在斯坦福大学读 MBA 时的同学，自 2015 年加入小红书以来，一直负责社区运营业务。

曾秀莲（薯名：黄蓉），曾是腾讯政策发展部的员工，负责深圳总部的政策和政府合作关系。她曾经获得"2015 年下半年腾讯系创业风云榜"榜单人物称号。

还有一位重要的人物是王雅娟（薯名：之恒），她曾经是北京大学图书馆学和情报学专业的学生，后来获得了 EMBA 学位。她在百度担任过多种职务，包括商业运营主管，还在微软（中国）公司和惠普公司担任客户服务交付负责人。2012 年 5 月，她加入新浪，担任运营副总裁，后在微博担任销售副总裁。2017 年，她被任命为微博运营副总裁，随后在同年 5 月晋升为高级副总裁，负责广告业务。2020 年 3 月，她从微博离职，加入了小红书。

最后一位重要人物是王晓博（薯名：风笛），他毕业于北京航空航天大学，主要从事数据挖掘研究，曾在百度和搜狗担任广告策略算法团队的领导。他在阿里巴巴（花名为永叔）担任多个部门的算法工作，包括淘宝、阿里妈妈和优酷。

资料来源：谁在管理小红书：斯坦福同学会和挖来的大厂高管，搜狐网，2024 年 4 月 5 日。

当前，创业更多是以团队的形式开展。创业团队在技能和经验方面形成了互补，能更容易地获取企业外部资源、提升人力资本以及改善组织关系，最终提高创业成功率（Allan，Carole 和 Eleanor，2013）。当然，创业团队也存在一定的劣势。什么是创业团队、创业团队由哪些人员构成、如何组建创业团队以及如何管理创业团队是创业者必须考虑的问题。本章将对创业团队的相关内容进行探讨。

8.1 创业团队概述

8.1.1 创业团队的定义

Kamm 和 Nurick 早在 1990 年就提出，创业团队的建立需要两个或两个以上的个体经过计划后决定共同创业，并投入一定比例的资金。后期又有两位学者对此定义进行了修正，认为创业团队是两个或两个以上的个体在共同创业、拥有并经营新创企业过程中形成的团体。Gartner 及其合作者在 1994 年提出，创业团队的成员应该是能够影响企业战略和发展的人，包括企业的董事会成员，特别是占一定股权的投资人。Ensley 等（2002）认为创业团队成员需要具备三个条件：第一，共同创建企业；第二，拥有财务权益；第三，能直接影响企业战略决策。

早期关于创业团队的定义主要是基于静态视角进行考察，如加入时间的限定、是否拥有重大的财务权益。后来，一些学者在界定创业团队时加入了动态视角，即成员是否有参加团队的过程。Chandler 等（2005）指出，创业团队不能仅仅限定在企业创业之前，还应该包括企业创立之后的早期阶段。他们还认为创业团队成员不应该只包括企业成立之后掌管和掌控企业的人，还应该包括前两年加入的主要成员，但不包括没有企业股权的一般雇员。Harper 在 2008 年将创业团队定义为在不确定条件下寻求问题解决方案的过程中拥有共同目标，并为这一目标进行协调和合作的一群人。还有些研究者建议将创业团队和创始团队区别开来，认为创业团队存在于企业成立之后，没有参与企业创业机会的识别和追求，但是创始团队参与了企业创业机会的识别，同时也可能参与到企业现有的业务中。

结合静态和动态视角，我们可以对创业团队进行如下定义：**创业团队是一种特殊的群体，是由两个或两个以上具有共同的创业理念、价值观和创业愿景，为了达到共同的创业目标，相互信任、团结合作，共同承担创建新企业责任而组建的工作团队。**

把握创业团队的定义内涵，可以从以下三方面入手。

首先，创业团队是一种特殊群体。成员在创业初期把创建新企业作为共同努力的目标，在集体创新、分享认知、共担风险、协作进取的过程中，形成了特殊的情感，创造出了高效的工作流程。

其次，创业团队的工作绩效大于所有个体成员独立工作时的绩效之和。虽然创业团队成员可能具有不同的特质，但他们相互配合、相互帮助，通过坦诚地沟通意见形成团队协作的行为风格，能够对创建的新企业共同负责，具有一定的凝聚力。研究指出，工作群体绩效主要依赖成员的个人贡献，而团队绩效则是基于每一个团队成员的不同角色和能力而产生的乘数效应。

最后，创业团队是高层管理团队的基础和最初组织形式。创业团队处在创建新企业的初期或企业成长早期，现实中往往被称为元老。高层管理团队则是创业团队组织形式的演变，虽然高层管理团队中既可能还存在着部分创业时期的元老，也可能所有的创业元老都不再存在，但高层管理团队的管理风格在很长一段时期内是很难彻底改变的。

8.1.2 创业团队的特征

创业团队中的不同成员拥有不同的特质，这些特质让他们能够互补优势，相互配合，相互帮助，以良好的沟通促进团队协作。创业团队与一般团队相比具有显著的特征，具体如下。

（1）人力资本特征。创业团队成员的人力资本，包括教育背景、工作经验、专业知识和技能等，直接影响新创企业的绩效。高水平的人力资本能够帮助创业团队更好地应对创业过程中的挑战，提高决策的科学性和有效性。刘方龙和李新春（2024）的研究表明，创业团队成员的学历和经验水平对企业的创新能力和市场适应能力具有重要影响。例如，高学历背景的创业团队成员通常具有更强的学习能力和创新能力，能够更好地识别和把握市场机会。此外，丰富的工作经验能够帮助创业团队成员在面对复杂问题时提出更具实用性的解决方案，从而提高企业的运营效率和市场竞争力。

（2）创业团队成员的异质性和互补性。创业团队最大的特点就是创业团队成员之间的异质性和互补性。一般的团队可以不需要异质性和互补性，如经济协会、学术委员会等，这些团队只需要成员掌握相对较多的专业知识和基本的交往能力就可以维系自身的存在和发展。但创业团队由于面临着巨大的市场挑战，单个创业者不可能掌握创业需要具备的所有技能，创业者唯有组建创业团队，利用团队成员之间的技能互补，才能一起对抗风险，实现成功创业。

马鸿佳、唐思思和郑莉莉（2022）的研究指出，创业团队异质性不仅体现在功能背景和技能上，还包括文化背景、性别和年龄等方面的差异，这些都能为创业团队带来不同的视角和解决问题的方法。牛芳、张玉利和杨俊（2011）将创业团队的异质性分为任务相关异质性和身份相关异质性。[⊖]任务相关异质性反映了团队所具备知识、经验和技能的多样性。关于身份认同异质性方面，根据身份认同理论，年龄、性别等相关异质性可能导致成员之间存在偏见、缺乏信任，从而引发矛盾和冲突，进而削弱团队凝聚力。特别是在缺乏制度和行为规范约束的新创企业中，身份相关异质性可能会给创业团队和新企业带来更加严重的负面影响。

（3）团队规模。较大的创业团队通常能够更好地处理复杂的信息和任务，因为他们可以提供更多的资源、信息处理能力和专业知识。研究表明，创业团队规模与新创企业绩效之间存在显著的正向关系，尤其是小型和大型创业团队在企业绩效上表现优异，而中等规模的创业团队表现相对较差。龙静、郑松和王乐（2020）的研究表明，创业团队规模适中能够有效避免沟通障碍和协调困难，提高创业团队的运行效率和决策质量。然而，创业团队规模过大也可能导致沟通不畅和协调困难，因此需要合理控制创业团队规模，确保高效运作。

（4）团队灵活性。由于新创企业常常处于不确定和动态的环境中，创业团队的灵活性和快速响应能力至关重要。创业团队的多样性和较大的规模能够增

⊖ 牛芳，张玉利，杨俊. 创业团队异质性与新企业绩效：领导者乐观心理的调节作用[J]. 管理评论，2011，23(11): 110-119.

强创业团队的适应性,从而提高企业在复杂环境中的生存和发展能力。例如,朱仁宏、周琦和张书军(2020)指出,创业团队的灵活性还体现在能够迅速调整战略和战术,从而应对市场和技术的变化。例如,面对市场需求的快速变化,一个灵活的创业团队能够迅速进行产品迭代和技术创新,从而保持市场竞争力。

(5)团队认知多样性。创业团队的认知多样性对创业团队绩效有显著影响。具体而言,创业团队成员的不同认知能促进更全面的决策,减少决策盲点。李楠和葛宝山(2018)的研究指出,创业团队中具有不同专业背景和经验的成员,能够从不同角度审视问题,提出更加多样化和创新性的解决方案。例如,在产品开发过程中,不同背景的成员可以从技术、市场、用户体验等多个方面提出建议,确保产品的功能和市场适应性。De Mol 等(2015)的研究也支持这一观点,指出创业团队的认知多样性对团队绩效有显著影响。

 拓展阅读

一般团队和创业团队的区别

比较项目	一般团队	创业团队
目的	解决某类具体问题	开创新企业或拓展新事业
职位层级	成员并不局限于高层管理者	成员处于高层管理职位
权益分享	并不一定拥有股份	一般情况下在企业中拥有股份
组织依据	为解决特定问题临时组建	基于工作原因而经常一起共事
影响范围	只影响局部、任务性的问题	影响决策的各个层面,范围广
关注视角	战术性、执行性的问题	战略性的决策问题
领导方式	受企业最高层的直接领导	以高层的自主管理为主
成员的组织承诺	较低	高
成员和团队之间的心理契约	不正式且影响力小	心理契约关系特别重要,直接影响企业决策

资料来源:陈忠卫.创业团队企业家精神的动态性研究[M].北京:人民出版社,2007.

8.2 创业团队的构成

创业团队成员有狭义和广义之分。狭义的创业团队成员是指有着共同目的、共享收益、共担风险的一群人,即初始合伙人团队;广义的创业团队成员不仅包括狭义的创业团队成员,还包括与创业过程有关的各种利益相关者,如专家顾问等。

8.2.1 创业团队基本构成

在创业过程中,团队的构成至关重要。一个成功的创业团队通常由多个层面的人才组成，每个层面的人才都发挥不可替代的作用。以下是创业团队的主要构成部分，包括企业创建者、管理团队、董事会、顾问委员会和专业顾问。

1. 企业创建者

企业创建者是创业团队的核心人物，通常是企业最初的发起人和主要领导者。创建者不仅仅是创业的灵魂人物，还常常是推动企业前进的动力源泉。创建者需要具备清晰的愿景和战略规划，明确企业的长期目标和发展路径。这种清晰的愿景和战略能够为整个团队提供方向感和动力，确保团队的所有努力都朝同一个目标前进。

创建者还需要具备强大的领导能力。有效的领导不仅是制定战略，还包括激励和引导团队成员，使他们发挥最大的潜力。创业过程中充满不确定性和风险，创建者需要具备强大的心理承受能力和应对风险的策略，能够在困难和挑战面前保持坚定，并带领团队克服各种障碍。创建者还必须善于整合各种资源，包括资金、人才和技术。卓越的资源整合能力可以显著提高创业成功的概率，帮助企业在竞争激烈的市场中立于不败之地。此外，创建者需要具备良好的沟通能力，能够有效地传达愿景和战略，并在团队内部建立信任和合作。

2. 管理团队

管理团队是企业日常运营和管理的核心，通常由首席执行官（CEO，chief executive officer）、首席技术官（CTO，chief technology officer）、首席财务官（CFO，chief financial officer）和首席运营官（COO，chief operating officer）等关键职位组成。管理团队的成员需要在各自的领域具备丰富的专业知识和实践经验。例如，CTO 负责技术研发，需要具备深厚的技术积累；CFO 则主要负责财务管理和资金运作，需要具备扎实的财务背景和管理经验。

管理团队成员之间的协调与合作至关重要。良好的沟通和协作能力可以确保不同职能部门之间的工作顺畅衔接，提高创业企业的整体运作效率。管理团队还需要具备快速决策和应对变化的能力，在市场环境和竞争态势变化时，能够迅速做出反应和调整。绩效管理是管理团队的另一个重要职责。通过制定和实施有效的绩效管理体系，管理团队可以激励员工提高工作效率和质量，推动企业的持续发展。此外，管理团队还须具备创新能力，不断推动产品和服务的改进和创新，从而保持企业的竞争优势。

3. 董事会

董事会是企业治理结构中的重要组成部分，负责监督和指导企业的战略决策和重大事项。一个有效的董事会通常由内部董事和外部独立董事组成。内部董事一般是企业高管，外部独立董事则是具有丰富行业经验和专业知识的外部专家。董事会的主要职责包括战略指导、监督管理、风险管理和资源支持。董事会负责审议和批准企业的发展战略和重大决策，确保企业的长期健康发展。

对企业管理层的工作进行监督，确保企业运营的合规性和有效性也是董事会的重要职责。此外，董事会还须评估和管理企业的风险，制定风险应对策略，从而确保企业在不确定环境中保持稳健。董事会成员通常还具有广泛的行业资源和人脉，能为企业提供战略性资源支持和业务拓展机会。董事会的多样性也是一个重要因素，多样化的董事会可以带来不同的视角和更全面的决策。为了提高董事会的有效性，定期进行董事会评估也是必要的，通过评估可以发现问题并进行改进。

4. 顾问委员会

顾问委员会通常由经验丰富的行业专家和资深人士组成，为企业提供战略指导和专业建议。顾问委员会成员不参与企业日常运营，但在关键决策和战略规划中发挥重要作用。顾问委员会成员通常在特定领域具有深厚的专业知识和经验，可以为企业提供高水平的专业指导。

顾问委员会成员可以为企业的长期发展战略提供咨询建议，帮助企业在竞争激烈的市场中保持领先地位。他们还可以利用自己广泛的人脉和资源，为企业引荐合作伙伴、投资者和客户，拓展企业的业务网络。顾问委员会成员的加入还可以提升企业的市场声誉和品牌形象，增强企业在行业中的影响力。

顾问委员会的另一个重要作用是提供独立的视角，这对于企业决策的客观性和全面性非常重要。顾问委员会成员的意见和建议可以帮助企业避免盲点，识别潜在的机会和风险。为了最大化顾问委员会的价值，企业应定期与顾问委员会成员进行沟通和交流，确保他们能够充分了解企业的最新动态和面临的挑战。

5. 专业顾问

专业顾问包括法律顾问、财务顾问、市场顾问等，他们在各自的专业领域为企业提供专项服务和支持。法律顾问为企业处理合同、知识产权、劳动关系等法律事务，提供法律事务的咨询和支持，确保企业运营的合法合规。财务顾问则帮助企业进行财务规划、税务筹划和资金管理，提供财务报告分析和风险控制建议。市场顾问为企业提供市场调研、竞争分析和营销策略，帮助企业了解市场需求，制订有效的市场推广计划。技术顾问在企业遇到技术难题或需要技术升级时，提供专业咨询和解决方案，确保企业的技术创新能力和产品竞争力。专业顾问的作用不仅在于提供专业知识和技术支持，还在于他们可以带来外部的视角和最新的行业动态。他们的专业建议可以帮助企业优化业务流程，提高运营效率，并制定更具竞争力的战略。

创业团队的有效性是衡量其成功与否的关键指标之一。创业团队的有效性不仅仅体现在团队的整体绩效上，还体现在团队成员之间的协作、沟通、决策过程等方面。表8-1详细阐述了创业团队有效性的衡量要素与指标。

表 8-1 创业团队有效性的衡量要素与指标

衡量要素	描述	关键指标
团队构成与多样性	团队成员的背景、技能和经验的多样性可以带来不同的视角和创新的解决方案,从而提高团队的决策质量和企业的创新能力,但多样性也可能带来沟通和协调的挑战	背景多样性、技能多样性、经验多样性
团队成员的能力与经验	团队成员的专业技能、行业经验和创业经验都与新创企业的成功密切相关。具备丰富行业经验的团队成员能够更好地识别市场机会,制定有效的战略,并在企业面临挑战时做出明智的决策	专业技能、行业经验、创业经验
领导力与团队协作	有效的领导不仅需要制定明确的愿景和战略,还需要激励和引导团队成员共同努力,实现共同目标;团队协作和沟通也是衡量创业团队有效性的关键指标	领导能力、激励能力、协作能力
冲突管理与决策过程	冲突管理能力是衡量创业团队有效性的重要指标;有效的决策过程包括充分的信息交流、各方观点的充分表达和科学的决策方法	冲突管理能力、决策质量、信息交流
团队适应性与灵活性	具有高适应性和灵活性的团队能够更好地应对市场变化和技术进步,保持企业的竞争优势;团队适应性可以通过团队成员之间的角色替代和任务调整实现,从而提高团队的整体应变能力	适应能力、灵活性、应变能力
绩效评估与反馈机制	通过定期的绩效评估,团队可以了解自身的优势和不足,并及时调整战略和行动计划;有效的反馈机制可以促进团队成员之间的沟通与合作,增强团队的凝聚力和战斗力	绩效评估频率、反馈机制、改进措施
社会资本与网络关系	丰富的社会资本和广泛的网络关系可以为团队提供必要的资源和支持;通过积极的网络拓展和资源整合,创业团队可以更好地利用外部资源,提高企业的竞争力和市场影响力	社会资本、网络关系、资源整合能力
团队契约与角色分配	在创业团队的早期阶段,明确的团队契约和合理的角色分配是确保团队高效运作的重要保障;团队契约不仅可以明确团队成员的职责和权利,还可以有效避免潜在的冲突和矛盾	契约明确性、角色分配合理性

创业案例

开云集团大中华区总裁蔡金青加入小米董事会

2024年1月,小米集团宣布,委任蔡金青女士为独立非执行董事、董事会提名委员会及企业管治委员会成员,自2024年1月8日起生效。

蔡金青于美国马萨诸塞州威尔斯利学院取得学士学位,并于普林斯顿大学国际和公共事务学院取得公共事务硕士学位。

2005—2012年,蔡金青成为国际著名公关咨询公司博然思维(Brunswick)北京公司创始合伙人。在此之前,蔡金青创立新盟国际公关顾问有限公司,曾担任博鳌亚洲论坛年会的独家公关顾问。

2012—2018年,蔡金青就职于国际知名艺术品拍卖行佳士得。蔡金青在佳士得任期内被委任为佳士得中国首任董事总经理、总裁及主席。

蔡金青在2018—2021年担任开云集团大中华区总裁，致力于提升开云集团在大中华区的知名度、加强开云集团与合作伙伴的关联、推动开云集团在中国的长远发展，并推动发挥大中华区在全球市场中日益重要的作用。

2021年12月1日—2023年12月31日，蔡金青在文华东方国际有限公司[其股票于伦敦证券交易所（股份代号：MDO）、新加坡交易所（股份代号：M04）及百慕大证券交易所（股份代号：MOIBD.BH）上市]董事会担任非执行董事。期间，蔡女士亦是"美丽中国支教项目"公益组织的副理事长。

蔡金青曾获得"福布斯中国杰出商界女性100"、2023年《财富》中国最具影响力的商界女性等多项荣誉。

小米集团称，集团迎来首位女性独立非执行董事，是持续完善ESG管理体系，提升董事会成员性别多元化、包容性，推动集团治理专业化所迈出的重要一步。

资料来源：雷递，开云集团大中华区总裁蔡金青加入小米董事会　唐伟章退出，百家号，2024年1月9日。

8.2.2　创业团队成员角色

在创业团队中，不同成员扮演的角色至关重要，每个角色都具备独特的能力和特点，对团队的成功起着关键作用。理解并有效利用这些角色，可以显著提升团队的整体效能，使团队在竞争激烈的市场中脱颖而出。以下将详细阐述创业团队成员的九种角色，如表8-2所示，以及他们具备的能力和特点。

表8-2　创业团队成员必备的九种角色

角色	优点	缺点	需具备的能力	在团队中的作用
实干者	执行力强，任务管理能力强，有耐力和毅力，责任心强，注重细节	可能缺乏创意，容易陷入细节，忽略整体战略	任务分解与管理能力，时间管理能力，执行能力	核心执行力量，确保计划转化为具体行动
创新者	思维活跃，市场洞察力强，打破常规，冒险精神强，前瞻性强	可能不够实际，容易忽视细节，冒险决策可能带来风险	创意思维能力，市场洞察力，变革能力	创意源泉，推动团队探索新领域和可能性
技术专家	专业知识深厚，实践经验丰富，问题解决能力强，技术创新能力强，耐心细致	可能缺乏商业意识，沟通能力相对较弱，过于专注技术细节	专业技能，问题解决能力，创新能力	技术支柱，提供可靠的技术支持和创新方案
完美者	严格控制质量，注重细节，持续改进能力强，工作严谨，追求卓越	可能过于挑剔，影响项目进度，难以接受妥协和折中	质量控制能力，细节管理能力，持续改进能力	质量守护者，确保项目按高质量标准实施
监督者	监控能力强，评估能力强，公正客观，纪律性强，注重规范	可能过于严格，影响团队士气，过度监督可能导致团队压力大	监控能力，评估能力，规范管理能力	监控项目进展，确保团队目标实现

（续）

角色	优点	缺点	需具备的能力	在团队中的作用
推动者	激励能力强，沟通能力强，冲突解决能力强，乐观积极，充满活力	可能过于乐观，忽视潜在问题，过度激励可能导致团队成员疲劳	激励能力，沟通能力，冲突解决能力	激励者，提升团队士气和动力
协调者	沟通协调能力强，资源整合能力强，灵活应变，促进团队合作，适应性强	可能在冲突中妥协过多，影响决策效率，过于依赖人际关系	沟通协调能力，资源整合能力，应变能力	润滑剂，确保团队内部沟通顺畅和高效
信息者	信息收集和整理能力强，分析解读能力强，信息传播能力强，敏锐灵活	可能信息过载，影响决策效率，信息筛选不当可能误导团队	信息收集与整理能力，分析解读能力，信息传播能力	信息源，提供决策支持和参考
凝聚者	领导能力强，营造团队文化，提升团队凝聚力和向心力，激励和认可成员	可能过于关注团队氛围，忽视业务发展，容易产生依赖心理	领导能力，文化建设能力，激励和认可能力	精神领袖，增强团队凝聚力和战斗力

（1）实干者。在创业团队中，实干者被视为核心的执行力量。他们具备强大的执行能力，能够迅速将团队的计划转化为具体的行动。实干者擅长任务管理，能够将复杂的任务分解并按时完成，确保项目进度稳定推进；具有极高的耐力和毅力，能够在高压环境下保持专注和高效。他们的踏实稳重和高度责任心使他们成为团队中可靠的中坚力量。实干者注重细节，确保工作过程中每一步都准确无误，为团队提供坚实的执行力保障。他们通过自己的努力和奉献，确保团队的目标能够顺利实现。实干者通常被赋予落实工作和推进项目的任务，在团队中他们扮演着不可或缺的角色。

（2）创新者。与实干者相比，创新者则是团队中的创意源泉。创新者思维活跃，能够提出独特且具有突破性的解决方案。他们具有敏锐的市场洞察力，能够发现潜在的市场机会和需求，为团队带来新的增长点。创新者善于打破常规，推动团队探索新的领域和可能性。他们思维开放，不受传统观念束缚，敢于突破创新。创新者具备冒险精神，乐于接受挑战，不惧失败。他们总能够预见未来趋势，保持团队的创新能力和竞争力，为团队的长远发展提供源源不断的动力。创新者通过自己的创意和勇气，推动团队不断前进，在探索和创新的道路上，他们是团队的先锋。

（3）技术专家。技术专家在团队中扮演着关键的技术支柱角色。技术专家拥有深厚的专业知识和丰富的实践经验，能够迅速识别并解决技术难题，提供可靠的技术支持。他们不仅是技术问题的解决者，更是技术创新的推动者。技术专家在技术方面能够提出创新性的解决方案，推动技术进步。他们非常专注于自己的领域，具有深厚的技术知识和极大的耐心，在面对复杂问题时表现出细致入微的处理能力，通常是团队中最可靠的技术保障，确保了产品和服务的技术质量。通过他们的努力,团队能够在技术层面保持领先优势。

(4)完美者。完美者在团队中则扮演着质量守护者的角色。完美者擅长监督项目的各个环节,确保高质量标准的实施。他们注重细节管理,能够发现并解决项目中的问题,不断寻找改进和优化的机会,提升工作质量和效率。完美者工作非常严谨,追求卓越,精益求精。他们对细节有极高的要求,确保每一个步骤都无懈可击。完美者设定并坚持高标准,推动团队追求更高的品质和效率,为团队提供稳定而高质量的产出。通过他们的努力,团队能够在质量方面树立起良好的声誉,完美者的严谨和高标准是团队能够持续提供优质产品和服务的重要保证。

(5)监督者。监督者负责监控项目进展和团队成员的表现,确保团队目标的实现。他们具备强大的监控能力,能够实时跟踪项目进展并提供建设性的反馈。监督者擅长评估团队成员的表现,提供真实有效的指导和建议。他们在评估和监督过程中保持公正和客观,注重团队的纪律和规范,确保工作流程井然有序。监督者深入细致地检查工作,及时发现并解决潜在问题,为团队提供稳健的管理支持。监督者的存在使得团队能够在执行过程中保持规范和效率,他们的公正和客观为团队提供了有力的监督和保障。

(6)推动者。推动者在团队中充当着激励者的角色,他们能够激励和鼓舞团队成员,提高团队士气和动力。推动者善于沟通,能够有效传达企业愿景和目标,并确保团队一致行动。他们还能够有效处理团队内部的冲突和分歧,维护团队和谐。推动者始终保持乐观和积极的态度,鼓舞团队士气,充满活力和激情,带动团队的工作节奏和氛围。他们为团队提供精神和物质上的支持,帮助团队克服困难和挑战,是团队中的动力来源。推动者的存在使得团队能够在高压环境中保持积极向上的氛围,他们的鼓励和支持对团队的持续发展至关重要。

(7)协调者。协调者是团队内部的润滑剂,负责团队内部的沟通和协调,确保合作顺畅和高效。他们擅长解决团队内部的冲突和分歧,促进团队和谐。协调者能够整合团队内外的资源,提升工作效率和效果。他们拥有出色的沟通能力,能够建立良好的人际关系,灵活应对团队中的各种变化和挑战,适应性强。协调者能够促进团队成员之间的合作,营造良好的协作氛围,确保各项任务顺利完成。协调者的存在使得团队在面对复杂任务时能够保持高效的合作,他们的沟通和协调能力是团队顺利完成各项任务的重要保障。

(8)信息者。信息者是团队中的信息源,善于收集和整理各种信息,提供决策支持和参考。他们能够分析和解读信息,为团队提供有价值的建议和指导。信息者具备信息传播能力,能够有效传播和分享信息,确保团队信息对称。他们对市场和行业变化具有敏锐的感知力和快速反应能力,能够迅速获取和传播信息,帮助团队及时应对变化和挑战。信息者通常拥有广泛的信息渠道和资源,为团队提供丰富的信息支持,确保决策的准确性和及时性。信息者的存在使得团队能够在信息层面保持领先,他们的分析和传播能力对团队的决策至关重要。

(9)凝聚者。凝聚者是团队的精神领袖,具备强大的领导能力,能够带领团队实现共同目标和愿景。他们擅长营造积极的团队文化,提升团队凝聚力和向心力。凝聚者通过激励和认可,增强团队成员的归属感和认同感。他们具有卓越的领导力,能够树立团队的榜样和标杆,具有很强的感染力,能够激发团队成员的热情和动力。凝聚者注重团队精神,致力于促进团队成员之间的信任和合作,增强团队的凝聚力和战斗力。凝聚者通过他们的领导和激励,使得团队能够在复杂多变的市场环境中保持一致和团结,他们的存在是团队能够克服各种困难和挑战的重要因素。

由此,一个高效的创业团队不仅需要各成员具备卓越的个人能力,更需要他们在不同的角色中发挥各自的优势。实干者的执行力和责任心确保计划的落地实施;创新者不断为团队注入新鲜的创意和视角,推动变革和发展;技术专家为团队提供可靠的技术支持和创新方案;完美者通过严格的质量控制,确保项目的高标准和高质量;监督者实时监控项目进展,提供公正的评估和反馈;推动者以其激励和支持,提升团队士气和凝聚力;协调者通过有效的沟通和协调,促进团队合作和资源整合;信息者为团队提供及时、准确的信息支持,确保决策的有效性;凝聚者通过领导和激励,营造积极的团队文化,增强团队的向心力和凝聚力。以上这些角色的有机结合,使得创业团队能够在复杂多变的市场环境中保持竞争力和前瞻性,克服各种挑战,实现持续发展和成功。通过充分发挥每个成员的潜力和优势,团队不仅能够实现 $1+1>2$ 的效果,更能在创业的道路上不断前行,迈向成功的彼岸。每一个角色的存在和努力,都是团队成功的基石,也是团队不断进步和发展的动力来源。

8.3 创业团队的组建

创业团队的组建是整个创业团队工作的核心,任何创业团队都要经历"生存下来→成功转型→规范建设"这个充满艰险的过程。大部分的创业团队都没有生存下来或成功转型,而成功转型的组织无疑都成功地建立了成熟的企业制度。在这惊险一跃中,企业的目的不仅仅是生存,更重要的是保障生存的质量,即为规范的组织建设奠定良好的基础。因为只有高质量地生存下来,才能为以后的组织建设积累经验和人才。在此过程中,我们需要掌握团队组建的基础,遵循团队组建的原则。

8.3.1 创业团队组建的原则

在创业团队的组建过程中,遵循一定的原则是确保团队高效运作、实现共同目标的关键。本文详细阐述了创业团队组建的五大原则,包括共同愿景与目标一致性原则、多样性与互补性原则、领导力与责任担当原则、信任与沟通原则以及灵活性与适应性原则。这不仅为团队的成功提供了理论基础，也在实践中得到了充分的验证。

（1）共同愿景与目标一致性原则。创业团队的成员必须拥有共同的愿景和目标。这种共同的愿景能够激发团队成员的激情和动力，促进团队的凝聚力和向心力。在组建团队时，应确保每个成员都理解并认同企业的使命、愿景和核心价值观。以华大基因为例，其共同愿景是"基因科技造福人类"。团队成员一致认同这一愿景，并在日常工作中共同努力，通过技术创新和市场推广，逐步实现这一目标。当团队成员都认同企业的长期发展目标时，他们更容易在工作中保持一致的方向，克服困难，实现共同的目标。共同愿景和目标一致性不仅能够减少内部冲突，还能增强团队的协作精神，提高团队的整体绩效。在创业实践中，共同愿景和目标一致性是团队稳定和发展的基石。共同的愿景可以在团队内部形成强大的凝聚力，使成员们在面对挑战时能够齐心协力，朝着同一个方向努力。目标一致性则确保了团队成员在具体行动上保持协调，从而提升团队整体的执行力和效率。例如，华大基因团队在初创阶段就明确了通过基因科技改善人类健康的愿景，团队成员以此为导向，积极研发创新产品和服务，最终在基因检测和生物科技领域取得了显著的成就。

（2）多样性与互补性原则。创业团队的多样性和互补性是实现创新和有效决策的基础。多样性是指团队成员在技能、经验、背景、性别和文化等方面的差异，这种多样性能够带来不同的视角和解决问题的方法，从而促进创新。互补性则要求团队成员具备不同的专业知识和技能，以便在各自的职能领域发挥作用。例如，一个由技术专家、市场营销专家、财务专家和运营专家组成的团队，可以更全面地应对创业过程中遇到的各种挑战。华为的创始团队由来自不同专业背景的人组成，包括技术研发、市场营销和财务管理等领域的专家，这种多样化和互补性的团队配置可以充分发挥每个成员的特长，确保企业的全面发展。多样性和互补性不仅能促进团队内部的创新思维，还能提高团队解决复杂问题的能力，从而增强团队的竞争力。例如，华为通过整合不同领域的专业知识和技能，在通信技术上实现了突破性进展，成功开发了5G产品，帮助企业在国际市场上占据了领先地位。

（3）领导力与责任担当原则。一个成功的创业团队需要有效的领导和明确的责任分工。领导者在团队中扮演着战略制定者和激励者的双重角色，而明确的责任分工可以提高团队的工作效率。领导者应具备战略眼光、决策能力和激励团队的能力，同时每个团队成员都应明确自己的角色和责任，并对自己的工作负责。良好的领导力和责任担当可以引导团队克服困难，实现共同目标。例如，小米的创始人雷军通过明确的职责分工和有效的激励措施，使得团队成员能够各司其职，同时保持高度的合作和沟通，从而推动企业的创新和发展。雷军制定了明确的项目进度和目标,并通过定期的绩效评估和激励政策,确保每个团队成员都积极参与,最终成功开发了一系列具有竞争力的智能手机产品,显著提升了企业在市场中的地位。

(4)信任与沟通原则。信任和沟通是团队合作的基础。团队成员之间必须建立相互信任的关系,以便在遇到问题时能够坦诚相待、相互支持。良好的沟通机制是建立信任的关键。创业团队应当建立透明、开放的沟通渠道,鼓励成员之间的交流与反馈。通过定期的会议和讨论,及时解决问题,分享信息,确保创业团队各个部分协同工作。有效的沟通不仅有助于解决当前的问题,还能增强团队的凝聚力和合作意识。例如,字节跳动的创始人张一鸣通过每周的团队例会和开放的在线沟通平台,确保团队成员能够及时分享项目进展、交流意见和建议,从而确保团队的每一部分都能顺利运作,最终实现共同的目标。通过这样的沟通机制,团队内部的信任关系得到巩固,成员之间的合作更加紧密。团队成员可以在公开透明的环境中表达自己的想法和意见,减少了因信息不对称而导致的误解和矛盾,提高了团队的整体效率。

(5)灵活性与适应性原则。创业环境充满不确定性,为此,创业团队需要具备灵活性和适应性,从而应对各种变化和挑战。创业企业在快速变化的环境中,需要不断更新和重新配置资源,从而维持竞争优势。团队成员应具备快速学习和适应新情况的能力,并能够在必要时调整策略和方法。灵活性还体现在团队结构和角色分配上,根据项目的需求进行调整,从而确保团队始终保持高效运作。在实践中,拼多多在市场需求变化时,能够迅速调整产品策略和市场推广计划,适应新的市场环境,从而保持竞争优势。该企业在市场需求急剧变化时,迅速调整了产品线和供应链,通过灵活的运营策略,成功抓住市场机遇,扩大市场份额。灵活性与适应性不仅有助于团队在面对外部环境变化时保持竞争力,还能促进内部的持续改进和优化。

8.3.2 创业团队组建的程序

创业团队的组建是一个非常复杂的过程,不同类型的企业需要的创业团队不一样,故创业团队组建的步骤也是不一样的。组建创业团队的程序如图 8-1 所示。

(1)明确创业目标。创业团队的总目标就是要通过完成创业阶段的技术、市场、规划、组织、管理等各项工作实现企业的从无到有、从起步到成熟。总目标确定之后,为了推动团队最终实现创业目标,还要再将总目标加以分解,设定若干可行的、阶段性的子目标。

(2)制订创业计划。在确定了总目标以及一个个阶段性子目标之后,紧接着就要研究如何实现这些目标,这就需要制订周密的创业计划。创业计划是在对创业目标进行具体分解的基础上，以团队为整体考虑的计划。创业计划确定了在不同的创业阶段需要实现的阶段性目标，通过逐步实现这些阶段性目标来最终实现创业总目标。

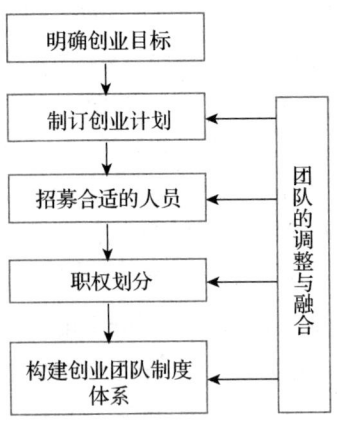

图 8-1　创业团队组建程序

（3）招募合适的人员。招募合适的人员也是创业团队组建的关键一步。关于创业团队成员的招募，主要应考虑两个方面：一是考虑互补性，即考虑其能否与其他成员在能力或技术上形成互补。这种互补性既有助于强化团队成员彼此间的合作，又能保证整个团队的战斗力，更好地发挥团队的作用。一般而言，创业团队至少需要管理、技术和营销三方面的人才。只有这三方面的人才形成良好的沟通协作关系后，创业团队才可能实现稳定高效发展。二是考虑适度的团队规模。适度的团队规模是保证团队高效运转的重要条件。团队成员太少则无法实现团队的功能和优势，而成员过多又可能会产生交流的障碍，团队很可能会分裂成许多较小的团体，进而大大削弱团队的凝聚力。一般认为，创业团队的规模控制在 2~12 人最佳。

创业团队人员招募注意事项：

- 要清楚需要什么样的人，要结合工作分类、角色定位等情况梳理出招募人才的需求；
- 要进行人才评估，要找到"相同味道的人"，即具有相同创业基因和创业精神的人；
- 采用招聘 STAR 法则，即从过去发生的事情中询问应聘者，当初事情是在什么情境（situation）下发生的？你当时是如何确定你的目标（target）的？为了完成目标，你采取了什么行动（action）？最后的结果（result）是什么？
- 要注意营造企业文化，初创企业要营造一种家文化，通过家庭的温暖把创业团队成员吸引住；
- 要关注团队内部人才的发展，建立人才梯队，防止出现文化稀释现象；

- 初创企业由于资金实力比较弱,无法吸引十分优秀的人才应聘,因而创业团队应在招募阶段下功夫,而不是在招聘阶段下功夫,口碑传播往往是创业团队人员招募的重要途径;
- 要树立"创业团队人员招募的过程事实上是价值观传播过程"的意识,要在招募的过程中将企业的价值观明确地告知团队成员,这样才能找到与企业最匹配的成员,并使他们加入创业团队。

(4)职权划分。为了保证团队成员执行创业计划、顺利开展各项工作,必须预先在团队内部进行职权的划分。创业团队的职权划分就是根据执行创业计划的需要,确定每个团队成员具体需要担负的职责以及享有的相应权限。团队成员间职权的划分必须明确,既要避免职权的重叠和交叉,也要避免无人承担某项职权等现象的发生。此外,初创企业由于尚处于创业过程中,面临的创业环境动态复杂,会不断出现新的问题,团队成员也可能不断更换,因此创业团队成员的职权也应根据需要不断地进行调整。

(5)构建创业团队制度体系。创业团队制度体系体现了创业团队对成员的控制和激励能力,主要包括团队的各种约束制度和各种激励机制。一方面,创业团队通过各种约束制度(主要包括纪律条例、组织条例、财务条例、保密条例等)指导成员,避免他们做出不利于团队发展的行为,实现对其行为的有效约束,保证团队的稳定秩序。另一方面,创业团队要实现高效运作的激励机制(主要包括利益分配方案、奖惩制度、考核标准、激励措施等),使团队成员认识到其自身利益会随着创业目标的实现发生何种程度的改变,从而充分调动成员的积极性,最大限度地发挥团队成员的作用。要实现有效的激励,首先,必须把成员的收益模式界定清楚,尤其是关于股权、奖惩等与团队成员利益密切相关的事宜。其次,创业团队的制度体系应以规范化的书面形式确定下来,以免造成不必要的混乱。

(6)团队的调整与融合。完美组合的创业团队并非一开始就能建立起来,很多时候是在企业创立一段时间后随着企业的发展逐步形成的。随着团队的持续运作,团队组建时在人员匹配、制度设计、职权划分等方面的不合理之处会逐渐暴露出来,这时就需要对团队进行调整融合。由于问题的暴露需要一个过程,因此团队调整融合也应是一个动态持续的过程。在完成了前面的工作步骤之后,团队调整融合工作要专门针对运行中出现的问题不断地对前面的步骤进行调整,直至满足实践需要为止。在进行团队调整融合的过程中,最重要的是要保证团队成员间的有效沟通与协调,培养并强化团队精神,提升团队士气。

8.3.3 创业团队的组织建设

创业团队一般分为自我管理型组织和自我学习型组织。组织一般是指为了某些目标而设计的人群集合体，每个成员在这个集合体中进行各种活动。所有的正式组织不论其级别和规模差别有多大，均包含共同的目标、协作的意愿和信息沟通三个基本要素。自我管理型组织是新型扁平化团队管理的基本单位，是早期团队方式的发展产物。例如，许多企业都使用跨职能团队以满足跨部门的协作，用任务组来完成临时目标，还有的企业采用临时自愿团队。这种团队由自愿临时参加的雇员组成，他们常常开会讨论一些关于改善工作质量、工作效率和工作环境的问题。

美国麻省理工学院的彼得·M.圣吉（Peter M.Senge）教授创立了学习型组织理论。学习型组织是20世纪90年代在大量管理实践中发展起来的具有强劲生命力和竞争力的组织模式。它强调成员应该通过不断地共同学习，突破自己能力的上限，创造真心向往的结果，培养全新、前瞻而开阔的思考方式，全力实现共同的抱负。

创立学习型组织的本质目标是使组织成员树立终身学习的理念和习惯，让组织成员共同描绘新愿景，并将它转化为实现新愿景的学习动力，建立和完善能持续学习的良好机制，营造共同学习和互动的组织氛围，提供多种学习途径和相应的硬件设施，时学时新，不断创新。学习型组织的战略目标是提高组织成员的才能、学习速度和能力，建立愿景，尝试改进组织的思维模式并因此改变他们的行为。学习型组织有五项技能：自我超越、改善心智模式、建立共同愿景、团队学习以及系统思考。学习型组织促使组织成员发现自身弱点和缺陷，然后加以改正，使成员认识到学习是一个终身的过程。在组织内部建立自我学习机制，组织成员在学习中工作，在工作中学习。学习型组织要经常自问：学什么？为什么学？怎么学？如何验证学习效果？

目前，大多数的创业团队选择扁平化的自我学习型团队管理。创业团队中的学习型组织更加注重团队学习、全员学习、在实践中学习。创业团队在构建学习型组织的过程中要学会超越自我、改善心智模式、建立共同愿景、团队学习和系统思考的方式。传统的组织形式是金字塔式的垂直管理，而学习型组织的形式通常是扁平式的。扁平式的组织结构要求尽可能减少从决策层到操作层之间的间隔，让底层单位拥有充分的自主权并对产生的结果负责。只有这样才能保证上下级不断沟通，下层才能直接体会到上层的决策思想和智慧光辉。上层也能清楚了解到下层的动态，从而使企业内部形成互相理解、互相学习、整体互动思考、协调合作的氛围，产生巨大的持久力。

8.4　创业团队的管理

8.4.1　创业团队管理的五要素

创业团队管理的重点是在维持团队稳定的前提下发挥团队多样性优势。创业团队需要具备五个重要的要素,即目标、人员、定位、职权和计划。

(1) 目标。创业团队应该有一个既定的共同目标,为团队成员导航,让他们知道要往何处去。目标要在创业企业的管理中以创业企业的愿景、战略等形式体现出来。

(2) 人员。在一个创业团队中,人力资源是所有创业资源中最活跃、最重要的资源。应充分调动创业团队成员的各种资源和能力,将人力资源进一步转化为人力资本。目标是通过人员实现的,因此人员的选择是创业团队中一个非常重要的部分。一个团队中需要有人出主意,有人制订计划,有人负责实施,有人协调不同的人一起工作,还有人监督创业团队工作的进展、评价创业团队的最终贡献。不同的人通过分工共同完成创业团队的目标。在人员选择方面要考虑人员的能力和经验如何、技能是否互补。

(3) 定位。创业团队的定位包含两层意思。一是创业团队的定位。即创业团队在企业中处于什么位置,由谁选择和决定团队的成员,创业团队最终应对谁负责,创业团队应采取什么方式激励下属。二是个体(创业者)的定位。即个体成员在创业团队中扮演什么角色,是制订计划还是具体实施或评估,是大家共同出资、委派某个人参与管理,还是大家共同出资、共同参与管理,或共同出资、聘请第三方(职业经理人)管理。这体现在创业实体的组织形式上,即是合伙企业还是公司制企业。

(4) 职权。创业团队中领导者的权力大小与其团队的发展阶段和创业实体所在的行业相关。一般而言,创业团队越成熟,领导者拥有的相应权力就越小,在创业团队发展的初期,领导权相对比较集中。

(5) 计划。计划有两层含义。一是目标的最终实现,需要一系列具体的行动方案,可以把计划理解成达到目标的具体工作程序。二是按计划进行,可以保证创业团队工作的顺利进展。只有在计划的指导下,创业团队才会一步一步地贴近目标,最终实现目标。[一]

在创业团队形成和发展的不同阶段,不同要素有着不同的特点,如表 8-3 所示。

表 8-3 创业团队的构成要素

团队要素	创业团队的形成和发展阶段			
	形成	规范	震荡	成熟
目标	快速揽定企业经营的关键人才,为企业快速起步做好准备	提高绩效,提升团队作战能力	应对可能出现的各种大问题	为企业新发展做好准备
人员	核心团队,人员不多,可忽略	确定长期合作者,做好沟通	稳定现有成员,通过各种渠道寻求新的合作伙伴	建立创业团队层次与大团队建设

[一] 陈文彬,吴恒春.创业实务教程 [M].广州:暨南大学出版社,2010.

(续)

团队要素	创业团队的形成和发展阶段			
	形成	规范	震荡	成熟
定位	主要是根据项目类型,寻找必需的创业核心,一般是管理、技术、产品、销售、融资(财务)几个方面的互补性人才;可优先考虑熟悉的人脉	磨合后的各种管理规范的建立,形成稳定的制约机制	经营一段时间后,企业和个别成员出现问题的应对	为企业新阶段的发展储备人才
职权	根据特长与职能初步划分,在磨合中微调	划分清晰,形成组织架构	根据团队问题进行权责调整	制定新的组织架构,建立新的发展格局
计划	根据人脉情况圈定目标后,做出计划时间表	根据经营情况制订管理计划	制订人员调整计划	制订人员长远发展计划

8.4.2 创业团队的冲突及管理

1. 创业团队冲突及对创业团队的影响

创业团队冲突可以分为认知冲突和情感冲突。所谓认知冲突是指团队成员在某些行为、做法、认知、观念等方面意见不一致的现象。认知冲突属于功能冲突,团队成员的相互沟通和意见交换能够促进成员的学习和提高,对团队的发展具有正面的影响。情感冲突是指团队成员之间人际关系的不合,一般表现为相互猜疑、不合作、相互敌视。情感冲突往往会给团队成员带来较差的情绪,从而影响团队的健康发展。团队中的认知冲突如果处理不好,很容易上升到情感冲突。因此,虽然认知冲突具有一定的正面影响,但也要注意冲突对团队的影响具有双重性质。不同类型的冲突,给团队带来的影响是不一样的。

(1)认知冲突对团队的正面影响。认知冲突可以激发团队成员思考,使团队变得更灵活,产生一定的创新要素。首先,成员在解决认知冲突的过程中会产生新的想法,进而引发组织的创新。当成员之间产生冲突后,各成员都会积极地收集信息论证自己的观点,各成员之间也会积极交流、相互学习。一般来说,认知冲突会使组织原有境况发生一定的变革,有利于组织的生存和发展。各成员的深入交流、彼此理解能够显著提高各成员之间的了解程度,有利于成员整体学习能力的提高,从而有效提高组织的创新水平。其次,冲突的解决过程同时也是冲突主体之间相互学习的过程,更是不断提高组织决策能力的过程。解决冲突能够刺激冲突主体深入研究问题,得到更系统的方案。团队在权衡利弊后解决成员之间的冲突,此时做出的决策更能代表组织的利益。如果没有冲突,完全服从于一个人的判断,可能会出现考虑不周全的现象。最后,制造和解决一定的冲突能够提升成员的参与度,提高成员的积极性。如果组织对每个成员的意见都能认真考虑,认真对待任何一个小的冲突,那么成员会有被尊重的感觉,会更加积极地参与组织行为。此外,在组织中故意制造一定的冲突,形成一种竞争场面，也有利于提高成员的创造性。

（2）情感冲突对团队的负面影响。情感冲突可能影响团队成员的士气，导致工作效率降低，对团队绩效具有负面影响。当认知冲突严重到一定的地步时，主体之间会产生严重的分歧，当上升到情感冲突时，便会对组织造成一定的负面影响。首先，情感冲突会消耗组织的资源，影响组织资源的最优分配。为了解决冲突，各主体可能要花费大量的时间和精力对某些问题进行激烈的讨论。在讨论的过程中，主体需要花费一定的资源。组织有限的资源如果没有利用在追求既定目标上，而是花在解决成员之间的冲突上，一定程度上也会阻碍组织的健康成长。其次，情感冲突能够对成员的心理或身体造成伤害。组织成员之间的情感冲突如果非常严重，会让成员产生紧张、焦虑、恐惧等情绪，进而严重影响到工作。同时，成员之间因为存在较深刻的情感冲突，很难形成团结、友善的工作氛围。最后，一些情感冲突还可能造成组织内部的恶性竞争。如果组织内部的情感冲突较为严重，成员会千方百计地维护自己的利益，可能会采取一些不正当的手段进行竞争，从而严重影响组织的整体利益。

2. 创业团队冲突管理的方法

针对不同类型的团队冲突，学者们提出了不同的管理方法。其中，最核心的观点在于：要积极引导良性冲突的发生，防止或减少不良冲突对组织带来的影响。

（1）针对认知冲突，要积极引导、提高战略认同、防止冲突升级。

1）积极引导。认知冲突对提高团队活力、培养创新精神具有重要的意义，因此需要积极引导。建立良好的组织氛围，积极引导团队成员的思维碰撞，是团队文化建设的重要内容。团队在实现目标的过程中，不应该将成员视为机器人，而应该视为有情感、有思想的目标共同缔造者。因此，要尊重每个成员，建立团结、友善、相互帮助、相互鼓励、积极向上、努力拼搏的良好组织氛围。团队最鲜明的特征在于成员对战略目标的一致性认同。

2）提高战略认同。认知冲突一般发生在团队建设过程中一些具体的做法或日常管理层面。当团队成员对战略目标产生了分歧，即对重大问题的意见不一致时，认知冲突很容易演变为情感冲突。团队在制定战略目标的过程中，一定要争取每个成员的高度认同。同时，对实现战略目标的重要步骤、方法也要予以明确。若团队成员在大的问题上没有分歧，情感冲突便可以得到有效控制。

3）防止冲突升级。为了防止认知冲突上升到情感冲突，团队应该建立冲突预警机制。冲突预警机制是指对冲突的产生、发展、结果等全过程进行监督和评价的系统。冲突预警机制是专门防止或减少冲突产生的严重后果的一套方法。建立冲突预警机制一般需要从以下几个层面入手：对冲突进行内部监测，主要监测冲突对组织内部产生的一系列影响，比如对各主体的工作带来了哪些影响、对各主体的生活带来了哪些影响等；对冲突的外部环境进行监测，继而判断组织内部冲突对外部相关主体带来了哪些影响；构建冲突的预警标准，即当冲突达到什么程度时开始进行干预；制定相关的解决冲突的策略，通过判断冲突的类型、预测冲突带来的后果，制定相应的对策。

（2）针对情感冲突，要将团队目标清晰化、将团队激励系统化、将团队沟通渠道畅通化。

1）将团队目标清晰化。细化团队目标，分解出清晰的阶段目标，可以减少情感冲突。一个高效的组织必须要有一个明确的奋斗目标，合理的目标是成员合作的动力。同样，清晰的目标也是解决成员冲突的标杆。组织的任何行为、各项工作都要紧密围绕目标进行。明确的目标可以保证成员之间的意见不至于相差甚远。因此，组织在发展过程中，要不断明确发展目标并不断细化。如果各个成员对目标都深信不疑、坚定执行，各个成员之间产生不良冲突的概率也将降低。

2）将团队激励系统化。为了从制度上解决或缓解情感冲突，应该建立系统的团队激励机制。其中，构建合理的权力结构是重要的内容。组织内部相互制约、相互制衡的关系，可以有效避免重大冲突的发生。换句话说，合理的权力结构既能避免权力过于集中，又能避免权力过于分散，防止了独断专行和权力泛化。一般而言，可以从组织结构、管理模式两个层面构建合理的权力结构，从而避免重大冲突的发生。从组织结构方面来说，要选择更适合的组织结构。从管理模式方面来说，要不断创新，适应时代的需求。随着信息经济、知识经济的发展，过度集权的领导方式已经不再利于组织进行有效的决策。相反，不断创新管理模式，比如深度应用移动互联网、大数据等手段，可以有效地提高管理的质量。通过对数据进行客观分析，提高技能型成员、数据分析型成员的管理权力，可能更符合当前的市场需求。

3）将团队沟通渠道畅通化。构建团队成员之间顺畅的沟通渠道是解决和缓解情感冲突的重要保障。为了避免团队成员之间的冲突加剧，一定要构建一套顺畅的沟通渠道。该渠道至少要明确以下几点：遇到冲突，团队成员采用什么方式解决（按照人数、股份，还是成员职位）；谁来召集人员解决；什么时间解决；关于解决冲突之后的落实情况，由谁来监督。冲突是团队成员之间的普遍现象，构建顺畅的沟通渠道是解决情感冲突的有效途径。

8.4.3 创业团队的股权激励及股权分配机制

1. 创业团队的股权激励

股权激励对于创业团队长期发展有着重要的作用。股权激励有利于凝聚创业团队的人心，有利于团队吸引和保留稀缺人才。股权授予的附加限制有利于约束员工、避免人才流失、降低人力成本。同时，适当降低创业团队的现金奖励也可以缓解创业团队的经济压力。

团队股权激励的实施对象除了团队创始人外，还应该包括企业的CTO、CFO、COO等。由于创业企业初期价值不明显，一般在天使轮或A轮融资完成之后，股权激励才可以让员工真实感受到价值，此时实施股权激励才能起到较好的效果。

创业团队在实施股权激励之前需要充分思考：企业创始人或原股东是否已经统一了思想？企业业务量和目标市场是否已经达到了一定规模？企业是否具有完善的组织和较为成熟的管理方案？只有达到了以上三点，创业团队才能进行股权分配，否则股权分配不仅无法达到激励员工的目的，反而会适得其反。

实施股权激励主要有以下九个步骤，称为"九定"。

第一步，定目标。在设计一个科学的股权激励计划时，首先要明确股权激励的目的，只有这样才能更好地选择股权的激励模式，达到实施的效果。一般来说，股权激励的目标主要是：提高业绩、回报老员工、降低成本压力、吸引并留住人才，达到以股权稀释"兵权"的效果，并完成"换血"。

第二步，定对象。企业选择激励对象时会综合考虑两个因素。其一，不同的企业发展阶段有不同的激励对象，比如在企业初创期，企业发展目标很明确，主要工作是技术和产品的开发。此时企业人员结构也相对简单，在各类人员中，技术人员所占的比例是最大的，并且其作用也更重要。这一阶段股权分配的重点是那些在企业技术研发中做出了贡献和将对企业研发工作产生贡献的企业技术骨干，包括掌握了企业核心技术的员工。其二，员工的自身资格，主要是员工自身的职位、工龄、业绩和能力。

第三步，定模式。企业股权激励模式有很多，不同模式各有利弊，也有其不同的使用条件，企业应根据其行业特性以及客观情况灵活选择合适的激励模式或组合。一般需要考虑以下两方面因素：一是企业的规模，如中小型企业应该选择出资少、激励力度大的模式（赠予股份、技术入股等）；二是企业的发展阶段，如初创企业对企业的高层管理人员、技术人员的依赖比较大，企业没有重组的现金流量，经常以技术、资金、人力资本等选择员工，实施股权激励模式。

第四步，定数量。影响企业股权数量的因素有四个方面：一是企业的股本，一般来说，企业给予股权激励的总量占总股本的份额不超过10%；二是企业的薪酬规划，要平衡员工总收入中股权占的比重；三是企业留存的股权数量；四是企业的福利待遇，福利待遇好的企业，激励总量机会比较少。

第五步，定价格。它主要是指确定股权的行权价格。企业在设置股权的行权价格时，不宜过高或过低。一般来说，行权价格根据当天股票的市价确定，通常差额在10%以内。

第六步，定时间。它是指确定激励计划中的时间安排，包括股权的授予日、有效期、等待期、可行权日及禁售期等。通常股权授予日和获授股权首次可行权日之间的间期不得少于一年，并且需要分期行权。

第七步，定来源。它是指确定股票来源或资金来源，股票来源一般有：发行股票，股权回购，采取法律、行政法规允许的其他方式赠予股票。资金来源一般有：激励对象直接出资、激励对象奖金、资金分红、企业资助。

第八步，定条件。确定股权获授条件和行权条件，获授条件主要和业绩有关，行权条件主要和激励对象自身的资格是否符合条件有关。

第九步，定机制。要配套一系列的管理机制，包括激励计划的管理机制、调整机制、修改与终止机制等。

实施股权激励的方式很多，各种方式都有其优缺点，创业企业可以根据自身的条件选择一种或几种不同的方式。创业企业实施股权激励的方式有以下几种。

（1）虚拟股权。员工获得虚拟股权比例，并不获得实际的股权，获益多少与对应企业股权的分红情况相关。

（2）股权增值权。员工按照一定的股权比例获得对应的股权增值收益。如果创业企业在短期内资金有限，那么虚拟股权和股权增值权方式将会给企业造成较大的现金支付压力，并且虚拟股权的方式并不会对员工的长期表现产生较大的激励作用，因为收益与业绩有关，即使业绩下滑也可能得到分红。尽管股权增值权方式能将员工利益与企业未来业绩的增长挂钩，但是员工未得到实际股权，并不和其他股东一起承担企业的经营风险，因而获得的激励作用比较有限。

（3）股权直接授予。在一定条件下，直接向员工授予企业的股权。采取股权直接授予方式，员工可获得实实在在的股权。一般情况下授予人是企业的大股东，企业可以采取此种方式减少现金支付，从而节省成本。同时，员工获得股权后，其利益便与企业的整体利益挂钩，这对于锁定员工的长期贡献具有重大意义。从员工角度来讲，一旦获得真实的股权，不仅将在企业有盈利时获得分红，而且在未来会享受到企业发展带来的收益。

（4）股权期权。授予员工在未来某一时间购买或获得股权的权利。就股权期权而言，可以设定获取股权的对价和对股权的评估，从而将员工收益与股权的增值锁定，在激励效果方面比直接授予股权要强很多。获取股权的对价和对股权的评估对于股权期权的实施非常重要，这些都涉及企业价值评估的问题。

股权激励的工具是股权，它对企业来说是一种稀缺资源，因此，需要严格界定被授予者的范围，同时还应谨慎设计方案，争取用最小的成本达成最大的激励效果。

2. 创业团队的股权分配机制

股权分配是创业团队管理的核心问题，因为股权分配的机制不仅决定了创业团队成员间利益分配的方式，更在很大程度上决定了创业企业的资源配置。公平、有效的股权分配机制有助于提高创业团队的稳定性和凝聚力，并将在长期内维持创业企业的未来成长。分配股份把成员的利益同团队的利益联系起来，以此激发各个成员的能动性，促使团队成员为团队的长期利益考虑，从而使每个成员的利益长期化，也能避免或减少不必要的矛盾。

科学合理的股权结构的意义主要包括：一是可以明确合伙人之间的"责－权－利"；二是科学体现各合伙人在企业中的贡献、利益和权力；三是有助于维护企业和创业项目的稳定；四是有助于确保创业团队对企业的控制权；五是便于投资人进行融资权衡；六是明确进入资本市场的要求。

科学合理的股权结构对于创业团队有着重要意义，因此创业团队在股权分配时必须遵循以下原则：一是股权结构不要平均化，平均化会导致内部的不认同，从而引发冲突；二是利益结构要合理，创业期的企业一般都是有限责任公司，出资形式可以是现金、实物、知识产权，若是以现金以外的形式出资，须经评估或是由创业团队内部自行商量，按照价值设定股权比例，即按照资金、工作能力、原来的背景、将来的贡献等层面来划分出资比例；三是设立防冲突机制，即建立明确的协议，避免产生控制权互相冲突的情况；四是预留投资占比，合理地预留投资占比可以避免资本被侵蚀；五是股权应该施行动态分配，即随着发展的不同时期设计规划。

创业案例

创业者面临的一个重要挑战是如何处理与资本方的关系。资本是把双刃剑，创始人和投资人之间存在博弈关系，如何平衡两者的利益是创业者心中的难题。以下是两个创业案例，展示了如何通过股权激励和股权分配机制处理与资本方的关系。

案例一：滴滴出行

滴滴出行（以下简称"滴滴"）成立于2012年，由程维创立。作为一家高速发展的科技公司，滴滴通过有效的股权激励和股权分配机制，吸引并留住了大量优秀人才，为公司的持续成长提供了坚实的基础。然而，资本的介入使得创始人程维与投资人之间的关系变得复杂。

程维在创立滴滴之初，就意识到股权激励对于吸引顶尖人才的重要性。他为早期核心团队成员提供了丰厚的股权激励，确保他们在公司的发展中拥有直接的利益关联。通过这种方式，滴滴不仅吸引了大量在技术、市场和运营方面的优秀人才，还大大提升了团队的凝聚力和工作积极性。随着滴滴的快速扩展，程维需要不断融资从而支持公司的高速增长，吸引了包括腾讯、阿里巴巴和软银等多个资本方的支持。然而，资本方在带来资金和资源的同时，也增加了创始人与投资人之间的博弈。程维需要在保持公司独立性的同时，满足投资人对快速回报的期望。

滴滴的股权分配机制遵循按劳分配的原则，对不同级别的员工设定不同的股权激励方案。例如，对于核心管理层和技术骨干，滴滴提供了更大比例的股权奖励，从而激励他们在公司发展的关键阶段保持高水平的投入和创新。在滴滴与快的合并以及后续的融资过程中，股权激励机制也起到了重要的作用，确保了团队在重大变革中的稳定性和一致性。程维通过引入透明和开放的沟通机制，定期向投资人汇报公司的运营情况和战略调整，赢得了投资人的信任和支持。同时，他通过设立独立的董事会和管理层，确保公司的运营能够在资本方的影响下保持相对独立性。滴滴的成功案例展示了股权激励在创业团队管理中的关键作用，以及创始人与投资人之间如何在博弈中达成平衡。

案例二：蔚来汽车

蔚来汽车（以下简称"蔚来"）成立于2014年，由李斌创立，是中国领先的智能电动汽车制造商。蔚来通过创新的股权激励和股权分配机制，吸引了大量顶尖人才，推动了公司在电动汽车领域的快速发展。然而，资本的介入也让李斌面临与投资人之间的博弈。

李斌在创立蔚来之初，就明确了股权激励的重要性。他为公司早期的核心团队成员和技术骨干提供了丰厚的股权奖励，确保他们在公司发展中获得实质性的利益回报。随着蔚来的快速发展，李斌通过多轮融资引入了大量资本，包括腾讯、百度和淡马锡等投资方。资本的注入为公司提供了发展的动力，但也带来了资本方对公司管理和决策的影响。李斌在处理与投资人的关系时，需要在保持公司战略方向的同时，满足投资人对回报的期望。

蔚来的股权分配机制注重公平和激励作用。李斌根据员工的职位、工作年限和贡献度，设定了不同的股权奖励方案。例如，对于研发和技术团队，蔚来提供较高比例的股权奖励，从而激励他们在产品创新和技术研发上投入更多精力。对于市场和销售团队，则通过结合销售业绩和股权奖励的方式，激励他们在市场推广和销售业绩方面取得优异成绩。在公司发展的不同阶段，李斌不断调整和优化股权激励方案。例如，在蔚来面临市场竞争和资金压力时，李斌通过调整股权激励结构，确保核心团队成员的稳定性和积极性，帮助公司渡过难关并实现进一步的增长。通过科学合理的股权激励和分配机制，蔚来成功地保持了团队的稳定性和高效性，推动了公司的持续创新和市场扩展。

股权分配机制事关创业团队的生死存亡。若给其中一位创业者较低的股权，则其能动性就无法有效发挥，以致影响他无法全身心投入创业的过程。如果给予的股权太高，则其犯错误的成本就会很高，创业企业也可能因此面临企业无法承担的风险。

从所有权角度来说，股权意味着对企业财产的拥有量。《中华人民共和国公司法》规定，按出资比例分配股权，并按出资比例行使表决权，即在股东大会上表决，实行一票一股。这里所说的出资不仅包含货币出资，还包含实物、知识产权、土地使用权等可以用货币估价并可以依法转让的非货币财产作价出资。股权大小代表着股东在企业重大战略决策方面的话语权。通常情况下，所有权和表决权是统一的。有些问题的决策在董事会的职权范围内,在董事会进行表决时,不需要提交股东大会,实行一人一票制。小型创业团队可以采用灵活的股权计划,有时在特殊情况下,还可以将所有权和表决权相分离。

每个创业团队都有其不同的状况,因此,创业团队股权分配并不存在最优方案,也没有标准答案。但是,其中有一个隐形标准:当股权分配尘埃落定时,每个创始人都对这个分配方案满意。

创业案例

股权平分的陷阱

奇虎360成立于2005年,由周鸿祎和齐向东共同创立。作为中国领先的互联网安全公司,奇虎360在创业初期采用了股权平分的方式,两位创始人各持有公司50%的股份。这种股权平分的安排在公司初创阶段确实体现了平等合作的精神,并确保每位创始人对公司的发展都有高度的责任感。然而,随着公司的快速发展,股权平分带来了一系列管理和决策上的挑战。

在公司的发展过程中,周鸿祎作为CEO承担了更多的领导和决策责任,主导了公司的战略方向和重要决策。而齐向东则主要负责运营管理。随着时间的推移,两人的角色和贡献逐渐出现不匹配,导致平分股权的结构变得不合理。周鸿祎在推动产品创新、市场扩展和企业战略方面做出了巨大的贡献,他的领导作用和决策能力在公司的快速成长中至关重要。而齐向东虽然在运营方面也做出了重要贡献,但与周鸿祎相比,影响力和贡献度有所不同。在这种情况下,股权平分可能会导致核心贡献者的利益受损,进而影响他们的积极性和对公司的投入。

股权平分还可能导致在重大决策时出现僵局,特别是当创始人之间意见不一致时。在奇虎360发展的过程中,随着业务的扩展和市场环境的变化,面临许多需要迅速决策的重要问题。由于两位创始人各持有50%的股权,若在关键决策上出现分歧,可能会导致决策僵局,影响公司的反应速度和决策效率。在这种情况下,公司的战略调整和重要决策可能会受到拖延,进而影响公司的市场竞争力和长期发展。例如,当公司需要快速响应市场变化或抓住新的商业机会时,股权平分导致的决策效率低下可能使公司错失良机。为了更好地反映各自的贡献并确保公司的控制权,周鸿祎和齐向东同意对股权进行重新分配。周鸿祎通过增持股份,强化了对公司的控制权,而部分股权则分配给核心管理团队和技术骨干。这种调整不仅解决了贡献与股权不匹配的问题,还激励了核心团队,增强了公司的凝聚力。此外,奇虎360引入了股权激励机制,将一部分股份分配给新加入的高管和关键员工,确保他们的积极性和长远利益。这种股权激励机制不仅有助于吸引和留住优秀人才,还增强了公司内部的稳定性和团队的合作精神。

奇虎360的案例展示了股权平分在公司发展过程中可能带来的陷阱,包括贡献与股权不匹配和决策效率低下等问题。创业者在公司成立初期,应仔细考虑股权分配,并设定清晰的股东协议,从而确保公司的长期稳定和健康发展。同时,通过动态调整股权分配和引入股权激励机制,激励核心团队和新进人才,保持公司持续的创新和竞争力。通过合理的股权调整,奇虎360成功解决了股权平分带来的问题,推动了公司的持续发展和市场竞争力。

创业团队的股权分配是一项复杂且关键的任务,它不仅关乎企业的长远发展,还关系到团队的凝聚力和成员的激励效果。以下是创业团队股权分配应遵循的五个标准,这些标准有助于确保团队的和谐与企业的稳定发展。

(1)贡献度原则。股权分配应基于每个成员对企业初创和发展的实际贡献。具体来说,包括资金投入、技术开发、市场拓展和管理运营等方面的贡献。例如,核心技术开发人员或主要资金提供者应获得较大比例的股权,从而反映他们的重要性。这种分配方式不仅体现了公平,还能激励成员继续为企业的发展做出贡献。对创业企业而言,早期阶段尤其重要,因为这是确定各成员相对贡献度的关键时期。创始人应通过明确的量化指标和评估标准,确保每个成员的贡献得到合理反映和奖励。

(2)职责与角色原则。每个成员在企业中的职责和角色也是股权分配的重要考量因素。创始团队中的领导者通常承担更多的决策和战略制定责任,因此应获得相对较高的股权比例。其他成员则根据其具体职能和职责,获得相应的股权分配。这种基于职责和角色的分配方式,有助于明确各自的责任,增强团队的凝聚力和向心力。尤其是在创业企业中,创始人和早期员工往往需要承担多重角色,灵活调整分配方案,从而适应企业的动态需求。

(3)长期激励原则。股权分配应具有长期激励效果,确保团队成员在企业发展的各个阶段都保持高昂的积极性和投入度。通过设立股权激励计划,如期权、限制性股票等,可以激励成员在未来的若干年内持续为企业贡献。这种长期激励机制不仅能留住核心人才,还能吸引更多优秀的外部人才加入团队,有利于企业的整体发展。例如,创业企业可以在设立期权计划时,设定分阶段行权条件,从而确保员工在企业成长过程中不断贡献其智慧和努力。

(4)公平与透明原则。股权分配过程应公开透明,确保所有团队成员对分配标准和结果都有清晰的理解和认同。建立透明的沟通机制,及时解答成员的疑问和顾虑,避免因信息不对称导致的误解和矛盾。同时,在分配过程中,应遵循公平原则,避免出现偏袒或不公正的情况,从而维护团队的和谐和稳定。对于创业企业来说,透明的股权分配机制不仅能提升团队士气,还能增强企业在吸引投资人和新员工时的可信度。

(5)灵活调整原则。股权分配应具备一定的灵活性,根据创业企业不同发展阶段和团队成员的实际表现进行调整。随着企业的成长和业务的扩展,初期的股权分配方案可能需要适时调整，从而更好地反映成员的贡献和企业的需求。例如，可以在特定的时间节点（如融资、上市前）对股权结构进行重新评估和调整，从而确保股权分配的合理性和有效性。同时，保持对企业的控制权，以便在关键决策上拥有更大的主动权，确保企业长期发展的稳定性。灵活调整机制可以包括定期的绩效评估、反馈和股权调整，从而确保每个成员的贡献与其持股比例相匹配。

本章要点

- 创业团队是一种特殊的群体，是由两个或两个以上具有共同的创业理念、价值观和创业愿景，为了达到共同的创业目标，相互信任、团结合作，共同承担创建新企业责任而组建的工作团队。
- 创业团队具有人力资本特征、成员的异质性和互补性特征、合理的团队规模、灵活性和快速响应、认知多样性等特征。
- 创业团队主要由内部和外部构成。内部主要是企业创建者、管理团队和董事会成员，外部包括顾问委员会和专业顾问等。
- 创业团队组建的原则是共同愿景与目标一致性原则、多样性与互补性原则、领导力与责任担当原则、信任与沟通原则以及灵活性与适应性原则。
- 创业团队组建的程序主要有明确创业目标、制订创业计划、招募合适的人员、职权划分、构建创业团队制度体系、团队的调整与融合。
- 创业团队管理的五要素是目标、人员、定位、职权、计划。
- 创业团队的冲突主要有认知冲突和情感冲突。一定的认知冲突对创业团队是有利的，但是情感冲突对创业团队是有害的。因此，创业团队需要及时管理冲突，避免造成不良后果。
- 股权分配是创业团队管理的核心问题，因为股权分配的机制不仅仅决定了创业团队成员间利益分配的方式，更在很大程度上决定了创业企业的资源配置。公平、有效的股权分配机制有助于提高创业团队的稳定性和凝聚力，并在长期内维持创业企业的未来成长。

行动学习

1. 寻找5个人组建一个团队，搜寻50个成语，并将这50个成语放在一张A4纸上打印出来。给每一个团队成员发放一张有这些成语的纸，并告诉他们只有30s的时间记忆这些成语（不使用任何辅助工具），30s结束后上交A4纸并让每个团队成员在60s内尽可能多地写出自己记住的成语，写对一个得1分，错别字不扣分，计算个人成绩。
2. 以团队为组，写出记住的成语，合并不重复的成语，作为团队成绩，写对一个得1分，错别字不扣分，计算团队成绩。
3. 多组建几支团队，以组为单位，比较各组的成绩。

提示：小组内部该如何管理从而应对这项任务呢？
应对该项任务的策略是什么呢？
团队成员内部如何分工呢？

思维训练

假期的时候，你和你的同学要去三亚旅游，但是你们每个人手中都只有 200 元钱，你们必须要在三亚生活一个月。这时候你们怎么办？你们如何生存？如果你们要组成一个团队进行这为期一个月的旅行，你们应该如何管理这样的团队？彼此之间是如何分工的？

要求：不能以个体的形式完成这次体验，必须以团队的形式完成体验。

提示：你要和谁组成团队？为什么？
你们团队的核心是谁？为什么？
你们的目标是什么？
这样的目标是如何达成的？

问题回顾

1. 创业团队与一般团队相比有哪些特质？
2. 创业团队如何做到 1+1>2？
3. 创业团队是如何组建的？
4. 什么是创业团队冲突？如何管理创业团队冲突？

参考文献

[1] 蒂蒙斯，斯皮内利. 创业学：原书第 6 版 [M]. 周伟民，吕长春，译. 北京：人民邮电出版社，2005.

[2] 刘志阳，李斌，任荣伟，等. 创业管理 [M]. 上海：上海财经大学出版社，2016.

[3] 孔莉，余虹，张霓. 创新创业基础（实践版）[M]. 北京：科学出版社，2024.

[4] 吕斐斐. 中国式家族期望与创业坚持 [M]. 上海：复旦大学出版社，2021.

[5] 刘方龙，李新春. 创业团队的动态演化机制：基于人力资本产权周期视角的多案例研究 [J]. 管理世界，2024，40(5)：121-139.

[6] 任兵，刘爽，单宇. 创业退出过程中的制度不确定性、创业者认知与创业团队组态：一个纵向单案例追踪研究 [J]. 南开管理评论，2023，26(1)：94-107.

[7] 马鸿佳，唐思思，郑莉莉. 创业团队多样性对惯例更新的影响：知识共享的中介和共享领导的调节作用 [J]. 南开管理评论，2022，25(5)：75-86.

[8] 许楠，田涵艺，刘浩. 创业团队的内部治理：协作需求、薪酬差距与团队稳定性 [J]. 管理世界，2021，37(4)：216-230.

[9] 朱仁宏，周琦，伍兆祥. 创业团队契约治理真能促进新创企业绩效吗：一个有调节的中介模型 [J]. 南开管理评论，2018，21(5)：30-40.

[10] BLAWATT K R. Entrepreneurial strategic management[M]. New York: Business Expert Press. 2014.

[11] JIN L, MADISON K, KRAICZY N D, et al. Entrepreneurial team composition characteristics and new venture performance: A meta–analysis[J]. Entrepreneurship theory and practice, 2017, 41(5): 743-771.

[12] LAZAR M, MIRON-SPEKTOR E, AGARWAL R, et al. Entrepreneurial team formation[J]. Academy of management annals, 2020, 14(1): 29-59.

[13] CHOWDHURY S. Demographic diversity for building an effective entrepreneurial team：

Is it important? [J]. Journal of business venturing, 2005, 20(6): 727-746.

[14] MOL E D, CARDON M S, JONG B D, et al. Entrepreneurial passion diversity in new venture teams: an empirical examination of short-and long-term performance implications[J]. Journal of business venturing, 2020, 35(4): 105965.

[15] ZHAO H, O'CONNOR G, WU J, et al. Age and entrepreneurial career success: a review and a meta-analysis[J]. Journal of business venturing, 2021, 36(1): 106007.

第 9 章 创业融资

> 财富带来痴迷，权力带来疯狂。
>
> ——普列姆昌德（Premchand）

【学习目标】

学完本章后，你应该能够：
- ☑ 了解创业融资的一般方式及其运行特点
- ☑ 熟悉创业投资业务的操作流程
- ☑ 熟悉创业投资运行的特点
- ☑ 掌握融资决策过程及管理特点
- ☑ 熟悉初创企业融资需注意的问题

引例 一家虚拟的社交类企业的融资历程

天使轮：企业由一个连续创业者创办，创办之初获得了天使投资。

A轮：1年后企业获得A轮融资，此时企业MAU（月活用户数）达到50万人，ARPU（单用户贡献）为0元，收入为0元。

A+轮：A轮后企业用户数发展迅猛，半年后企业获得A+轮融资，此时企业MAU达到500万人，ARPU为1元。企业开始有一定的收入（500万元），主要是因为通过广告获得了少量的流量变现。

B轮：1年后企业获得B轮融资，此时企业MAU已经达到1 500万人，ARPU为5元，企业收入已经达到7 500万元。ARPU不断提高，是因为企业已经在广告、游戏等方面找到了有效的变现方法。

C轮：1年后企业获得C轮融资，此时企业MAU为3 000万人，ARPU为10元，企业在广告、游戏、电商、会员等各种变现方式上多点开花。企业此时收入达到3亿元，假设企业已经开始赢利，且有20%的净利率，利润为6 000万元。

IPO：以后企业每年保持收入和利润30%~50%的稳定增长，并在C轮1年后上市。

这是一个典型的优秀互联网企业的融资历程，由连续创业者创办，每一轮都获得著名VC的投资，成立5年左右上市。那么，企业每一轮的估值是怎么计算的呢？我们再做一些假设，按时间顺序倒着来推算。

IPO上市后，公众资本市场给了企业50倍市盈率。我们立即反应过来，这个企业的股票投资价值并不高。因为PEG（市盈率/盈利增长比率）>1，也就是说最好的投资回报还是在私募阶段。

C轮的时候，不同的投资机构给了企业不同的估值，有的是50倍P/E（市盈率），有的是10倍P/S（市销率），有的是单个月活估100元人民币，但最终估值都是30亿元。

B轮的时候，不同的投资机构给了不同的估值方法，此时分歧开始出现了：某个机构只会按P/E估值，它给了企业50倍市盈率，但企业没有利润，所以企业估值为0；某个机构按P/S估值，它给了企业10倍市销率，所以企业估值为10×0.75亿元=7.5亿元；某个机构按P/MAU估值，它给每个MAU 100元，所以企业估值为100元/人×1 500万人=15亿元。不同的估值方法，差异居然这么大。看来，此时P/E估值方法已经失效了，P/S、P/MAU继续适用，但估出来的价格整整差了一倍。假设企业最终是在7.5亿~15亿元之间选了一个中间值10亿元，接受了VC的投资。

A轮的时候，P/E、P/S都失效了，但如果继续按每个用户100元估值，企业还能有100元/人×500万人=5亿元估值。此时能看懂企业的VC比较少，大多数VC顾虑很多，但企业选择了一个水平很高的、敢按P/MAU估值、也坚信企业未来会产生收入的VC，按5亿元估值接受了投资。

天使轮的时候，企业用户、收入、利润什么都没有，P/E、P/S、P/MAU都失效了，当时是怎么估值的呢？原来，起初企业需要几百万元的启动资金，由于创始人是著名创业者，所以VC投了2 000万元，占20%，最后按1亿元估值成交。

总结一下，这个互联网企业天使轮的估值方法是拍脑袋做决定；A轮的估值方法是P/MAU；B轮的估值方法是P/MAU、P/S；C轮的估值方法是P/MAU、P/S、P/E。也许上市若干年后，该互联网企业变成传统企业，届时大家还会按P/B（市净率）估值。对互联网企业来说，P/MAU估值体系的应用范围是最广的，P/E估值体系的应用范围是最窄的。不同的估值方法殊途同归，我们来看一个公式：

净利润＝收入－成本费用＝月活用户数×单用户贡献－成本费用

在净利润（E, earnings）、收入（S, sales）、MAU、ARPU中，一般来说，如

果企业没有 E，还可以投 S；如果没有 S，还可以投 MAU，但企业最终还是期待流量能转换为收入，收入能转换成利润。不同的创业企业处于不同的阶段，有的属于拼命扩大用户量的阶段，有的属于绞尽脑汁让流量变现的阶段，有的属于每天琢磨怎么实现盈利的阶段。然而，最终大家还是要按盈利来考察一个企业。

9.1 融资方式

企业的融资方式是指企业取得资金的渠道和途径，以及需要为此付出的成本。融资方式不同，必然会导致融资结构的不同。按照资金的来源渠道，融资的方式分为自融资和外融资两种。自融资就是创业者自己出资或从家庭好友处筹集资金。外融资主要分为债务融资和股权融资两种。债务融资不会稀释创业者的股份。股权融资需要创业者出让股权，过多的股权融资会大大稀释创业者的股份，这将降低对创业者的激励，对创业者来说并非一件好事。然而，创业企业在快速发展的过程中常常需要流动资金和其他运营资本，股权融资是快速融资的方式之一。

9.1.1 债务融资

1. 银行贷款

银行贷款是人们在资金筹措不足的情况下首先想到的融资方式。目前，银行也在不断扩大对创业企业的信贷支持力度，贷款种类越来越多，条件不断放松，创业者可视情况选择。

（1）个人创业贷款。个人创业贷款是指具有一定生产经营能力或已经从事经营活动的个人，因创业或再创业提出资金需求申请，经银行认可并有效担保后发放的一种专项贷款。符合条件的借款人，根据个人的资源状况和偿还能力，最高可获得单笔 50 万元的贷款支持；创业达到一定规模或成为再就业明星的人员，还可提出更高额度的贷款申请。创业贷款的期限一般为 1 年，最长不超过 3 年。

（2）商业抵押贷款。目前，银行在对外办理许多个人贷款时，只要抵押手续符合要求，就不会被追问贷款用途。创业者可以灵活地将个人消费贷款用于创业。商业抵押贷款金额一般不超过抵押物评估价的 70%，贷款最高限额为 30 万元。如果创业需要购置沿街商业房，可以用拟购房作抵押，向银行申请商用房贷款，贷款金额一般不超过拟购商业用房评估价值的 60%，贷款期限最长不超过 10 年。

2. 典当贷款

典当贷款是以实物为抵押，以实物所有权转移的形式取得临时性贷款的一种融资方式。典当物品的范围包括金银珠宝、古玩字画、有价证券、家用电器、汽车、服装等私人财物。典当行一般按照抵押商品现时市场零售价的50%～80%估价，到期不能办理赎回的，可以办理续当手续。典当贷款是一条简便、快捷、安全、可靠的融资渠道。典当贷款有着银行贷款无法相比的优势。第一，典当行对客户的信用要求几乎为零，典当行只注重典当物品是否货真价实。第二，一般商业银行只做不动产抵押，而典当行则动产与不动产二者都可。到典当行典当物品的起点低，千元、百元的物品都可以当。与银行相反，典当行更注重为个人和中小企业提供服务。第三，与银行贷款手续繁杂、审批周期长的特点相比，典当贷款手续十分简便，大多立等即取，即使是不动产抵押，也比银行便捷。第四，创业者向银行借款时，贷款的用途不能超越银行指定的范围，典当行则不问贷款的用途，借款使用起来十分自由。

9.1.2 股权融资

股权融资（equity finance）是指企业的股东愿意让出部分企业所有权，通过企业增资的方式引进新的股东，同时使总股本增加的一种融资方式。对于股权融资所获得的资金，企业无须还本付息。新股东将与老股东同样分享企业的盈利与增长。其特点如下：第一，长期性，即股权融资筹措的资金具有永久性，无到期日，不须归还；第二，不可逆性，即企业采用股权融资的方式无须还本，投资人欲收回本金，需借助资本市场；第三，无负担性，即股权融资没有固定的股利负担，股利的支付与否和支付多少视企业的经营需要而定。

股权融资的特点决定了其用途的广泛性——既可以充实企业的营运资金，也可以用于企业的投资活动。

股权融资的劣势在于当企业利用股权融资对外筹集资金时，企业的经营管理者既可能产生各种非生产性的消费，也可能采取有利于自己而不利于股东的投资等道德风险行为，导致经营者和股东产生利益冲突。

股权融资的另一种特殊形式是合伙入股。合伙入股不但可以有效筹集资金，还可以充分发挥每个人的作用，有利于对资源的利用与整合。根据企业要素的作用以及对股权和经营权的分配，合伙人分为事业合伙人、股东合伙人与生态链合伙人三种。前两者为内部合伙人，后者为外部合伙人。事业合伙人通过出资分享企业的净利润或超额利润，例如万科和华为；股东合伙人是合伙的最高形式，是企业最终的所有者，其权利与义务受公司法保护；生态链合伙人是指将供应商、客户合在一起，例如泸州老窖。相比较而言，事业合伙人和生态链合伙人不受公司法的保护，只是一种企业股权融资和股利的分配安排。

合伙入股要注意以下问题。一是要明确投资份额，即在确定合伙入股时应确定好每个人的投资份额。不一定平分股权就好，平分投资份额往往可能为以后埋下矛盾的祸根。因为相同的股份额度会导致相同的权利和义务，使大家在所有事情上都有同样多的权利和义务，从而导致经营意图难以实现。二是要加强信息沟通。很多人合作总是觉得彼此感情好，你办事我放心，相互信任，但如果长期不及时沟通，就容易产生误解和分歧，不利于合伙关系的稳定。三是要确立章程。合伙企业不能因为大家感情好或有血缘关系，就不事先制定企业的章程，没有章程是合作的大忌。

> **创业案例**
>
> ### 美道家的生态链合伙人模式
>
> 2015年9月，美道家（主打上门美容服务的O2O平台）进行了外部合伙人的现场选拔。首次开放100个城市合伙人名额，一个城市竞选一个合伙人，成功者能掌握美道家当地城市的运营权，坐拥当地所有客户资源。那么，美道家是如何与外部合伙人合作的呢？
>
> （1）成立省级直营公司，美道家控股51%，省级公司合伙人最多占股49%。
>
> （2）省级公司合伙人必须多倍溢价出资，即美道家出资1元/股，而外部合伙人出资则需要大于1元/股。在这次外部合伙人占山为王的大会上，美道家圈地运动再次升级，现场引发众多企业家的追捧。第二次会议上，二十几个省级最大合作股东（49%以内）全部确定，美道家当天实现吸资上亿元。美道家是通过外部合伙人的方式来完成快速扩张的典范。
>
> 资料来源：郑指梁，吕永丰. 合伙人制度：有效激励而不失控制权是怎样实现的 [M]. 北京：清华大学出版社，2017.

9.1.3 其他融资方式

1. 特许经营

特许经营是指特许者将自己拥有的商标、商号、产品、专利和专有技术、经营模式等以合同的形式授予被特许者使用。被特许者按合同规定，在特许者统一的业务模式下从事经营活动，并向特许经营者支付相应的费用。之所以把特许经营作为创业融资的一种手段，是因为目前很多银行也积极参与特许经营，为创业者提供贷款，如浦发银行个人创业贷款是支持联华便利店的——只需要投资7万元便可当个小老板。这种助业贷款可以达到一举三得的效果：银行的信贷资金可以获得比较安全的投放渠道；借款人通过银行贷款可以达到投资创业的目的；企业可以达到销售自己产品的目的。

> **创业案例**

渝和喵叔米线通过加盟管理方式获取创业初始资本

渝和喵叔米线是由重庆致中和餐饮文化有限公司投资创立，面向全国打造的一个时尚快餐品牌。该公司致力于成为专业的餐饮服务合作商。渝和喵叔米线项目启动于2016年，总部位于重庆，主要经营特色米线和重庆特色小吃。为解决项目初期快速发展和投资者，特别是没有任何餐饮经验的投资者和初次创业者的资金流问题，渝和喵叔米线项目通过采取提供标准化程度高、管理简单、投资额较小的加盟方式获取加盟费，从而实现项目品牌的快速扩张，同时也可以反哺并帮助加盟店的运营，实现孵化并抱团成长的梦想。

小而美的渝和喵叔米线加盟店须经过公司对选址、装修设计风格、开店运营的统一评估和指导以及核心餐食的统一供应。同时，为降低加盟商进入的门槛，公司设立的加盟费仅为3.98万元，合作期限为3年。

2016年4月，渝和喵叔米线在重庆观音桥商圈开设了第一家直营店，此后陆续在重庆南坪商圈、大渡口商圈开设了另外两家直营店，初步形成了一套项目经营模式，包含店面选址评估体系、店面日常管理、运营标准化流程、店面营销模式等。

2016年10月，渝和喵叔米线开放加盟，接受个人投资者投资开店，2016年底已开店11家。

2017年，渝和喵叔米线全年加盟83家，存活率90%，完善了标准化的加盟流程和开店筹备服务流程，为后续品牌的发展打下了良好的基础。

2018年，渝和喵叔米线升级换代，更新了品牌VI（visual identity，视觉管理），丰富了产品结构，进一步完善了物料配送体系，提升了品牌的竞争力。当年新增加盟131家，总量突破200家。2018年底，公司推出新品牌"小南姜"一人涮锅，进入高客单价的快餐市场。

在渝和喵叔米线项目创业初期，这种加盟费用管理模式较好地解决了资金流问题。同时，通过对加盟商的管控和孵化辅导，公司在较短时期内快速实现了抱团成长，项目的品牌也得到了快速裂变和扩张。

资料来源：根据渝和喵叔米线项目授权资料撰写。

2. 众筹融资

众筹（crowdfunding）兴起于美国网站kickstarter，该网站通过搭建网络平台面向公众筹资，让有创造力的人可能获得他们所需要的资金，以便使他们的梦想有可能实现。这种模式的兴起打破了传统的融资模式，每一位普通人都可以通过该种众筹模式获得从事某项创作或活动的资金，使得融资的来源不再局限于风投等机构，而可以来自大众。

众筹融资是指用团购+预购的形式，向网友募集项目资金的模式。众筹利用互联网和SNS传播的特性，让小企业、艺术家或个人对公众展示他们的创意，争取大家的关注和支持，进而获得所需要的资金援助。相对于传统的融资方式，众筹更开放，能否获得资金也不再以项目的商业价值作为唯一标准。只要是网友喜欢的项目，都可以通过众筹方式获得项目启动的第一笔资金，为更多小本经营或创作的人提供了无限可能。

众筹具有以下四个特征。

（1）低门槛：无论发起者的身份、地位、职业、年龄、性别，只要有想法、有创造力就可以发起项目。

（2）多样性：众筹的方向具有多样性，国内的众筹网站上的项目类别包括设计、科技、音乐、影视、食品、漫画、出版、游戏、摄影等各个方面。

（3）依靠大众力量：支持者通常是普通的草根民众，而非企业或是风险投资人。

（4）注重创意：发起人必须先使自己的创意（设计图、成品、策划等）达到可展示程度，才能通过平台审核，而不单单是一个概念或一个点子，要有可操作性。

根据领域不同，众筹可分为四大类。

（1）债券众筹：投资者对项目或企业进行投资，获得一定比例的债权，未来获取利息收益并收回本金。债权众筹的本质就是P2P借贷平台。

（2）股权众筹：投资者对项目或企业进行投资，获得一定比例的股权。

（3）公益众筹：投资者对项目或企业进行无偿捐赠。

（4）回报众筹：投资者对项目或企业进行投资，获得相应的产品或服务。一般来说，回报众筹的产品都是预售类的，待众筹成功后才开始陆续发货。

3. 数据资产融资

随着数字经济的快速发展，数据已成为企业核心竞争力的关键要素之一，它蕴含的商业价值日益凸显。在此背景下，数据资产融资作为一种新兴的融资模式，正逐步受到创业者和投资者的关注。数据资产融资是指企业通过将其高质量、高价值的数据资源作为抵押物或质押物，从金融机构或其他资本提供者处获得融资支持的过程。这种融资方式打破了传统融资对物理资产的依赖，为那些拥有丰富数据资源但缺乏传统抵押品的初创企业和小微企业开辟了新的融资路径。

数据资产融资的关键在于数据资产的价值评估。这通常需要借助大数据分析、人工智能等先进技术，对数据的质量、相关性、稀缺性及其潜在的经济价值进行全面而深入的评估。同时，为了确保数据资产的安全和合规性，融资双方须在数据的使用权、所有权、保护机制等方面达成明确协议，从而规避潜在的法律风险和数据隐私泄露问题。

> **创业案例**
>
> **微言科技获全国首笔无质押数据资产增信贷款**
>
> 深圳微言科技有限责任公司(以下简称"微言科技")是一家人工智能基础设施提供商,主要基于AutoML自动建模平台及隐私计算技术,为政府、金融机构及企业提供PaaS+SaaS数字化变革服务。2023年3月,凭借在深圳数据交易所上架的数据交易标的,微言科技通过了光大银行深圳分行的授信审批,成功获得全国首笔无质押数据资产增信贷款额度1 000万元,并于2023年3月30日顺利放款。
>
> 在融资过程中,光大银行总行数据资产管理部基于深圳数据交易所的数据商认证流程、上市产品与场内备案交易情况,协同深圳数据交易所与第三方权威机构完成微言科技数据知识产权确权登记、数据资产质量评估和价值评估。中国电子技术标准化研究院联合有关单位,构建了一套数据资产价值评估体系,为推进数据评估计价提供基础支撑。光大银行深圳分行结合企业数据产品的上架登记和内外部估值情况,综合评估后完成对微言科技的授信审批。
>
> 资料来源:全国首笔!无质押数据资产增信贷款深圳落地,证券时报,2023年4月4日。

9.2 创业投资

创业投资是一种特殊的股权融资方式,主要是指向初创企业提供资金和增值服务的一种权益资本。创业投资是私人股权投资的一种形式。创业投资公司作为专业的投资公司,由一群具有科技及财务相关知识与经验的人组建。采用直接投资的方式获取被投资公司的股权。创业投资公司的资金大多用于投资初创企业或是未上市企业(虽然现今法规已大幅放宽对资金用途的限制),并不以经营被投资公司为目的,仅提供资金及专业上的知识与经验,协助被投资公司获取更大的利润。创业投资是一个追求长期利润的高风险、高回报行业。

9.2.1 创业投资类别

1. 根据企业成长生命周期阶段特点划分

(1)种子资本(seed capital):主要是为处于产品开发阶段的企业提供融资。萌芽阶段的企业既不可能从银行获取信贷(原因在于缺乏可抵押的财产),也很难从创业投资公司获得风险资本。除了求助于专门的金融渠道(如政府的扶持性贷款)以外,这些企业更多的目光投向提供种子资本的创业投资基金。种子资本主要是为那些处于产品开发阶段的企业提供小额融资。因为这类企业可能在很长一段时期内(一年以上)都难以提供具有商业前景的产品,所以投资风险极大。对种子资本具有强烈需求的往往是一些高科技公司，如生物技术公司。它们在产品明确成型和得到市场认可前的数年里，需要定期被注入资金，从而支持其研究和开发。尽管这类投资的回报可能很高，但绝大多数商业创业投资公司都避而远之。

（2）初创资本（start-up capital）：有了较明确的市场前景后，由于资金短缺，初创企业可寻求初创资本，从而支持企业的产品中试和市场试销。但是由于技术风险和市场风险的存在，企业要想激发创业投资人的投资热情，除了本身达到一定的规模外，对初创资本量的需求也应该达到相应的额度。这是因为从交易成本（包括法律咨询成本、会计成本等）角度考虑，相较于对小企业的投资，对大企业的投资更能获得规模效应。而且，小企业抵御市场风险的能力相对较弱，即便经过几年的显著增长，也未必能达到上市的标准。这意味着创业投资公司可能不得不为此承担一笔长期的、不流动的资产，并由此受到投资人要求得到回报的压力。

（3）发展资本（development capital）：即扩张期的发展资本，这种形式的资本在欧洲已成为创业投资的主要部分。这类资本的一个重要作用在于协助那些私人企业突破杠杆比率和再投资利润的限制，巩固这些企业在行业中的地位，为它们进一步在公开资本市场获得权益融资打下基础。尽管这种形式的创业投资的回报并不太高，但对创业投资人具有很大的吸引力。原因在于所投资的风险企业已经进入成熟期，包括市场风险、技术风险和管理风险在内的各种风险已经大大降低，企业能够提供一个相对稳定和可预见的现金流，而且企业管理层也具备良好的业绩记录，可以减少创业投资人担忧的因风险企业的介入而带来的成本。

（4）风险并购资本（venture m&a capital）：一般适用于较为成熟、规模较大和具有巨大市场潜力的企业。风险并购与一般杠杆并购的区别在于其资金不是源于银行贷款或发行垃圾债券的，而是源于创业投资基金的，即收购方通过融入风险资本来并购目标企业的产权。

2. 根据被投企业风险高低以及估值大小划分

（1）天使投资。天使投资是权益资本投资的一种形式。此词源于纽约百老汇，1978年在美国首次被使用，具体是指拥有一定净财富的人士对具有巨大发展潜力的、高风险的初创企业进行的早期直接投资，属于自发而又分散的民间投资方式。这些投资的人士被称为天使投资人，用于投资的资本被称为天使资本。

天使投资通常发生在创业初期，此时企业可能只是一个初步构想或者产品原型阶段。投资者会对企业的商业计划、团队、市场潜力等进行评估，并决定是否投资。天使投资的资金通常用于产品研发、市场推广、人才招聘等方面的支持。天使投资相对于后续的 A 轮、B 轮等融资轮次来说，投资金额较小，投资风险也较高。但对于创业企业来说，天使投资是获得启动资金和发展机会的重要途径，有助于企业验证商业模式、吸引更多投资和实现快速增长。此外，天使投资的具体条款和条件会根据投资者和企业之间的协商而有所不同，包括估值、股权分配、退出机制、投资者带来的价值等。企业在接受天使投资时，需要谨慎考虑投资者的背景和价值，并与投资者建立良好的合作关系。

以美国的情况为例，一般规定天使投资人的总资产在 100 万美元以上，或者其年收入在 20 万～30 万美元。可以依据项目投资量的大小将天使投资人划分为以下几类。

1）支票天使——他们相对缺乏运作企业经验，仅出资，而且投资额较小，为 1 万～2.5 万美元。

2）增值天使——他们较有经验并参与被投资企业的运作，投资额较大，为 5 万～25 万美元。

3）超级天使——他们往往是具有成功经验的企业家，能为新企业提供特殊的支持，投资额相对较大，约 10 万美元以上。

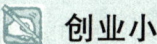

创业小贴士

创业初期如何找到天使投资

在创业投资领域构建初步的社会网络与信任，人际关系网络尤为重要。尝试通过业内朋友、导师或者校友引荐，进入天使投资人的社交圈层，逐步建立联系和信任。线下面对面的沟通远比网络沟通更有温度，更能打动人。

找到天使投资人的几种方式：

1）注册所在城市里找；

2）熟人校友圈里找（同业、同学、同乡、同事、同圈）；

3）找自己这个行业的风投；

4）在各个创业群里多问问群主；

5）多参加创业活动，主动加联系方式；

6）财务公司合作（委托他们寻找天使投资）。

资料来源：创业初期如何找到天使投资人，微信公众号：上海创友圈，2024 年 3 月 14 日。

（2）创业投资基金。创业投资基金（venture capital fund）是指向不成熟的创业企业提供的股权资本，旨在为它们提供管理和经营服务，期望在企业发展到相对成熟后，通过股权转让获取中长期高额收益。创业投资基金是一种风险投资，但这种叫法并不贴切，它不能表达出 venture capital 的真正内涵。venture 表示主动进行的可能需要承担风险的行为及其取得的结果，尤指冒险行为、创新行为、创业行为等。

创业投资基金投资于创业企业，并通过资本经营服务，培育和辅导创业企业成长，以期分享其快速成长带来的长期资本增值，它包含以下三层含义。

1）投资对象是创业企业，以区别于对非创业企业的投资。

2）不仅提供资本支持，还提供特有的资本经营等增值服务，区别于单纯的投资行为。

3）在企业完成创业使命后就退出投资，实现自身的资本增值并进行新一轮的创业投资，区别于那种长期持有所投资企业股权，以获取股息红利为主要收益来源的普通资本形态。

9.2.2 创业投资要素

创业投资是一个过程，涉及创业资本、创业投资人、投资目的、投资期限、投资对象和投资方式，即创业投资六要素。

1. 创业资本

创业资本是指由专业投资人提供给快速成长并且具有很大升值潜力的新兴企业的一种资本。创业资本通过购买股权、提供贷款或既购买股权又提供贷款的方式进入企业。

2. 创业投资人

（1）创业资本家。他们是通过直接投资而不是受托管理的方式向其他企业投资的企业家。他们投出的资本全部归他们自身所有，从而获得利润。

（2）创业投资公司。创业投资公司的种类有很多，但大部分公司是通过创业投资基金来进行投资，这些基金一般以有限合伙制为组织形式。

（3）产业附属投资公司。这类投资公司往往是一些非金融性实业公司下属的独立创业投资机构，它们代表母公司的利益进行投资。这类投资通常将资金投向一些特定的行业。和传统创业投资一样，产业附属投资公司也要评估被投资企业递交的投资建议书，深入企业尽职调查并期待得到较高的回报。

（4）天使投资人。这类投资人通常投资拟创业企业从而帮助这些企业迅速启动。在创业投资领域，天使投资人这个词是指企业的第一批投资人。这些投资人在企业产品和业务成型之前就把资金投入进来。

3. 投资目的

创业投资虽然是一种股权投资，但它并不是为了获得企业的所有权，也不是为了控股，更不是为了经营企业，而是为了通过投资和提供增值服务把投资企业做大，然后通过公开上市、兼并收购或其他方式退出，在产权流动中实现投资回报。

4. 投资期限

创业投资人帮助企业成长，但他们最终还是会寻求渠道将投资撤出，从而实现增值。风险资本从投入被投资企业到撤出为止间隔的时间被称为创业投资的投资期限。创业投资作为股权投资的一种，投资期限一般较长。

5. 投资对象

创业投资的投资对象主要是不具备上市资格的、小型的、新兴的或未成熟的高新技术企业，特别是中小企业。但这些企业往往具有巨大的市场前景。例如，企业已经具有成熟的产品并开始销售，或企业已经掌握提供产品或服务的核心技术。

6. 投资方式

从投资性质看，创业投资的方式有三种：一是直接投资；二是提供贷款或贷款担保；三是在提供一部分贷款或担保资金的同时，投入一部分创业资本购买被投资企业的股权。但不管是哪种投资方式，创业投资人一般都附带提供增值服务。此外，创业投资还有两种不同的进入方式：第一种是将创业资本分期分批投入被投资企业，这种情况比较常见，既可以降低投资风险，又有利于加速资金周转；第二种是一次性投入，这种方式不常见，一般投资人和天使投资人可能采取这种方式，但他们在一次性投入后，往往仍愿意提供后续资金支持。

9.2.3 创业投资业务操作流程

虽然每一个创业投资公司都有自己的运作程序和制度，但总的来讲都包括以下步骤。

（1）初审。创业投资人要做的工作包括：筹资、管理资金、寻找最佳投资对象、谈判并投资，还要对投资进行管理以实现其目标，并力争使投资人满意。因此，创业投资人在拿到经营计划后，往往会用很短的时间浏览一遍，从而决定是否值得再花时间。因此，创业者必须提供有价值的东西，可供投资人花时间仔细研究。

（2）创业投资人之间的磋商。即使是在大的创业投资公司，相关人员也都会定期聚在一起，对通过初审的项目建议书进行讨论，决定是否需要进行面谈，或者回绝。

（3）面谈。如果创业投资人对被投资企业的项目感兴趣，他们会与创业者接触，直接了解其背景、管理队伍和企业，这是整个过程中最重要的一次会面。如果进行得不好，交易便宣告失败。如果面谈成功，创业投资人会希望进一步了解更多有关企业和市场的情况，或许还会动员可能对这一项目感兴趣的其他创业投资人。

（4）责任审查。如果初次面谈较为成功，创业投资人接下来便会开始对创业者的经营情况进行考察，尽可能多地对项目进行了解。他们会对意向企业的技术、市场潜力和规模以及管理队伍进行仔细的评估，这一程序包括与潜在客户接触、向技术专家咨询并与管理队伍举行几轮会谈。责任审查通常包括参观企业、与关键人员面谈、对仪器设备和供销渠道等进行估价；还可能包括与企业债权人、客户、相关人员及以前的雇主进行交谈。这些人会为创业投资人提供关于创业者个人风险情况的参考意见。

（5）条款清单。审查阶段完成之后，如果创业投资人认为审查的项目前景好，便会开始进行投资形式和估价的谈判，这个过程可能要持续几个月，因为创业者可能并不了解谈判的内容。通常创业者会得到一个条款清单，内容涉及他将付出多少、创业投资人希望获得多少股份、还有谁参与项目、对他以及现在的管理队伍会产生什么影响等问题。创业者要花时间研究这些内容，尽可能减少条款。

（6）签订合同。创业投资人力图使他们的投资回报与承担的风险相匹配。根据切实可行的计划，他们会对未来3～5年的投资价值进行分析，首先计算其现金流或预测收入，而后根据对技术、管理层、技能、经验、经营计划、知识产权及工作进展的评估，确定风险大小，选取适当的折现率，计算出他认为的风险企业的净现值。所有流程走完，就可以签订合同了。

9.2.4 创业投资运行特点

（1）投资对象：主要是不具备上市资格的、小型的、新兴的或未成熟的高新技术企业。

（2）投资周期：一般是2～5年。

（3）投资回报率：相当高，平均为20%～40%。

（4）投资目的：注入资金或技术，取得部分股权（不是为了控股），促进受资企业的发展，通过资本增值、股票上涨获利。

（5）获利方式：企业上市或转让股权（退出机制）。

（6）投入阶段：企业发展初期、扩充阶段。

9.3 创业融资决策过程管理

创业融资决策是企业根据其价值创造目标需要，利用一定时机与渠道，通过科学分析和决策，借助企业内部或外部的资金来源渠道和方式，筹集经营和发展所需资金的行为和过程。它不仅改变了企业的资产负债结构，而且影响了企业内部管理、经营业绩、可持续发展及价值增长。

创业融资决策受到融资方和投资方以及其他因素的共同影响，使得融资过程在时间、目的和手段等多方面显得非常复杂。这个过程概括起来可以有以下七个阶段。

1. 第一阶段：明确融资目的

（1）获得资金。融资决定了企业的发展速度，尤其是在非常关键的节点上。

（2）获得资源。从资源的角度来说，基本上分为三类。

一是投后管理。一线基金都有专业的投后团队，一方面帮企业招人，另一方面帮企业进行下一轮融资。此外，在不干涉企业经营决策的基础上，会参与董事会的部分决议，给企业必要的指引。

二是产业协同。不考虑企业未来的盈利性（如京东、美团），更多地追求企业和自己在现有资源上的协同性，即战略投资人。

三是资源对接。将投资过的创业者融成一个小圈子，把自己认识的其他创业者或合资过的投资方对接给创业者，寻求各创业者之间的业务合作。

（3）获得背书能力。从企业未来的发展来看，找一家专业的机构投资会比找一家一般性的投资机构具有更明显的背书能力。

2. 第二阶段：分析融资种类

（1）债权融资。一是借亲朋好友的钱。创业具有非常大的不确定性和风险，创业者采用这种方法等于将风险转嫁给无法共同承担的第三人，我们非常不推荐这种融资方法。二是传统借贷。大多创业企业现金流压力巨大，定期偿付债务极有可能导致现金流紧缺，最终导致资金链断裂，这会对早期创业项目造成毁灭性的打击。

（2）股权融资。专业投资机构会与创业者绑定得更紧密，创业企业相当于从投资机构得到一个加力的杠杆。在竞争白热化的创业市场，先融资成功的创业者将取得绝对优势（人才战、价格战），这也是融资最大的目的。

3. 第三阶段：规划融资时间

（1）融资周期：分析并确定行业周期的规律和市场成长空间；分析并确定企业的成长规模和发展速度；论证市场中的竞争力水平和生命周期。

（2）融资时长。创业者在天使轮拿到投资意向书（term sheet，TS）一般需要20多天，然后签订股权认购协议或增资协议（share purchases agreement，SPA），到最后打款至少需要1个月，而到A轮至少需要2个月。所以在一切顺利的前提下，创业者应预留2~4个月的现金。

（3）融资节奏。这里强调的是全职融资。一旦决定融资，创业者至少要花60%的精力，一般会花费一整个月时间全身心投入。有的创业者不确定要不要融资，心态不定，会极大地影响创业者声誉，也会打击企业员工的士气。

4. 第四阶段：确定双方报价方式

（1）讨价还价。创业者需要先规划报价，再和 VC 讨价还价。举个例子：某公司进行 A 轮融资，预计招聘费用为 500 万元、推广费用为 500 万元。此时，需要假设一个融不到钱时的底线价（如 600 万元），同时还要设置一个上限（否则钱花不掉还浪费股份，最后被迫低价出卖，而且 VC 会觉得创业者对未来没有预判），如 1 200 万元。最终，你的报价就大致落在 600 万～1 200 万元。

（2）市场决定。如果所有 VC 都认为报价高了，那就是真的高了，这是市场的选择。此时不建议锁定价位或估值。如果创业者预判市场会低迷，这时融到资便可以"安全过冬"。如果没有预判，一旦创业者的竞争对手比创业者先融到资，创业者的融资节奏很可能会被严重影响，所以融到资才是重中之重（当然也不能接受过低的估值）。另一种情况是竞价，如果多家投资人给创业者投资意向书，创业者就可以适度调高价格。当然，这也要讲策略。

5. 第五阶段：路演

（1）充分准备。把融资当作一个项目，想清楚故事怎么打磨，同时还能保证企业业务平稳向上。另外，有些 CEO 属于专才，对核心数据没有概念，所以在融资之前，创业者必须记牢全部核心数据。

（2）快速推进。可以采取积极主动的策略，争取得到资金或经营建议。

6. 第六阶段：选择投资人

（1）速度。在如今的市场环境下，速度大于价格，快速到账是重中之重。

（2）认同。当有多家机构有投资意向且速度、价格相当时，就要判断彼此是否合得来。一方面要看投资人是否真正理解创业者，另一方面要看投资人提出的新思路是不是创业者想要的。

（3）条款。条款关系到投资人的权利，以及投资人对企业治理的干预程度。因此除了要理解条款本身，更多的是要理解条款背后的含义。

7. 第七阶段：交割

（1）决策流程。机构决策流程分两类：一类是在投资经理上会前就给出投资意向书，此时变数比较大，还是需要多见一些投资人。另一类是在上会决策后才给出投资意向书，此时成功概率会大很多。

（2）确定意向。尽职调查前，一切都须如实汇报。一旦尽职调查前后有偏差，很可能会导致负面的影响。

（3）团队稳定。要用一切方法稳定团队，因为若融资期间团队解散会带来严重的后果。

9.4 创业融资注意事项

1. 产业发展周期、企业发展周期与项目融资周期相匹配

（1）产业发展周期。一般产业都有三个阶段：兴起、快速发展、成熟。资本会在前两个阶段涌入，到了成熟期就不好融资了。此外，要看产业是"常青"行业还是"快起快落"的行业，如果是后者，建议在风口多融资。

（2）企业发展周期。很多企业管理者认为自己企业的数据增长、用户增长各方面都不错，想等业务数据增长之后再融资，但如果项目到了平稳期，投资人往往会观望考虑，所以在增长过程中融资最合适，并且这样能保证在融资期内增长不会慢下来。同时，要预留好项目融资窗口期，一般至少要准备足够6个月使用的现金。

（3）项目融资周期。一级市场会受到很多因素的影响，包括二级市场、政策、基金自身的募集状态等。一级市场受二级市场影响很大，因为二级市场会影响到项目退出。要掌握项目融资周期和节奏，资本市场通常2～3年一个周期。一定要重视融资，一旦启动就要全力以赴，因为融资的特点就是一鼓作气，再而衰，三而竭。

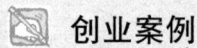
创业案例

Airbnb：在增长中融资，跨越挑战的成长之旅

Airbnb 成立于 2008 年，在创业初期面临着市场认知度低、用户信任问题以及法律合规性等诸多挑战。然而，创始人布莱恩·切斯基（Brian Chesky）、乔·吉比亚（Joe Gebbia）和内森·布莱卡斯亚克（Nathan Blecharczyk）坚信他们的商业模式有着巨大的潜力，并决定在增长过程中积极寻求融资。

随着 Airbnb 平台上房源数量的增加和用户口碑的积累，公司的业务数据开始快速增长。然而，Airbnb 的管理层并没有等待数据增长达到某个完美的节点再去融资。相反，他们意识到在增长过程中融资的重要性，因为这不仅能够为公司的持续扩张提供资金支持，还能确保增长势头在融资期内不会因资金短缺而放缓。

在 Airbnb 的融资历程中，公司管理层始终保持着对资本市场的敏锐洞察，并在合适的时机启动了多轮融资计划。同时，Airbnb 还注重预留好项目融资窗口期，确保在资金紧张时能够迅速获得新的融资支持。这种前瞻性的融资策略使得 Airbnb 在激烈的市场竞争中始终保持着领先地位。自成立以来，Airbnb 经历了多轮融资，每轮融资都为其发展提供了关键支持。从种子轮到上市前的 H 轮融资，Airbnb 共筹集了数十亿美元的资金，这些资金不仅帮助公司扩大了业务规模、提升了用户体验，还为它在全球市场上的竞争提供了有力保障。

资料来源：根据网络公开资料整理。

2. 把握合理的融资结构及控制权

企业的融资结构是指企业从各种融资渠道获取的资金总额、资金的构成情况以及相互之间的比例关系。企业的财务结构和财务状况会因为资金来源的不同而表现出独有的特征，从而对企业的方方面面和各项决策产生不同程度的影响，因此，企业的资金来源、融资结构与企业的控制权紧密相关。企业成长过程中融资方式的选择也与企业的控制权息息相关。在创业初期，企业会经历一轮又一轮的创新摸索，一旦进入可复制的扩张期，就会进入运营阶段。相应地，企业的终极归宿等问题也逐渐提上日程，股东或创业者不得不思考并抉择企业未来的发展方式——是被并购，还是上市，抑或家族传承。随着这些问题逐渐得到答案，企业的主体股权架构，如是有限合伙、自然人直接架构、控股公司架构、混合股权架构，还是海外股权架构、契约型股权架构等，也需要明确下来。

> **创业案例**
>
> ### 谁在控制 OpenAI
>
> OpenAI 由埃隆·马斯克（Elon Musk）、萨姆·奥尔特曼（Sam Altman）以及其他科技界的杰出领袖于 2015 年 12 月联合创立，最初是一个非营利的人工智能研究实验室，名为 OpenAI Inc 503(c)(3) public charity。该实验室专注于开发对人类友好的 AI 技术，其核心宗旨是推进 AI 技术的发展，同时确保这些技术的应用能为全人类带来积极的影响。在发展初期，作为一个非营利组织，OpenAI 依靠捐赠和少量投资维持运营。然而，随着研究的深入和技术的迭代，特别是大语言模型（如 GPT 系列）的开发，OpenAI 对算力和资金的需求急剧增加。2019 年，OpenAI 进行了重大重组，成立了 OpenAI LP，这一营利性实体吸引了包括微软、红杉资本、YC 等在内的多轮融资，总募集资金超过 200 亿美元。这些资金不仅支持了 OpenAI 的技术研发，还推动了其商业化进程。
>
> 同时，OpenAI 的组织结构逐渐变得复杂而精细。OpenAI Inc 作为非营利核心，负责基础研究和公共使命；OpenAI LP 作为营利实体，采用有限责任合伙企业的形式，旨在推动赢利并确保技术的开放性和安全性。在这一结构中，OpenAI LP 设定了利润上限，以平衡赢利与原始社会使命。同时，OpenAI GP LLC 作为普通合伙人负责日常运营和决策管理。这种结构既保证了研究的独立性，又兼顾了需求的商业化。
>
> OpenAI 的董事会几乎没有成员持有 OpenAI LP（或 OpenAI GP LLC）的股份，包括 CEO 在内，只通过 pre-seed 轮 YC 的投资间接持有极少的股份。董事会专注于公司使命，不受投资回报的制约，可以将赚来的资金再次用于研发，这类似于慈善捐赠。在 OpenAI GP 和 OpenAI LP 发生冲突时，只有未持股的董事会成员可以参与决策，从而确保董事会的决策独立性。
>
> 资料来源：谁在控制 OpenAI？OpenAI 公司结构、董事会详解，微信公众号：元宇宙日爆，2023 年 11 月 20 日。

3. 与投资人沟通

认真思考并研究投资人最关心的问题，以清晰的逻辑和有力度的证据说服投资人是融资的重中之重，如表9-1所示。与投资人沟通的核心问题主要围绕以下三点：你要做一件什么事？你准备做成什么样子？你有什么能力和资源能保证你做成这件事？

表 9-1 创业投资人的典型提问

维度	主要提问
产品	产品如何满足用户的特定需求，是否满足这种需求的敏感性和细微特征？用户对产品是否已经有了品牌认知度？产品是否具有重复使用的价值？这是一种高质量产品还是低质量产品？产品的用户是不是产品的最终消费者？该产品是一种具有广泛吸引力的产品，还是只有少数大宗买主的产品
竞争	谁是企业主要的竞争对手？相对于自己的企业而言，竞争对手具有哪些竞争优势？而自己的企业相对于这些竞争对手又具有哪些竞争优势？面对这些竞争对手，企业在价格、服务、销售渠道、促销手段和产品质量保证等方面应如何应对？企业产品是否存在替代品？你认为竞争对手对自身企业的兴起会有何反应
用户	目标用户精确到什么年龄段、什么职业？用户市场规模有多大？典型用户的用户画像有哪些特征？现有的数据、用户日活率、月活率、获客渠道、平均获客成本是多少
市场	如果你打算拿到一定的市场份额，你会如何去做？在企业的营销计划中关键的要点是什么？该营销计划主要遵循的是一种零售营销战略，还是一种产品市场营销战略？在企业的营销计划中，广告的重要性如何？当产品或服务步入成熟期时，企业的营销战略会如何变动？直销对企业产品的推广重要吗
销售	产品或服务的用户群有多大？在全部用户中，哪些人是最典型的用户？从产品最初与用户接触到形成实际销售，这中间的间隔有多长
生产	产品的生产能力有多大？当规模发展到何种程度时会出现生产瓶颈？产品质量控制的重要性如何？目前积压的订单有多少？产品是流水线生产还是按照用户定制进行生产？产品生产过程是否会对员工的健康和安全造成影响？主要包括哪些影响
供应	目前共有多少个供应商，分别是谁？与这些供应商的合作有多长时间了？目前还可以找到哪些供应商？现在还有哪些零部件或原材料是短缺的

本章要点

- 企业的融资方式是指取得资金的渠道和途径，以及需要为此付出的成本。
- 按照资金的来源渠道，融资的方式分为自融资和外融资两种。自融资就是创业者自己出资或从家庭好友处筹集资金，外融资主要分为债务融资和股权融资两种。
- 债务融资包括银行贷款和典当贷款。
- 股权融资是指企业的股东愿意让出其部分所有权，通过企业增资的方式引进新的股东，同时使总股本增加的一种融资方式。
- 创业投资主要是指向初创企业提供资金支持并取得该企业股份的一种融资方式。
- 根据企业成长生命周期阶段特点划分，创业投资可以分为种子资本、初创资本、发展资本和风险并购资本；根据被投资企业风险高低以及估值大小划分，创业投资可以分为天使投资和创业投资基金。
- 创业投资是一个过程，涉及创业资本、创业投资人、投资目的、投资期限、投资对象和投资方式,即创业投资六要素。
- 创业投资业务操作流程包括初审、创业投资人之间的磋商、面谈、责任审查、条款清单、签订合同等。
- 创业融资决策过程包括：明确融资目的、分析融资种类、规划融资时间、确定双方报价方式、路演、选择投资人和交割。

行动学习

1. 学习目标：融资谈判实战模拟。
2. 基本要求：分组进行，一组扮演创业者团队，另一组扮演投资者（如风险投资公司）。
3. 实施流程

   （1）创业者团队介绍：由创业者团队代表首先介绍企业概况、财务状况、资金需求、估值依据、资金使用计划和预期回报等关键信息。

   （2）风险投资公司提问：风险投资公司代表就提案中的关键问题进行提问，包括但不限于技术成熟度、市场前景、竞争分析、团队背景等。

   （3）谈判协商：双方就投资额度、股份比例、董事会席位、退出机制等核心条款进行协商。创业者团队须灵活应对风险投资公司的要求，同时坚持企业的核心利益。

   （4）分歧与解决：在谈判过程中，双方可能会出现分歧点，如估值差异、股份比例分配等。此时，双方须运用谈判技巧，如妥协、折中、寻求第三方意见等，达成最佳协议。

   （5）协议达成：在双方就所有关键条款达成一致后，模拟签订融资协议。

思维训练

1. 设想一个全新的在线教育平台，该平台旨在为偏远地区的孩子提供高质量教育资源。请构思一套创新的商业模式，并提出至少三种可行的融资策略支持这一项目的启动和发展。
2. 探讨除了本书中所列出的股权融资和债权融资等融资方式之外，还有哪些创新的融资方式。选择一种并详细说明其运作机制及适用场景。
3. 选取两个不同行业的初创企业（例如生物科技和金融科技），对比它们在融资过程中面临的主要挑战和机遇，并讨论行业特性如何影响融资策略的选择。

问题回顾

1. 债务融资和股权融资的优缺点分别是什么？
2. 创业投资的构成要素是什么？
3. 如何管理融资决策过程？
4. 创业融资的注意事项有哪些？

参考文献

[1] HOENIG D, HENKEL J. Quality signals? The role of patents, alliances, and team experience in venture capital financing[J]. Research policy, 2015, 44(5):1049-1064.

[2] DROVER W, BUSENITZ L, MATUSIK S. A review and road map of entrepreneurial equity financing research: venture capital, corporate venture capital, angel investment, crowdfunding, and accelerators[J]. Journal of management, 2017,43(6):1820-1853.

[3] RICHARD F. An entrepreneur's choice of venture capitalist or angel-financing: a behavioral game-theoretic approach[J]. Journal of business venturing, 2011, 3(26): 359–374.

[4] MOLLICK E. The dynamics of crowdfunding: an exploratory study[J]. Journal of business venturing, 2014, 29(1): 1-16.

[5] 沈维涛, 叶小杰, 徐伟. 风险投资在企业 IPO 中存在择时行为吗: 基于我国中小板和创业板的实证研究 [J]. 南开管理评论, 2013, 16(2):133-142.

[6] 王旭良. 创业融资: 从天使轮到 IPO 上市 [M]. 北京: 电子工业出版社, 2020.

[7] 梁凯文, 陈玟佑, 梁俐菁. 创业融资: 风投不会告诉你的那些事 [M]. 北京: 中国人民大学出版社, 2017.

[8] 吴伟. 创业融资 2.0: 实战与工具 [M]. 北京: 机械工业出版社, 2018.

[9] 沈俊. 创业融资: 理论、工具及实践 [M]. 上海: 上海财经大学出版社, 2020.

[10] 罗国锋, 张超卓. 创业融资 [M]. 北京: 中国铁道出版社, 2021.

第 10 章　企业创建与成长

> 高速成长的企业与它们不太成功的竞争对手之间的区别在于各自对于战略的设想不同。不太成功的企业的经理们所依循的是传统逻辑，高速成长的企业的经理们所依循的是价值创新的逻辑。
>
> ——金伟灿（W. Chan Kim）和勒妮·莫博涅（Renee Mauborgne）

【学习目标】

学完本章后，你应该能够：
- ☑ 了解企业在创建过程中的必经流程
- ☑ 了解创业企业成长过程的不确定性和复杂性
- ☑ 了解创业企业的成长战略
- ☑ 了解创业企业成长的不同阶段及其发展瓶颈
- ☑ 熟悉企业的传承发展
- ☑ 掌握创业管理与传统管理的区别

引例　SHEIN 的创建与发展

SHEIN 最初是一家名为 ZZKKO 的零售平台，由许仰天（Chris Xu）于 2008 年在中国南京创立，专注于婚纱销售。2012 年，公司进行了品牌重塑，推出了 Sheinside 网站，专注于女性时尚产品的在线销售。通过利用社交媒体营销和与时尚博主合作，SHEIN 迅速吸引了大量年轻消费者的关注。公司利用互联网的力量，通过 Facebook、Instagram 和 Pinterest 等平台进行推广，从而迅速确立了自己的品牌形象和市场地位。

2013—2015 年，SHEIN 进入了快速增长和品牌建设阶段。2014 年，公司收购了另一家中国电子商务零售商 Romwe，转变为完全整合的零售商。2015 年，Sheinside 更名为 SHEIN，以一个更简洁、更易记的品牌形象示人。通过加强供应链管理和提高产品质量，SHEIN 进一步巩固了市场地位。公司开始向欧洲市场扩展，包括西班牙、法国、俄罗斯、意大利和德国等，产品线也扩展到化妆品、鞋包和珠宝等多个品类。

进入 2016 年后，SHEIN 加速了全球扩张的步伐，继续扩大其产品类别并进入新的市场。2016 年，公司在广州建立了总部，并组建了一个由 800 名设计师和样品制造商组成的团队，大幅提升了产品开发和供应链效率。SHEIN 在全球多个市场推出，包括北美洲、欧洲、日本和中东地区，迅速成为全球时尚领域的主要参与者。公司的社交媒体策略也发挥了重要作用，通过与 Instagram、TikTok 等平台上的网红合作，SHEIN 大幅提升了品牌曝光率和销售额。

自 2020 年以来，SHEIN 进入了腾飞期。SHEIN 利用在线零售的优势，2020 年的收入达到 100 亿美元，实现了连续七年的 100% 以上的销售增长。SHEIN 在美国市场表现尤为出色，2021 年 SHEIN 成为美国下载量最大的购物应用，并且在美国快时尚市场的份额达到了 28%。2022 年，公司在新加坡注册，进一步巩固了其全球总部的地位，并在多个国家设立了配送中心，从而增强全球供应链的效率。

SHEIN 的成功不仅在于其创新的按需生产模式，还在于其强大的数据分析和市场预测能力。通过小批量生产和快速响应市场需求，SHEIN 能够以低成本快速推出新产品，减少库存浪费，提升用户满意度。2022 年，公司在私募融资中筹集了 10 亿美元，估值达到 1 000 亿美元，成为全球最大的快时尚公司之一。

资料来源：根据网络公开资料整理。

企业的创建与成长是所有创业企业必须经历的一件事，能否成功创建并跨越成长的栅栏，应对创业阶段众多充满不确定性的复杂工作，是创业者面临的最重要的挑战。企业创建是企业生命周期中最危险、失败率最高的环节。剑桥大学心理学博士 Timothy 发表在《哈佛商业评论》上的研究表明，中国创业企业的失败率为 86.7%，企业平均寿命不足 1.6 年。[⊖]

本章将主要介绍创业企业的创建流程、创业企业所面临的成长环境、创业企业的基本成长战略、创业企业的不同成长阶段以及创业企业如何传承。本章也将概括创业管理与一般传统管理的区别。

10.1 企业创建

一般来说，新企业创建的流程依次为企业组织形式选择、企业和产品的名称设计、企业选址以及企业注册成立，如图 10-1 所示。

⊖ HBR-China. 成功的创业者，具备 4 项核心能力，微信公众号：哈佛商业评论，2024 年 3 月 5 日。

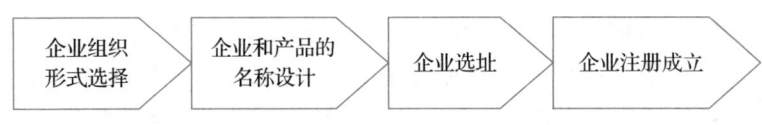

图 10-1　新企业的创建流程

10.1.1　企业组织形式选择

企业组织形式是指根据企业所有权分配、责任归属等的不同而形成的各种不同的企业结构，可以根据责任形式划分为独资企业、合伙企业和公司企业。

独资企业是指依法设立、由一个自然人投资、财产为投资者个人所有、投资人以其个人财产对企业债务承担无限责任的经营实体。

合伙企业是指两个或两个以上的合伙人以协议为基础，共同投资、合伙经营、共享收益，至少一个及以上合伙人对企业债务承担无限责任的依法设立的营利性组织。

公司企业是最常见的企业组织形式之一，是指由出资者共同出资并享有独立法人财产，自主经营、自负盈亏的经济组织，主要有有限责任公司和股份有限公司两种形式。有限责任公司的股东以其缴纳的出资额对企业的经营承担有限责任。股份有限公司的全部资本分为等额股份，股东以其所持股份比例对企业承担相应责任。

不同企业类型的优势和劣势如表 10-1 所示。

表 10-1　不同企业类型的优劣势对比

企业类型	优势	劣势
独资企业	控制权完全属于创始人 利润归属简单，税务管理简便 决策快速灵活 创始人与企业紧密联系	承担无限责任 融资能力有限 企业寿命有限，依赖于创始人 个人财产与企业财产不分
合伙企业	多方资源和技能的融合 更容易获得融资 共享风险和收益 灵活性较高，比公司企业设立简单	承担无限连带责任 合伙人之间可能存在利益冲突 决策可能较为复杂 合伙人退出可能导致企业不稳定
有限责任公司	股东责任有限，仅以出资比例为限 更容易吸引投资者和合作伙伴 享有独立法人地位，有持续性 可通过发行股票融资	管理和决策过程相对复杂 设立和运营成本较高 企业治理结构较为复杂，需要遵守更多法律法规 财务和税务管理要求较高
股份有限公司	融资能力强，可公开发行股票 股东流动性强，易于退出 享有独立法人地位，股东责任有限 更易吸引高素质人才和战略合作伙伴 市场信誉高，公众认知度强	成本高，设立和维护较复杂 管理和决策机制复杂，须遵守严格的法律法规 企业信息公开要求高，面临更多监管 可能会出现股东与管理层之间的矛盾 股东权益可能被稀释

10.1.2 企业和产品的名称设计

语言是营销沟通的重要工具，好的企业和产品名称可以向消费者传递有关企业和产品的正面信号。企业可以运用修辞、类比、双关等方式进行企业和产品的名称设计，丰富名称包含的信息、增强语言的生动性。具体来说，在进行企业和产品的名称设计时，可以遵循以下原则。

1. 简洁明了

企业和产品名称应尽量简短易记，避免使用复杂或生僻的词汇。简洁的名称便于传播，使消费者能够轻松记住和识别品牌。例如，苹果（Apple）和谷歌（Google）在全球范围内都具有极高的识别度。选择低频词能够提高名称的独特性和记忆度，减少市场中的混淆。

2. 独特性

名称应具有独特性，避免与其他企业或产品重名或相似。独特的名称有助于在市场中脱颖而出，防止混淆和潜在的法律纠纷。例如，百度（Baidu）和腾讯（Tencent）在国内外市场中都是独一无二的品牌标识。选择不常见的词汇组合和发音可以进一步增强品牌的独特性。

3. 适应目标市场

名称应符合目标市场的文化、语言和习惯，确保名称在不同文化背景下没有负面含义，并能被目标消费者接受和喜爱。例如，汉堡王（Burger King）在澳大利亚被称为 Hungry Jack's，以适应当地市场，并避免与已有商标冲突。企业名称还可以传递与企业相关的特定暗示，使品牌在目标市场中更具亲和力和认同感。

4. 反映品牌定位

名称应能够反映企业或产品的核心价值和定位。一个好的名称可以传达品牌的特性、功能或优势。例如，特斯拉（Tesla）这个名称不仅纪念了发明家尼古拉·特斯拉（Nikola Tesla），还传达了科技创新和电动汽车的品牌定位。名称的语义要和企业风格、产品属性适度相关，这样不仅能更好地传递品牌信息，还能在消费者心中形成清晰的品牌联想。

5. 公平与透明原则

股权分配过程应公开透明，确保所有团队成员对分配标准和结果都有清晰的理解和认同。建立透明的沟通机制，及时解答成员的疑问和顾虑，避免因信息不对称导致的误解和矛盾。此外，在分配过程中，应遵循公平原则，避免出现偏袒或不公正的情况，从而维护团队的和谐和稳定。

10.1.3 企业选址

企业选址是新创企业成功的重要环节之一，它不仅影响企业的日常运营和成本控制，还关系到企业的长远发展战略。选址决定了企业能否有效地接触目标市场、获取所需资源，并保持竞争优势。沃尔玛创始人山姆·沃尔顿（Sam Walton）曾强调，连锁经营成功的关键有三个条件：一是选址，二是选址，三还是选址。这深刻说明了选址对企业成功的重要性。科学合理的选址能够为企业提供稳定的客户来源和优质的商业环境，提升市场竞争力。以下是新创企业在进行选址时通常需要遵循的五个步骤和流程。

1. 收集和分析地区人口数据及经济数据

第一步是收集并分析目标地区的相关数据。这些数据包括人口总量、人口结构、消费水平、交通条件和经济发展状况等。通过分析这些数据，企业可以初步了解市场潜力和商业环境。这一步为企业选址提供了科学的基础数据，帮助企业判断目标区域的市场规模和发展前景。例如，若某地区人口密集且消费水平较高，则该地区可能是一个理想的商业选址。

2. 划分区域进行初步选址

根据收集到的数据，将目标区域划分为若干小区域，并根据资源可获得性、位置便利条件等因素进行初步筛选。在这一步骤中，企业需要综合考虑个人偏好和成本因素，确保初步选址具有可行性。例如，可以根据地理位置、交通便利性、租金成本等因素划分不同的区域，并在每个区域内进行进一步筛选。通过划分区域，企业可以有效缩小选址范围，提高选址效率和精度。

3. 统计并分析经营环境特征

在确定初步选址后，需要详细观察和分析这些地点的经营环境。具体来说，包括了解附近的竞争对手情况、人才聚集程度、交通方式和产业密集度等。这一步有助于企业进一步评估选址的优劣势，确保选址决策的科学性和合理性。例如，如果某个地区交通便利且有大量人才聚集，则可能是企业选址的理想之地。经营环境的分析可以帮助企业识别潜在的机会和风险，为选址提供更多参考。

4. 选择要素聚集点

企业需要判断初步选址地点是否为要素聚集点，即该地点是否能满足交通便利、人员聚集、商圈密集等多重要素。例如，对于零售行业来说，选择一个人流量大、交通便利且靠近主要商圈的地点非常重要。通过选择要素聚集点，企业可以确保选址地能够提供足够的客户基础和商业机会。此外，还需考虑该区域是否符合企业的品牌形象和市场定位，从而确保选址能够有效支持企业的长期发展战略。

5. 评估与竞争对手的选择是否重叠

评估选址是否与竞争对手重叠非常关键。一般来讲，新创企业在市场中的消费者忠诚度较低，产业链上下游企业的合作关系也不稳定，因此要避免与强大竞争对手直接对抗。通过评估竞争对手的选址，企业可以选择避开竞争激烈的区域，寻找市场空白点。如果竞争对手已经在某一区域占据优势地位，新创企业可以选择其他尚未被充分开发的区域，从而避开竞争压力，确保选址能够为企业创造一个相对稳定和有利的发展环境。

10.1.4 企业注册成立

1. 核准企业名称

填写并到市场监督管理局（或线上）提交《名称（变更）预先核准申请书》，同时准备相关材料。若核准成功，则可领取《企业名称预先核准通知书》；若核准失败，则需要重新核准。

2. 提交相关材料

准备并向市场监督管理局提交《公司登记（备案）申请书》等有关材料；经营范围涉及前置许可的，需办理相关审批手续；到经市场监督管理局确认的入资银行开立入资专户；办理入资手续并到法定验资机构办理验资手续（以非货币方式出资的，还应办理资产评估手续及财产转移手续）。若递交材料齐全，符合法定形式，审核后可领取《准予设立登记通知书》。

3. 领取执照

按照《准予设立登记通知书》确定的日期，在当天携带《准予设立登记通知书》、办理人身份证原件，到市场监督管理局交费并领取营业执照正、副本。

4. 办理刻章等事项

凭营业执照，到公安局备案并取得刻章资质，再进行公司公章、财务章、合同章、法定代表人印章、发票章的篆刻。

10.2 成长环境

创业案例

华为在企业生命周期中的战略成长

生命周期是企业发展的一个基本规律，所有企业的生命周期及生命周期不同阶段的战略，都可以从企业面临的不确定性和不连续性两个维度来理解。我们借助华为的发展过程

（见图10-2）来理解企业生命周期中不同阶段战略演化与成长的规律。

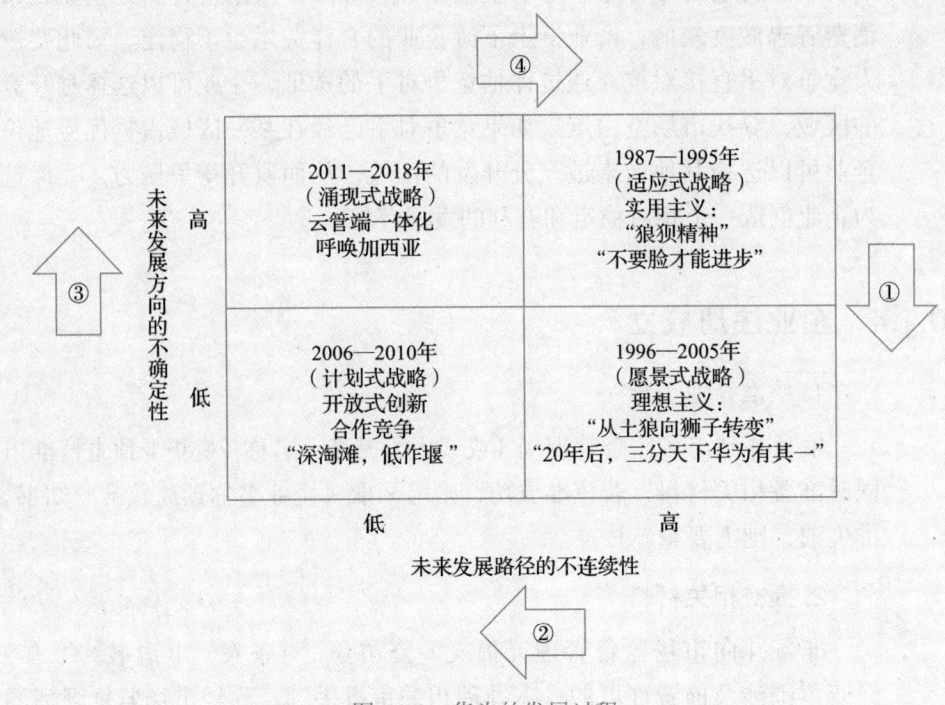

图 10-2　华为的发展过程

1. 适应式战略（1987—1995年）

华为在创立初期，技术能力薄弱，资金短缺。为了捕捉发展的机遇，华为开始自主研发适合小型用户的交换机，后来又启动了局用程控交换机的研发。

创业初期的华为面对着高度不确定的发展方向和非常不连续的发展路径。面临外有强敌、内有追兵的局面，华为要在国际巨头和国内同行的围追堵截中寻求一条生路。因此当时的华为奉行实用主义，提出了"狼狈精神"，以争取更多合作机会，并喊出了"不要脸才能进步"的口号。可以说，创业阶段的华为采取的就是适应式战略。

2. 愿景式战略（1996—2005年）

1996年是华为战略发生转折的一年。一方面，由于万门局用数字交换机的突破，华为的发展方向越来越明确。另一方面，华为在1996年发动了市场部大辞退，并成立了华为基本法起草小组。市场部大辞退事件帮助华为重新梳理了企业的人才体系，而华为基本法的起草帮助华为克服了未来10年发展路径上的不连续性。

1996—2005年是华为的成长期。在这10年间，华为的员工数量从800人增长到了3万人，国际化战略也从1996年进入俄罗斯市场开始发展，2005年其国际市场收入首次超过国内市场。在国际化战略的初期，华为提出了"20年后，三分天下华为有其一"的愿景，还提出了"从土狼向狮子转变"的口号。正是凭借愿景的引导，华为才能够仅用10年时间就成为全球运营商设备领域的主要供应商，克服了发展路径上的不连续性。

3. 计划式战略（2006—2010年）

2006年，华为海外市场收入占总收入的65%。但国际化带来的运营风险也开始显现。为了应对国际化风险，华为于2007年启动了财经体系变革，目的是解决财务与业务部门间的沟通和连接问题，提高企业对各业务区域的管控能力。2009年，任正非提出"深淘滩、低作堰"的发展口号，一方面强调挖掘内部潜力，增强核心竞争力，另一方面强调不要为了短期目标而牺牲长期目标。

2006—2010年可以看成华为的成熟或扩张阶段。在这个阶段，华为的员工数量增加到了11万人，成了一家名副其实的大企业。为了适应企业规模成长和全球布局的要求，华为采取了一些计划式战略措施，加强了对全球业务的管控，在集团层面强调了与合作伙伴的合作竞争和开放式创新。

2008年的金融危机对包括华为在内的电信基础设施供应商造成了很大影响，由于基础设施存在投资滞后的特点，这些影响在2010年前后开始显现。2011年初，华为意识到需要进行深刻的变革，明确提出了"云、管、端"的战略调整，开始向企业业务和消费者领域延伸。华为把业务拆分为运营商业务、企业网业务和消费电子业务三大板块，并于2017年把云事业部升级为一级部门，成为第四大业务板块。

4. 涌现式战略（2011—2018年）

2011—2018年是华为的转型阶段，这个阶段的特点是"自上而下"的战略调整和自下而上的业务涌现相结合。在2011年的组织结构变革中，"云、管、端"三大核心业务被赋予了很大的自主权。此后，其消费电子业务和企业网业务快速扩张，前者的发展更是造就了全球领先的华为手机品牌。但各个业务的快速扩张也造成了资源的浪费。随着产品重复开发现象愈演愈烈，华为不得不在2014年再次进行组织架构调整，缩小了事业群的自主权。

华为的组织变革强调"自下而上"的涌现，鼓励员工敬业、创新、奋斗，目的是应对金融危机和行业变革带来的发展方向的不确定性。面对不确定性，华为通过打造耗散组织结构，激发员工创业创新能力，实施涌现式战略，让企业未来的发展方向"自下而上"地涌现出来。

资料来源：根据网络公开资料整理。

创业企业成长是创业企业通过主动适应经济社会环境来实现企业扩张的一个动态过程，既有量的积累也有质的变化。在现代社会，创业企业的成长环境越来越呈现出不确定性，尤其体现为社会活动以及企业自身的复杂多样性。创业企业必须通过提高动态适应能力和持续成长能力来促进自身成长。因此，有必要分析创业企业成长过程中面临的不确定性和复杂性，并思考新企业应该如何面对这样的问题，才能化挑战为机遇，实现企业主动性成长。

10.2.1 不确定性

弗兰克·H. 奈特（Frank H. Knight）从对完全竞争与不完全竞争的分析入手，引入不确定性概念，并区分了风险与不确定性这两种不同的概念。风险是指可度量的不确定性，不确定性是指不可度量的风险。简单来说，不确定性是指企业内外部环境的多变性。单个企业对一般环境是无法产生影响的，企业是一般环境的被动接受体。

企业应尽可能准确地估计一般环境的特点和变化规律。环境的不确定性提示着企业应关注战略的适应性。企业不确定性的来源可能有机会、资源、企业管理、团队本身等。

宏观方面：政府政策的变化，新的法律、法规的颁布，国际和国内政治、经济形势的变化以及技术的进步等都可能影响企业面对的机会、拥有的资源，进而给企业带来不确定性。

微观方面：基本信息、基础数据不足或历史资料积累不充分，统计偏差、预测方法的局限，管理人员缺乏经验，无法用定量研究而只能用定性研究等都可能给团队管理带来影响。团队本身也是不确定性的一大来源。成长中的企业想要彻底消除不确定性是不可能的，只能通过合理的方法最大限度地减少或降低不确定性。

不确定性不仅可能影响到企业某次经济活动的成败，甚至可能影响企业的重大决策乃至企业的生存。因为不确定性，有的企业不敢放手进行长期投资，有的企业甚至毫无理性、不顾后果地孤注一掷，所以企业在成长过程中必须认清不确定性的挑战。为此，创业者普遍的做法是精确地展示未来的事件情景，其预测的目的通常是确定最可能发生的结果并据此制定战略。在相对稳定的企业环境下，该方法可以很好地服务于企业，但在前景高度不确定的情况下，这种方法就不起作用，甚至是危险的。对新创企业来说，其在成长的过程中大都会面对这样的高度不确定性。台湾政治大学科技管理与智慧财产研究所指出，针对产品生命周期，传统企业的管理追求纵向的功能性管理，从而达到增加效率和效益、降低成本的目的。

然而在数字经济时代，产品生命周期有所缩短，环境的不确定性有所增加。企业关注的重点是如何快速进入和退出市场，迅速推出升级产品，竞争的关键转向产品生命周期的前端。新事业经营战略、新产品策略以及研发管理、创新管理、知识产权管理等都应该成为企业管理的重点。

产品生命周期与不确定性的关系如图 10-3 所示。

在导入期，企业还在亏损状态，这一时期市场增长率较高，需求增长较快，技术变动较大。企业主要致力于开辟新用户、占领市场，此时在技术上有很大的不确定性。在产品、市场、服务等策略上有很大的余地，对行业特点、行业竞争状况、用户特点等方面的信息掌握不多，企业进入壁垒较低，新创企业面临的威胁与机遇都比较多。

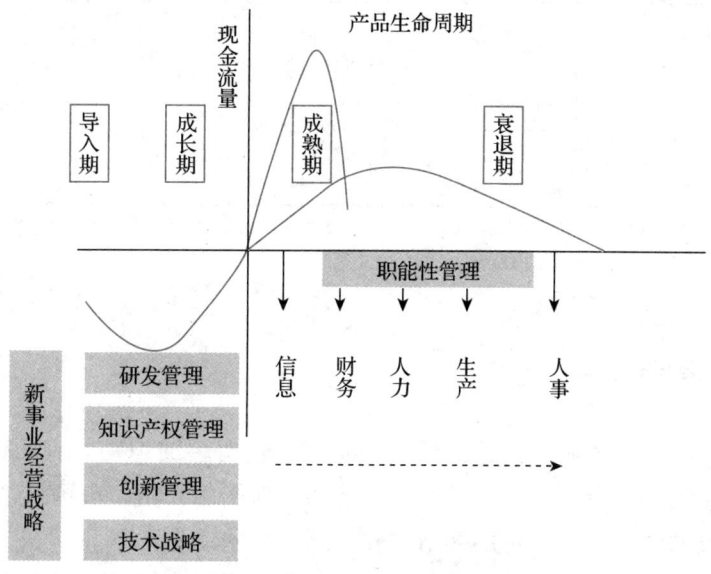

图 10-3　产品生命周期与不确定性

在成长期，新产业的产品经过广泛宣传和消费者试用，市场需求开始上升，新产业也随之繁荣。与市场需求变化相对应，供给方面也出现了一系列变化。由于市场前景良好，进入新产业的企业大量增加，产品也逐步从"单一、低质、高价"向"多样、优质、低价"方向发展。这个阶段由于受不确定因素的影响较少，产业的波动也较小。

在成熟期，市场增长率不高，需求增长率不高，企业在技术上已经成熟，行业非常稳定，买方市场形成，行业盈利能力下降，新产品和产品的新用途开发困难，企业面对的环境相对稳定。

在衰退期，企业已开始转向其他产品或行业。这个时期虽然会有市场增长率下降、需求下降、产品品种及竞争对手数目减少等变化，但不确定性对企业的影响已不大。

不确定性环境下的机会创造与利用策略如表 10-2 所示。

表 10-2　不确定性环境下的机会创造与利用策略

机会创造与利用策略	创业环境			
	确定性环境	低可变性环境	高可变性环境	不确定性环境
1. 机会创造与发现	有唯一正确的选择，可采用持续竞争优势概念	战略假设具有少数几种变化	需要非常多样化的多种假设	大量的假设，检验与产品推出阶段几乎不可区分
2. 机会识别、突破与利用	对唯一正确的选择进行大量投资	对若干方法进行适度投资	巩固明显的成功	迅速放弃识别的方法

（续）

机会创造与利用策略	创业环境			
	确定性环境	低可变性环境	高可变性环境	不确定性环境
3. 机会整合	设置障碍，利用类似垄断的条件	巩固成功，但不进行长期资源投入	通过检验尽力转向低可变性，保持资产的可移动性	此阶段被精简，在利用阶段已获得收益
4. 机会分解与循环	逐渐地、系统地撤出资源，转移到相关或类似业务上	当检验发现投资收益率可能下降时开始进行分解	随时准备迅速组织以重新部署资产	在利用阶段的顶峰开始进行分解

资料来源：杜迪克.战略创新：形成创造性成功战略的革新思想和工具 [M].王德忠，译.北京：机械工业出版社，2003.

10.2.2 复杂性

很多新企业的快速成长靠的是对市场机会的识别。有的企业凭借市场细分法寻找到空白市场，有的企业则依靠创新产品开拓新市场。这种对市场的依赖，很容易使企业忽视对内部结构和外部环境的动态调整。

随着企业的快速成长，企业的动态变化表现在多个方面：内部资源结构变化、员工管理变化、所需资金变化、管理职能权力的扩张和收缩、行业市场结构转变、竞争者策略改变、宏观环境变化等。简单来说，复杂性就是指企业受影响变化的因素较多。复杂性具体表现在以下两点。

1. 内部管理、运营的复杂性

当企业快速发展时，市场扩大，用户增多，企业就会被其他组织（也包括管制部门）注意。此时，创业者会因为要在多而繁杂的管理事务中投入较多精力而感到分身乏术，随之考虑设置企业内部管理职能机构。在这种企业规模扩大的情况下，企业往往难以在短时间内找到合适的人选来胜任这些岗位，即使通过用高成本招聘外部人员的方法，短时间内亦难以形成一套适应企业的职责分工和管理控制系统。这种从无到有的摸索、各个部门间的磨合，加上企业家自己管理的困难，更增加了企业内部管理的复杂性。

用户的需求多了，需要供应的产品自然也多了，企业便需要扩大供应规模。这存在两种情况：有的企业是委托其他厂商加工生产，原先的小厂家可能不能满足需求，要联系大厂家；有的企业是自己生产，此时就要购置机器、招聘人员并对他们进行培训，从而扩大生产能力。在这两种情况外，原先的供应链也要扩大供给，而这些又会带来其他方面的变动调整，更加大了企业内部运营的复杂性。

2. 外部环境和竞争的复杂性

企业快速成长显然会给自己招来更多的竞争对手，甚至给整个行业的市场竞争带来影响。在这种情况下，一些成熟的大企业可以依靠自己的资金、人力、创新研究等优势，凭借已经占有的大部分市场份额，对后起的新创企业发起攻击。对行业内一些不起眼的小企业来说，大企业可以通过采取低价策略，形成价格优势，抢占一方市场。以上这种两面夹击的情况给新创企业带来了很大的挑战。同时，随着竞争对手增多，竞争激烈，卖方的有些优势极有可能丧失。消费者有了更多的选择以后，卖方就要想办法保持原有的用户并调整策略去赢得更多的用户。成长中的企业将手伸向新的市场时，可能对这个市场并不是很了解，于是新环境又影响到企业的策略。这些都给企业成长过程中面对的环境增加了复杂性。面对复杂性给经营带来的影响，企业要想继续快速地成长，就必须正确地面对和解决企业快速成长带来的复杂性问题。

诸多复杂性增加了企业经营决策的风险性，这就要求创业者提高决策能力和企业运作的规范性和灵活性，还要有迅速整合资源的能力。这些都是新创企业成长中遇到的挑战。

熊彼特指出，创业者的成功依赖于直觉，即使在做决策时并不能够获得全部信息，创业者也可以排除非重要事实来发现重要事实，就算他们不知道为什么要这样做。因此，比起一般管理者，创业者应该更广泛地采用启发式思维模式。这能够帮助他们在复杂、不确定的条件下更迅速地采取措施，采用具有前瞻性的决策模式。

创业者在确定商业模式的过程中，如果面临着不确定性和复杂性，可以先进行小步骤试验，然后逐步加大投入，对商业模式进行反复锤炼，直到商业模式得到完美展现。这也就是所谓的试错过程。

10.3 成长阶段

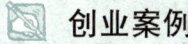 创业案例

安克创新

安克创新科技股份有限公司（以下简称"安克创新"）自2011年成立以来，通过精准的市场定位和持续的创新能力，从一个新创企业迅速成长为全球领先的消费电子品牌之一。以下分阶段详细阐述其创建与成长过程。

1. 创建期（2011—2012年）

安克创新由阳萌于2011年在中国长沙创办。阳萌曾在谷歌工作，他在返回中国后决定创业，专注于为智能手机提供高品质的充电解决方案。安克创新的第一款产品是移动电源，凭借其优越的设计和可靠的性能迅速赢得了用户的认可。安克创新利用电子商务平台的优势，通过亚马逊、eBay、天猫和京东等线上渠道，将产品迅速推向市场，从而获得了宝贵的市场反馈，不断优化产品设计和营销策略。这种直接面向用户的销售模式，使安克创新

在竞争激烈的市场中站稳脚跟，为品牌积累了良好的口碑和忠实的用户群体。

2. 成长期（2013—2015年）

2013—2015年，安克创新进入了品牌建设和市场拓展阶段。公司不仅扩展了产品线，推出了包括充电器、蓝牙音响等在内的多款电子产品，还通过积极的市场推广和品牌塑造，逐步建立了强大的品牌认知度。安克创新的产品以其高性价比和优质服务赢得了广泛的市场认可，迅速在消费电子市场中占据了重要位置。通过不断创新和提升产品质量，安克创新进一步巩固了其在市场中的竞争优势，奠定了后续扩展的基础。

安克创新在这一时期不仅专注于线上销售，还开始拓展线下渠道。公司与沃尔玛、百思买等零售巨头合作，逐步在北美、欧洲、日本和中东等国家和地区扩大市场份额。通过这种线上线下相结合的销售模式，安克创新成功地增加了品牌曝光度和市场覆盖率。

3. 扩张期（2016—2018年）

进入2016年后，安克创新加快了全球化步伐。公司通过与国际知名零售商合作，迅速拓展了线下市场，实现了收入的高速增长。与此同时，安克创新在亚马逊等境外大型电商平台上也占据了领先的市场份额，进一步提升了品牌的国际影响力。为了支持全球业务的扩展，安克创新在组织结构上进行了优化，建立了跨国团队，并引入了更多的管理人才。

在技术研发方面，安克创新推出了多项具有行业领先水平的技术，如高效快充技术和无线充电技术，进一步提升了产品的市场竞争力和品牌影响力。

4. 腾飞期（2019年至今）

进入2019年及其后的成熟阶段，安克创新继续推进品牌多元化战略。公司成功打造了智能充电品牌Anker，并相继推出了Soundcore（音响）、eufy（智能家居）和Nebula（智能投影仪）等自主品牌。这些品牌涵盖了AIoT、智能家居、智能声学和智能安防等多个领域，进一步拓宽了公司的业务领域，并在全球140多个国家和地区拥有超过1亿用户。

安克创新致力于在全球市场塑造中国消费电子品牌，通过不断创新，将富有科技魅力的领先产品带向全球消费者，弘扬中国智造之美。公司的发展不仅体现在产品销售上，还包括在企业社会责任和可持续发展方面的努力。安克创新通过实施绿色生产和废物管理技术，推动低碳运营，并建立了全面的供应链管理标准，确保整个供应链的可持续发展。

自成立以来，安克创新以远超行业平均水平的增速发展。2019年，公司营收达66.55亿元人民币，2020年增至93.53亿元人民币，2021年进一步增长至125.74亿元人民币。2022年，安克创新继续保持了稳健的增长，全年销售额达142.51亿元人民币，净利润达11.43亿元人民币，同比增长16.42%。这些亮眼的财务数据反映了安克创新在全球市场中的强劲表现和持续增长的能力。同时，通过精准的市场定位、持续的技术创新和全球化战略，安克创新不仅在消费电子领域取得了显著成就，也为其他新创企业提供了宝贵的经验和借鉴，展示了新创企业从初创到全球领先品牌的蜕变之路。安克创新的成功案例说明，企业可以通过不断创新和适应市场需求，在竞争激烈的市场中获得持续发展和全球认可。

各国学者结合企业实践经验，从不同的视角提出了很多企业生命周期模型，并对模型中的各阶段及其阶段特征进行了不同的区分，但这些模型的思想大体相同。

10.3.1 企业生命周期理论

企业生命周期理论最早是由马森·海尔瑞（Mason Haire）于1959年提出的，他认为，如同生物学中的生命周期一样，企业的发展也符合生物学中的成长曲线。按照创业成长阶段划分，企业生命周期通常可以分为培育期、成长期、成熟期和衰退期。

1. 培育期

初创企业是指处在培育期的企业，属于由产品创意转化为实际的、有效的产品和服务的时期。这一阶段的企业往往生存能力较弱、市场占有率较低、抵抗力较弱、风险很高，很容易受到现有企业的威胁。但是初创企业比较有活力，具有创业精神，能够将生存欲望所激发的奋斗精神、创新精神转化为物质。

2. 成长期

在培育期存活下来的企业会很快进入成长期，一般分为迅速成长期和稳步成长期两个阶段。这一时期的主要特点是规模经济开始产生作用，企业经济实力增强，市场占有率提高，员工人数增加，抵御市场的力量得以增强。但并不是所有中小企业都能够进入稳步成长阶段，这些中小企业一般需要有优秀创业者的领导，并积极承担风险，积极开展创造性新事业。

3. 成熟期

企业坚持走过成长期，就会进入成熟期，它分为成熟前期和成熟后期两个阶段。第一阶段被称为成熟前期，即骨干企业向大型或较大型企业的演变和发展阶段；第二阶段被称为成熟后期，即大企业向现代巨型公司或超级大企业演变的重要阶段。进入成熟期的企业一般规模较大，市场占有率较高。此时企业也会出现增长缓慢、效益下降、成本上升、官僚主义加剧等问题。

4. 衰退期

成熟期的企业如果没有成功蜕变就会进入衰退期。目前存在两种情况的衰退：一种是受到产业生命周期的影响，即如果企业所处产业已经到了衰退期，企业也会跟着衰退；另一种是企业本身的衰退，主要表现为职位增多、官僚主义横行、企业家精神衰退、应变能力下降等。

10.3.2 爱迪思的十阶段成长模型

企业生命周期理论中最有代表性的是伊查克·爱迪思（Ichak Adizes）的十阶段成长模型。爱迪思在1989年全面系统地阐述了企业生命周期理论。在《企业生命周期》一书中,他将企业成长过程分为孕育期、婴儿期、学步期、青春期、盛年期、下滑期、贵族期、官僚化早期、官僚期以及死亡期共十个阶段,如图10-4所示。每个阶段都各有其特点。

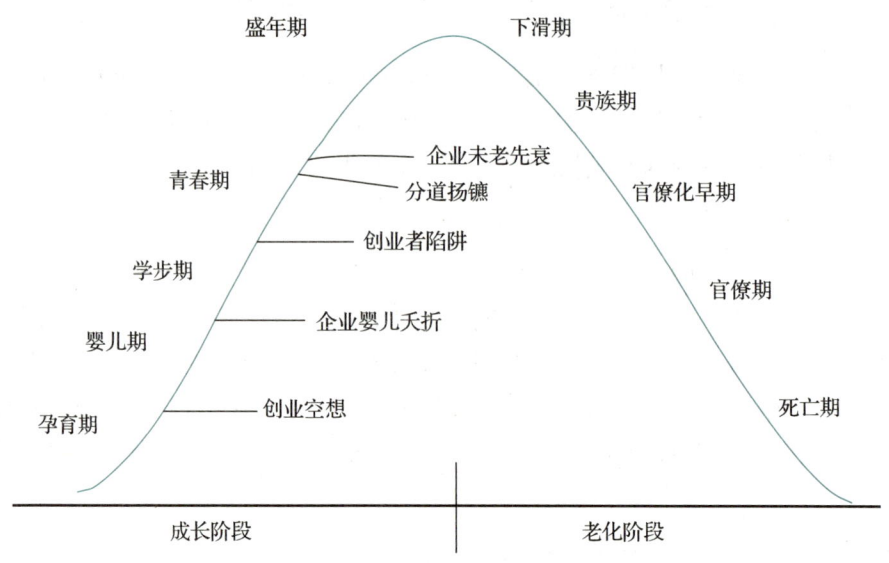

图10-4 爱迪思的企业生命周期模型

资料来源:爱迪思.企业生命周期[M].赵睿,译.北京:华夏出版社,2004.

1. 孕育期

这一阶段先于企业出现。在这个阶段,企业还没有诞生,只是作为概念存在。孕育期强调企业创业的意图和未来能够提供的可能性。在孕育期,创业者需要明确相应的责任,使创业者和投资者都愿意承受风险,这样企业才有生命力。

在孕育期有疑虑是正常的事情,相反,如果在任何情况下都没有疑虑,就很有可能产生如下病态:企业所承担的责任没有经过现实检验;没有进行从头到尾的细节考虑,创业者狂热而不现实;纯粹的利润导向,只考虑投资回报;责任心与风险不对应;创业者的控制地位不稳固。创业者在面对疑虑时,要能够回答为什么做(why)、谁来做(who)、做什么(what)、怎么做(how)、什么时候做(when)的"4W1H"问题。没有经得起现实考验的孕育期只能算是一场创业空想。只有在创业者承担了风险之后,企业才算诞生了。当创业者遇到并承担了实实在在的风险时,企业就进入下一阶段——婴儿期。

2. 婴儿期

婴儿期关注的焦点从构想和可能性转移到了成效的产生上。为了做到这一点,企业必须扩大销售,但是现实中处于婴儿期的企业是以产品而非销售为导向的,因为企业必须在开展大规模销售之前将产品稳定下来。婴儿期的企业缺乏明确的制度,也没有程序或预算,表现不稳定。这种不稳定使得企业非常脆弱，一不留神问题就会变成危机，因此婴儿期的企业实行的是危机管理。由于管理工作是受危机左右的，企业高度集权，可以说上演的是一场"独角戏"。

健康的婴儿期企业在成长与资金获得方面是均衡的。但是，一旦创业者的责任心被危机破坏，过早地授权甚至失去控制，或失去资金支持，就会出现婴儿夭折的情况。当企业的现金和经营活动达到稳定水平时，企业就会脱离婴儿期，进入下一阶段——学步期。

3. 学步期

爱迪思认为，在孕育期，创业者形成设想；在婴儿期，富有责任心的创业者将设想变成现实；到了学步期，创业者的设想开始真正体现价值，此时无论是现金流还是销售量都是很可观的。企业不仅成功地生存了下来，而且具有旺盛的生命力。也正是因为这样，一些创业者可能会以为自己无所不能，仍然机会优先，从而做出一些不明智的决策，比如开始进入其他并不了解的领域。学步期的企业将把重点从产品转向市场，但是它所表现的还是一种被动的销售导向。除此之外，学步期的企业还存在缺乏连续性和重点、因人设事、责任和任务重叠、组织分工混乱等问题。因此，如果企业不能形成自己的行政管理制度，将领导行为制度化，就会落入创业者陷阱中。

4. 青春期

青春期对企业来说是情感意义上的再生，企业像一个正设法脱离家庭、确立独立性的小青年。但是，比起婴儿期实体意义上的诞生，再生充满了痛苦，时间也会拖得更长。易发生冲突与行事缺乏连续性是青春期企业的特点，这使得学步期到青春期的转变变得十分艰难，企业面临着三个方面的挑战：职权的授予、领导风格的转变和企业目标的替换。

上述三个因素最终导致的结果就是冲突，冲突表现出的形式就是拉帮结派，最终可能导致企业成员分道扬镳，使企业陷入"未老先衰"的境地。为了避免异常和病态，组织必须由人员导向调整为结构导向，人员必须根据组织需求找到自己的定位，即必须将培养企业活力制度化，并将它导入管理制度与程序的框架之内。[一]这样企业就会走向下一个发展阶段——盛年期。

5. 盛年期

盛年期是企业生命周期中最为理想的状态。在这个阶段，企业的自控力和灵活性达到平衡。盛年期企业的特点包括：企业的制度和组织结构能够充分发挥作用；视野的开拓与创造力的发挥已经制度化；注重成果，能够满足用户需求；能够制订并贯彻落实计划；企业表现超群；无论从销售量还是从盈利能力方面来看，企业都能够承受增长所带来的压力；企业分化出新的婴儿期企业，

[一] 张勇. 现代企业生命力：现代企业生命周期论[M]. 北京：机械工业出版社，2007.

衍生出新的事业。

在盛年期，需要关注的病态是企业的自满。如果盛年期的企业背离了创新精神，就会丧失活力，进入下一阶段——下滑期。

6. 下滑期

下滑期是企业走向衰老的第一个阶段，是由盛转衰的转折点。下滑期的企业已经有了一种自满的感觉，企业虽然依旧强盛，但是开始失去灵活性和变革的欲望。企业内部开始出现"只要没有坏，就别去修它了"的心态。处于下滑期的企业虽然还是以成果为导向、组织结构完善，但是冲突比以前少了很多。人们办事循规蹈矩，到处都井井有条，倾向于保守。

在下滑期，企业的权力中心向负责财务和法律事务的人员偏移，企业对人际关系的兴趣也超过了对冒险创新的兴趣。虽然销售量还在增加，但新产品已经不再产生利润了。即使存在所谓的新产品，也不过是对现有产品的充实。企业家的创新精神也不断萎缩。此时如果企业家的创新精神进入了休眠状态，那么最终会大大影响企业满足用户需要的能力，并使企业进入下一阶段——贵族期。

7. 贵族期

贵族期的企业为了减少冲突，要把变化保持在最低水平，与用户的距离不断拉大，自我保护意识不断增加。贵族期的企业主要有如下特征：对企业成长的预期减小；对于占领新市场、新技术和新领域缺乏兴趣；关注的是过去的成就而非未来的梦想；钱被花在控制系统、福利措施和一般设备上；对于做事方式的关心胜于对内容和原因的关心；越来越注重形式，并拘泥于传统；聘用关心企业活力的个人，经营信条却是"别兴风作浪"；企业内部缺乏创新，甚至为了获得新产品、新市场，会选择兼并其他企业；企业资金充裕，成为被兼并的目标。

贵族期的企业宁可依赖外部因素也不愿意自己采取行动，且企业一直在通过兼并或涨价来弥补损失。最终导致销售量下降，企业也陷入市场份额、收入和利润持续下降的绝望之中，企业继而进入下一阶段——官僚化早期。

8. 官僚化早期

处于官僚化早期的企业具有如下特征：强调是谁造成了问题，而不去关注应采取什么措施补救，问题被个人化；人际冲突、背后中伤、彼此怀疑的事情层出不穷；偏执的管理者束缚了企业，人们不再承担应负的责任；人们的注意力集中于内部权力的争夺，忽视了外部用户的需求。

从贵族期到官僚化早期有一个明显的特征转变，那就是后者存在管理偏执。偏执会加剧企业的衰败，管理人员为了保全个人而彼此争斗，企业的业绩下滑，偏执却仍然在加强。这样的情况会一直持续到企业破产。

9. 官僚期

补贴和国有化可以延缓企业的生命——企业本该死亡，却靠人为的手段活了下来。在官僚期，企业根本无法自力更生，唯一关注的事情就是规章制度。官僚化的企业有这样一些特征：制度繁多，行之无效；与世隔绝，只关心自己；丝毫没有控制意识；强迫自己的用户想出各种办法避开或突破制度障碍。官僚期的企业所做的事情几乎没有任何价值，由于缺乏变革和团队工作的观念，人们的工作充斥着制度、表格、程序、规章，这些东西抑制了革新和创造力。

10. 死亡期

企业死亡的定义是企业已经没有资源鼓励人们为自己工作。当没有人或政府为企业承担义务和责任时，企业就进入了死亡期。

10.4 成长战略

成长性是创业企业的一个重要特征。创业者创建企业后需要考虑的问题是如何制定并实施成长战略，使新创企业成功地成长起来，因为企业获得成长是实现创业者梦想的基本前提。有研究表明，我国企业的平均寿命只有3~4年，只有10%的新创企业能活过5年，1%的新创企业能活过10年。由此可以看出，新创企业成长的道路是曲折的，创业者制定和实施适合新创企业的成长战略至关重要。企业的成长战略包括内生成长战略和外生成长战略，如图10-5所示。

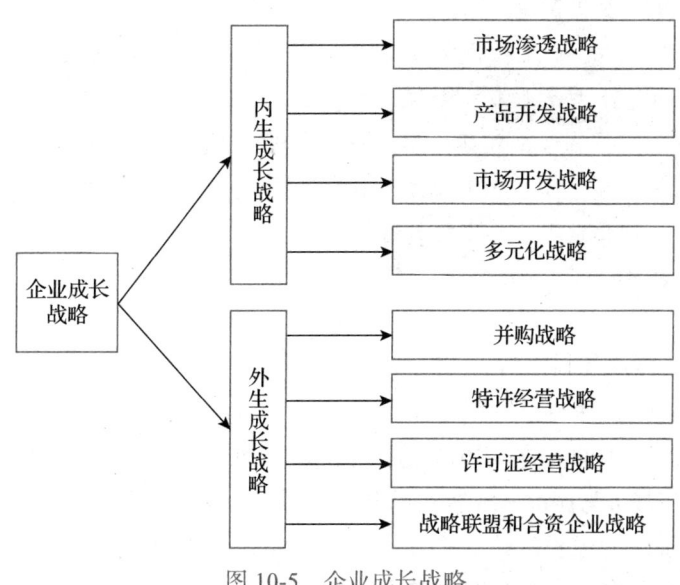

图10-5 企业成长战略

> **创业案例**

地平线的企业成长战略

地平线机器人（Horizon Robotics）公司（以下简称"地平线"）成立于2015年，由AI领域的资深专家余凯博士创立。自成立以来，地平线专注于开发高效能AI处理器和解决方案，迅速崭露头角，成为自动驾驶和智能设备领域的领先企业。公司的成长战略围绕技术创新、多元化应用、战略合作、国际化拓展和资本运作五个方面展开，充分展示了新创企业在激烈市场竞争中脱颖而出的路径。

地平线以技术创新为核心驱动力，成功推出了多款高性能AI处理器，从2017年的首款AI处理器BPU到2020年的第三代产品Journey 3，不断突破处理器性能和能效比，确立了在自动驾驶和边缘计算领域的领先地位。公司不仅在技术上持续突破，还致力于将AI技术广泛应用于智慧城市和智能零售等多元化领域，通过拓展应用场景来增强市场竞争力。这一战略使得地平线能够在多个高增长市场中占据一席之地。

在战略合作方面，地平线积极与国内外知名汽车制造商和科技公司（如奥迪和上汽集团）建立合作关系，加速了AI处理器在自动驾驶中的应用。通过与学术界的紧密合作，地平线不断增强其技术储备和创新能力。这些合作不仅提升了公司的技术水平，还扩大了其市场影响力，为企业的长远发展奠定了坚实基础。

国际化战略也是地平线成长的重要一环。公司在全球设立了多个研发中心，吸引顶尖AI人才，扩大全球市场影响力。通过这些国际化布局，地平线不仅能够获取全球最新的技术动态和市场需求，还能将自身的创新成果推向更广泛的市场。在资本运作方面，地平线通过多轮融资，获得了高瓴资本、淡马锡等顶级投资机构的支持，为其技术研发和市场拓展提供了充足的资金保障。

截至2024年，地平线已经成为全球AI芯片和解决方案领域的领先企业，旗下的AI处理器广泛应用于自动驾驶、智慧城市和智能零售等领域，性能和效率均处于行业领先地位。公司在全球范围内设立了多个研发中心，吸引了大量世界顶尖人才，推动技术进步和产品优化。未来，地平线将继续致力于技术创新和市场拓展，推动AI技术在更多领域的应用和发展，为智能化世界的建设贡献更多力量。

资料来源：根据网络公开资料整理。

安索夫矩阵（Ansoff matrix），也称产品/市场扩展方格图，是由俄罗斯裔美国战略管理专家伊戈尔·安索夫（Igor Ansoff）于1957年在《哈佛商业评论》上首次提出的。这一矩阵是企业战略规划的重要工具，通过将市场（现有市场和新市场）与产品（现有产品和新产品）两个维度结合，帮助企业制定适应不同发展阶段的成长战略。安索夫矩阵包括市场渗透战略、产品开发战略、市场开发战略和多元化战略四种基本战略（见图10-6）。

	现有产品	新产品
现有市场	1.市场渗透战略	2.产品开发战略
新市场	3.市场开发战略	4.多元化战略

图 10-6　安索夫的产品/市场扩展方格图

1. 市场渗透战略

市场渗透战略是企业通过增加现有产品在现有市场的销售量来实现发展。这种战略的核心是提高市场份额，通常通过强化营销活动、优化价格策略、提升产品质量和改善服务来吸引更多用户。例如，拼多多作为新兴电商平台，通过低价策略和社交电商模式，迅速在我国市场获得大量用户，从而实现了快速的市场渗透。通过大规模的促销活动和用户互动，拼多多在短时间内提升了市场占有率，并成功吸引了大量低收入用户。这种战略适用于市场竞争激烈但增长潜力仍然很大的行业，能够帮助企业快速提升市场份额和品牌影响力。

2. 产品开发战略

产品开发战略是企业通过开发新产品在现有市场中实现份额增长。企业需要不断创新，推出符合市场需求的新产品，从而吸引现有用户和潜在用户。以字节跳动为例，这家企业最初通过今日头条等信息流产品积累了大量用户基础，随后通过不断创新，推出了抖音、火山小视频等新产品，迅速在现有市场中扩展其产品线。通过精准的数据分析和强大的技术研发能力，字节跳动成功开发了一系列受市场欢迎的新产品，从而实现了企业的快速成长。这种战略尤其适用于技术密集型行业，要求企业具备强大的研发能力和对市场需求的敏锐洞察力。

3. 市场开发战略

市场开发战略是指企业在新市场推广现有产品。这个新市场可以是地理上的新区域或新的市场细分。通过进入新的市场，企业可以开拓更多的用户群体，实现业务增长。以滴滴出行为例，这家共享出行服务平台在中国市场取得成功后，开始积极拓展国际市场，包括东南亚、拉丁美洲等地区。通过与当地合作伙伴的紧密合作，滴滴出行成功进入了多个海外市场，迅速积累了大量用户，并在全球范围内树立了强大的市场影响力。这一战略适用于希望通过地域扩展或目标用户群的多样化来实现成长的企业，能够有效提升企业的市场占有率和品牌国际化水平。

4. 多元化战略

多元化战略是企业通过开发新产品并进入新市场来实现增长。一般而言，多元化可以分为相关多元化和非相关多元化。相关多元化是指企业在现有业务的基础上开发新产品,进入与现有业务相关的市场;非相关多元化则是指企业进入全新的、不相关的业务领域。以大疆创新为例,这家企业最初通过无人机业务积累了大量用户,随后逐步扩展到机器人、手持稳拍设备、教育机器人等多个领域,发展成为高科技产品的综合制造商。大疆创新的多元化战略不仅拓宽了企业的业务范围,也增强了其市场竞争力和抗风险能力。这种战略适用于已经在现有市场和产品上取得成功,且有充足的资源和能力进行跨行业扩展的企业。

创业案例

创芯慧联的成长战略

南京创芯慧联技术有限公司(以下简称"创芯慧联")成立于2019年,是一家专注于移动通信领域集成电路研发、设计和应用的国家级高新技术企业。公司总部位于南京江北新区研创园,注册资本3 711.378 5万元。其产品涵盖5G移动通信系统芯片、终端芯片等,贯通了网端,显示了它在通信技术领域的综合实力。创芯慧联被评为国家高新技术企业、独角兽培育企业,以及多项行业协会的会员单位,展现了它在行业中的领先地位。公司由国内外著名企业的高管和技术专家共同创建,在无线通信基带芯片产品设计和商用方面拥有深厚的积累,并在全球主流芯片工艺上具备丰富的量产经验。创芯慧联在芯片产品定义、芯片架构、算法、SoC(system on chip,系统级芯片)设计、量产等环节全程自研掌控,拥有完全自主的知识产权,实现了芯片国产化的目标。研发团队成功研发多款蜂窝移动通信芯片,全球累计发货过亿颗,显示了它在高性能数模混合CMOS(complementary metal oxide semiconductor,互补金属氧化物半导体)集成电路研究方面的持续技术突破。

创芯慧联的成长战略主要围绕技术创新、市场拓展和战略合作展开。在技术创新方面,公司专注于研发高性能5G芯片,推动通信技术的发展。在市场拓展上,公司积极进入物联网、智慧城市等新兴领域,扩大市场份额。在战略合作方面,创芯慧联与中国移动等行业巨头建立了深度合作关系,联合成立实验室,并获得中国移动的战略投资。2021年12月,中国移动进一步加大投资力度,并委派董事进入创芯慧联管理层,这标志着双方在资本层面的深度合作。

截至2024年,创芯慧联在全球范围内建立了多个研发中心,吸引了大量顶尖人才,推动了技术创新和产品优化。公司通过多轮融资,获得了中国移动、鼎晖资本、毅达资本等多家知名基金和机构的支持,为其技术研发和市场拓展提供了充足的资金保障。创芯慧联将继续与中国移动在5G产业推进、核心技术攻关、芯片产品创新、物联网生态构建等方面进行全面深度合作,共同推动算力网络的发展,为实现"网络无所不达,算力无所不在,智能无所不及"的愿景提供核心动力。创芯慧联的成长战略充分展示了新创企业如何通过技术创新、市场拓展和战略合作,实现快速发展并在激烈的市场竞争中占据一席之地。

资料来源:根据网络公开资料整理。

企业成长战略是企业为实现长期发展和增强竞争力而制定的一系列系统性计划。对于新创企业而言，选择适合的成长战略尤为关键。以下将详细阐述并购战略、特许经营战略、许可证经营战略以及战略联盟和合资企业战略的定义、特征及其优势。

1. 并购战略

并购战略是指新创企业通过收购或兼并其他企业实现快速增长的战略。这一战略的核心在于通过整合资源、技术和市场份额，增强企业的竞争力。并购可以分为横向并购、纵向并购和多元化并购。横向并购是指企业收购与它在同一行业中竞争的企业，目的是扩大市场份额并减少竞争对手。纵向并购是指企业收购其供应链上的企业，目的是控制生产和供应环节，降低成本。多元化并购是指企业收购与其主营业务不相关的企业，目的是进入新的市场领域，分散经营风险。

并购战略的特征主要包括资源整合、市场扩张和风险分散。通过并购，企业可以获得被收购企业的资源和技术，从而提高自身的技术水平和竞争力。此外，并购可以帮助企业迅速扩大市场份额，进入新的市场领域，获得更多的用户资源。对于新创企业，尤其是那些处于快速成长期的公司，并购战略能够带来巨大的成长机会。例如，地平线在并购了一些关键技术企业之后，迅速提升了自身在 AI 芯片领域的竞争力，并扩展了市场份额。

2. 特许经营战略

特许经营战略是指新创企业通过授权他人使用其品牌、产品和经营模式扩展市场的战略。特许经营是一种快速扩展市场覆盖范围的有效方式，尤其适用于那些具有强大品牌和成熟经营模式的企业。特许经营的特征包括品牌授权、标准化经营和持续监督。

特许经营战略的优势主要体现在以下几个方面。首先，企业可以通过特许经营迅速扩大市场覆盖范围，增加市场份额。其次，通过品牌授权和标准化经营，企业可以确保产品和服务的一致性，维护品牌形象。此外，特许经营战略可以帮助企业降低投资和运营风险，因为特许经营者通常需要自行承担开店和运营的成本。最后，企业可以通过收取特许经营费和持续的管理费获得稳定的收入。例如，深圳的无人机企业极飞科技（XAG）通过特许经营模式迅速在全球范围内扩展了业务，提高了产品知名度和市场占有率。

3. 许可证经营战略

许可证经营战略是指新创企业通过授予他人使用其知识产权（如专利、商标、技术）的许可扩大市场和获取收益的战略。这一战略可以广泛应用于技术推广和市场扩展。许可证经营的特征包括知识产权授权、技术转移和持续收益。企业通过授权他人使用其知识产权，可以迅速将技术或产品推广到更广泛的市场，同时保持对技术的控制权。

许可证经营战略的优势主要包括以下几点。通过知识产权授权，企业可以迅速扩大技术或产品的市场覆盖范围，提高市场渗透率。通过技术转移，企业可以实现技术的快速推广和应用，进一步增强技术的市场竞争力。此外，许可证经营战略可以为企业带来持续的收益，通过收取专利使用费或技术许可费，实现知识产权的商业化。例如，创芯慧联通过许可其5G芯片技术，不仅加速了技术推广，还通过专利费实现了盈利，进一步提升了市场地位。

4. 战略联盟和合资企业战略

战略联盟和合资企业战略是指新创企业通过与其他企业建立合作关系，共同开发市场、共享资源和技术，实现共同利益的战略。战略联盟和合资企业的特征包括资源共享、技术互补和风险共担。通过战略联盟，企业可以在保持独立性的同时，利用合作伙伴的优势资源共同实现市场目标。合资企业则是指两个或多个企业共同出资成立新企业，共享利润和风险。

战略联盟和合资企业战略的优势主要体现在以下几个方面。通过资源共享和技术互补，企业可以提高自身的技术水平和市场竞争力。通过合作，企业可以降低市场进入成本，共同分担市场风险。此外，战略联盟和合资企业战略可以帮助企业迅速进入新的市场领域，扩大市场份额，获取更多的用户资源。例如，地平线（Horizon Robotics）通过与国际知名企业建立战略联盟，不仅提升了自身的技术实力，还迅速扩展了全球市场，提高了品牌知名度和市场份额。

10.5 价值创新战略

为什么有的企业可以历经风雨存活下来，而大多数的企业却只能各领风骚七八年呢？企业选择的价值创新战略和成长战略不同，是其中的一个重要原因。欧洲工商管理学院的两位教授金伟灿和勒妮·莫博涅（Renee Mauborgne）通过对全球30多家企业进行研究发现，高速成长的企业与它们不太成功的竞争对手之间的区别在于各自对于战略的设想不同。不太成功的企业的管理者依循的是传统战略逻辑，高速成长企业的管理者依循的是价值创新逻辑。

传统战略逻辑与价值创新逻辑的区别在于战略的五个基本维度，如表10-3所示。与传统战略逻辑不同的是，价值创新逻辑通过追求价值创新，提供符合大多数用户需求的产品和服务来控制市场，而不去考虑行业条件的限制、竞争对手确定的战略思路，以及用户之间的差异性等因素，也不会根据现有的资产和能力来评估商业机会。

表 10-3　传统战略逻辑与价值创新逻辑的区别

比较维度	传统战略逻辑	价值创新逻辑
行业假设	行业边界已定，竞争对手固定，市场总量有限，重点在于争夺市场份额	行业边界可拓展，竞争对手可转换，通过创新开创新的市场需求和空间
战略重点	关注竞争，通过战胜对手获得成功，通常是通过成本领先或差异化策略	关注价值，通过为用户创造新价值实现突破，不仅仅是超越竞争对手，而是创造无竞争的新市场
用户	主要关注现有用户群体及其需求，重点在于更好地服务和满足现有市场需求	关注未被满足或未被识别的用户需求，通过创新吸引非用户进入市场，实现市场扩展
资产与能力	强调优化和提升现有资源的能力，以增强竞争优势	强调重组和再利用资源的能力，以创新和创造新价值为核心
提供的产品和服务	通常是现有产品和服务的改进和优化，以求在竞争中保持优势	创新产品和服务，满足新的市场需求和未被满足的用户需求，开创全新市场

1. 创新意味着打破常规，摆脱传统思维的束缚

创业者在创业过程中，以及对新创企业的管理过程中，更需要创新。根据波士顿咨询集团的小乔治·斯托尔克（George Stalk Jr.）、大卫·K.毕高特（David K. Pecaut）和本杰明·伯内特（Benjamin Burnett）在"Breaking compromises, breakaway growth"一文中的建议，企业可以采取以下七种方式寻找和开发打破惯例的创新机会。

（1）按照用户购物的方式购物。管理人员应深入了解用户的购物习惯和偏好，因为企业的雇员与用户同样使用本企业的产品和服务，是洞察市场需求的重要源泉。例如，一些便利店为了提供更好的用户体验，实行24h运营，满足用户随时购物的需求。这种策略不仅提高了用户满意度，还迅速提升了市场份额。

（2）关注用户实际使用产品和服务的方式。通过观察用户的实际使用情况，企业可以发现产品和服务的不足，并进行改进。智能家居企业通过用户数据分析，发现用户在特定时间段对智能灯泡的需求较高，于是开发了自动调光功能，提高了产品的实用性和用户满意度。

（3）找出用户潜在的不满，挖掘用户深层次的不满。通过调查问卷、用户反馈和市场调研，识别出用户在使用产品过程中遇到的各种问题，并加以改进。例如，共享单车企业通过用户反馈，发现许多用户对车锁的使用感到不满，于是研发了更便捷的智能锁，提升了用户体验和满意度。

（4）对用户进行分类。根据用户的重要性进行分类，提供差异化的产品和服务，制定针对性的营销和定价策略。例如，一些金融科技企业通过分析用户数据，将用户分为高净值用户和普通用户，提供不同的理财产品和服务，从而更好地满足用户需求，提高用户忠诚度。

（5）密切关注异常情况。企业应注意那些不被看好的地区销售业绩显著优于其他地区的情况，或一些产品在没有明显质量和价格优势的情况下反而受到更多用户青睐的情况。通过对这些异常现象的调查，企业很可能会发现用户的真正需求。例如，一家新创企业发现某些特定城市的销售业绩异常高，经过调查发现这些城市的用户更注重环保性能，于是企业调整了产品设计和宣传策略，进一步提升了市场份额。

（6）寻找行业价值链上的不经济点。通过优化价值链管理，提高整体效率和用户满意度。例如，一些新创企业通过垂直整合供应链，不仅降低了成本，还提升了产品质量和供应链的稳定性。某些电动车新创企业通过建立自己的电池生产线，减少对外部供应商的依赖，从而降低了生产成本，提高了市场竞争力。

（7）寻找打破行业惯例的相似方法。从其他行业的创新方法中得到启示，寻找类似的方式打破本行业的惯例。许多科技类新创企业借鉴互联网企业快速迭代的开发模式，应用于硬件产品开发，显著缩短了产品研发周期，提高了市场响应速度。一些医疗科技企业通过学习电子商务企业的用户体验设计，改善了患者的使用体验，提升了产品的市场接受度。

2. 创新价值曲线

管理者将价值创新逻辑运用于企业成长过程中的具体做法就是创造一条创新价值曲线。[1]在此，管理者要回答四个问题。

（1）本企业被赋予的要素中，哪些要素是已经没有价值、应该被取消的。

（2）哪些要素应该削减到行业标准之下，即企业的产品和服务在哪些方面过剩，且用户并不看重。

（3）哪些要素应该提升到行业标准之上，即哪些要素是用户更希望得到的。

（4）哪些要素是该行业从未提供过而应该由企业创造的，即哪些新的因素更能满足用户的需要。

企业通过对以上四个问题的回答，可以创造出一条创新价值曲线。

10.6 共演战略

企业成长要面对的最重要的事情，就是要基于系统性和动态性处理企业内部人事以及企业外部用户市场的各种关系。基于上述企业成长的环境和企业成长规律，必须用动态和演化的视角来理解区别于传统生命周期或是价值创新的共演战略。

用复杂的视角看待现实世界，人们会发现世界的两个突出特点：一个是系统性，另一个是动态性。系统性来自世界是由大量组成部分组成的网络这个基

---

[1] 斯托尔克，等.企业成长战略[M].赵锡军，等译.北京：中国人民大学出版社，1999.

本事实，而动态性来自组成世界的各个部分通过不断学习和演化适应环境这个普遍规律。首先，构成世界的大量组成部分之间存在着不确定的相互关系，即各个组成部分混杂在一起会产生什么结果往往是无法事先确定的。其次，各个组成部分与环境之间的适应和演化过程也是不连续的，即组成部分可能在演化过程中发生突变。因此，我们可以从未来发展方向的不确定性和未来发展路径的不连续性两个维度理解复杂的世界（见图10-7）。

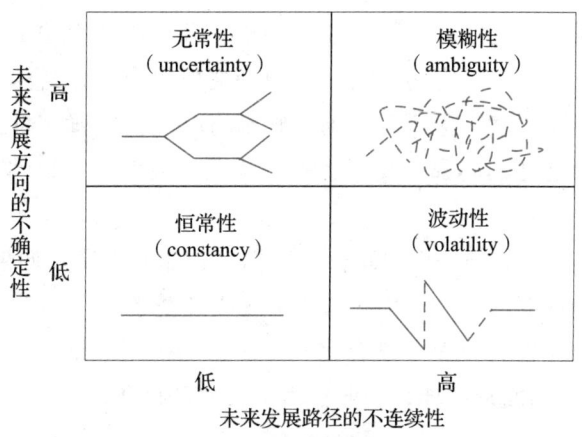

图 10-7　现代经济社会 = 不确定性 × 不连续性

未来发展路径的不连续性有低和高两种情况。不确定性和不连续性都高的情况可以用图 10-7 右上角的迷宫一样的图形表示。不确定性高的同时不连续性高，意味着未来往哪个方向发展以及能否达到目标都无法预知。这就好比在重度雾霾天行走的人，不确定前进的方向，也不知道下一步会不会撞到东西。这种情况可以被称为模糊性。

不确定性低但不连续性高的情况可以用图 10-7 右下角的折线图形表示。不确定性低意味着前进方向是比较确定的，但不连续性高意味着前进的道路上需要克服很多障碍。这就好比参加各种挑战赛的人，虽然终点的方向已经确定，但要自己想办法克服困难才能到达终点。这种情况可以被称为波动性。

不确定性和不连续性都低的情况可以用图 10-7 左下角的直线图形表示。不确定性低意味着前进的方向是确定的，不连续性低意味着前进的道路是平坦的。这就好比在高速公路上开车，只要动力充足，不用下高速就能到达终点。这种情况可以被称为恒常性。

不确定性高但不连续性低的情况可以用图 10-7 左上角的树状图形表示。不确定性高意味着前进的方向出现了多种可能性，而不连续性低意味着虽然不同选择会通向不同的方向，但这些选择的可行性较高。这就好比开车开到岔路口，虽然每条岔路都走得通，但每条道路通向的目标是不同的。这种情况可以被称为无常性。

由此可见，现实世界是由许多种要素混合在一起的兼具系统性和动态性的体系，充满了不确定性和不连续性。

10.6.1 共演战略的组成部分

1. 共演战略的四要素

特斯拉的创始人埃隆·马斯克曾多次提出，他喜欢用第一性原理思考问题，即当他遇到难题时，他习惯于一层层剥开事物的表象，看到里面的本质，然后再从本质一层层往上走。第一性原理之所以重要，是因为这个世界充满着不确定性和不连续性，但因为任何事物都有唯一的、确定性的起源，所以如果能找到这个确定性的起源，我们就有了认识复杂事物的基础，也就有了应对不确定性的办法。

思考企业的第一性原理，就是思考企业的本质。如果问企业家："管理中最本质的问题是什么"，得到的答案往往是基于管理的对象和管理的边界的。一方面，企业作为一个客观存在，一定有它的组成部分，本质上无非是"人"和"事"两个方面；同样，企业作为一个客观存在，一定有它的边界，即把世界分为企业的"内"和"外"两个部分。

我们可以用"企业管理 = 人 × 事 × 内 × 外"这个公式思考企业的基本维度。其中，"人和事"以及"内和外"就是企业管理的两个基本维度。所谓战略，就是要在不确定性中寻找确定性，在不连续性中寻找连续性。有了"人和事"以及"内和外"这两个基本维度，就有了能帮助我们理解企业面临的各种不确定性的一个确定性基础。从这个基础出发，一步步分析，就能够找到企业发展不连续性中的连续性路径。

把"企业管理 = 人 × 事 × 内 × 外"这个公式画成一张 2×2 的矩阵图，就得到了共演战略四要素。如图 10-8 所示，由"人和事"以及"内和外"两个维度构成四个象限："外部的人""内部的人""内部的事"和"外部的事"。

图 10-8 共演战略四要素

对企业来说，最重要的"外部的人"是用户，最重要的"内部的人"是员工，最重要的"内部的事"是产品，最重要的"外部的事"是环境。为了更准确地捕捉企业的特征，我们用组织代替员工来表示"内部的人"，用市场代替环境来表示"外部的事"。这样，就有了"用户"、"组织"、"产品"和"市场"这四个战略思维的基本要素，也被称为共演战略四要素。

2. 共演战略的十二要点

共演战略四要素中第一个要素是"用户"。"用户"这个要素回答了一个很重要的问题，就是"企业为什么存在"。我们可以从用户特征、用户需求和用户选择这三个方面理解用户。用户特征关心的是用户是谁、有何特点；用户需求关心的是用户为什么愿意为产品买单；用户选择关心的是用户选择和使用产品或服务的过程是什么样子的。

在决定做"得到"app之前，罗辑思维团队曾对微信公众号、喜马拉雅、优酷等平台上的罗辑思维用户做了用户特征分析。他们发现罗辑思维的用户有独特的内容偏好，对商业、互联网、创业、心理学及其发展趋势等领域的知识内容最为偏爱，且用户很主动和积极，在看订阅文章的时候不仅仅会看文章本身，也会浏览下面的大段评论。基于对用户的分析，罗振宇和他的团队认为需要为用户提供更丰富的内容，于是确立了"为用户节省时间，以知识服务为核心，帮助用户完成知识升级"的核心理念。

共演战略四要素的第二个要素是"组织"。"组织"要素回答了"企业由谁组织，以及如何组织起来"这个问题。正如任正非所说的，企业的寿命本可以远远长于个人寿命，但大多数情况下是远远短于个人寿命的，造成这种现象的原因正是企业没能以适当的方式把适当的人组织起来。

组织要素至少要看三个要点，包括：领导者、团队员工和组织管理。领导者是企业的核心，企业领导者的格局和视野决定着企业发展的成败。一个企业只靠领导者当光杆司令肯定不行，还得有团队和员工。一般来说，高管团队和领导者之间配合的最佳状态是技能上互补，价值观合得来。企业里仅仅有领导者和团队员工这些人还不行，重要的是能把这些人很好地组织起来。组织结构、组织制度和组织文化可以分别看作组织的"骨架""肌肉"和"血液"。组织这个"肌体"之所以能够立得起来，是因为有结实的"骨架"、有力的"肌肉"和充沛的"血液"。

共演战略四要素的第三个要素是"产品"。"产品"要素回答了"企业提供什么东西，以及如何提供"这个问题。在考虑产品的时候，可以从产品开发、营销推广和商业模式三个方面入手。产品开发说的是把产品做出来，营销推广说的是把产品卖出去，商业模式说的是把钱收回来。

产品开发有两类主要的模式。传统企业往往采用瀑布式产品开发模式，即假定用户面临的问题和产品的特征都是已知的，但是其严格的流程注定了很难针对用户需求的变化做出调整，产品开发失败的代价高昂。一些有移动互联网基因的企业往往会采取敏捷开发模式。例如，小米公司的开发口号就是"快速迭代，随做随发"，他们依据的理念就是敏捷开发。

在营销推广方面，传统的营销是针对所有人群或特定人群的无差异营销，这种方式覆盖面广，但针对性差。这几年，随着人工智能、大数据和云计算等新技术的应用和普及，产品的营销推广发生了很大的变化。现在，如果你在淘宝或京东上搜索过某个产品，和这个产品类似的产品就会形成专栏，不断在你的购物 app 首页上轮换出现。

共演战略四要素的第四个要素是"市场"。"市场"要素回答了"企业存在的环境怎么样，该环境是否有利于企业发展"的问题。"市场要素"要从技术趋势、资本资源、市场竞合三方面理解。改革开放 40 多年来，许多企业的成功在很大程度上要归于对市场环境的把握能力。海尔集团首席执行官张瑞敏就提出了一个著名的"三只眼理论"：企业必须长三只眼睛，第一只眼睛盯住内部管理，第二只眼睛盯住市场变化，第三只眼睛盯住国家宏观调控政策。

图 10-9 展示了共演战略的十二个要点。应该说，无论是四要素还是十二要点，都在说明共演战略思维本质上是一种系统思维方式。有了基于"人和事""内和外"两个维度的"用户""组织""产品"和"市场"四个要素作为基础，管理者就可以按照自己的理解和实际情况来进一步分解这些要素，用共演战略思维来指导实践。

	人	事
外	用户 用户特征 用户需求 用户选择	市场 技术趋势 资本资源 市场竞合
内	组织 领导者 团队员工 组织管理	产品 产品开发 营销推广 商业模式

图 10-9　共演战略十二要点

10.6.2　共演战略的四个成长阶段

共演战略把企业成长过程分为四个阶段：创业阶段、成长阶段、扩张阶段、衰退/转型阶段，如图 10-10 所示。企业之所以在不同阶段有不同的特点，是因为构成企业的要素在不同阶段有不同的特点。也就是说，"用户""组织""产品"和"市场"这四个要素会随着企业的成长发生变化。

1. 创业阶段

创业阶段的用户通常被称为天使用户，其特点是少而精。天使用户之所以重要，是因为他们能够帮助企业捕捉真实的需求，找到未来的发展方向。因此，创业阶段的企业要针对天使用户，仔细挖掘他们的需求，从而实现和现有竞品的差异。

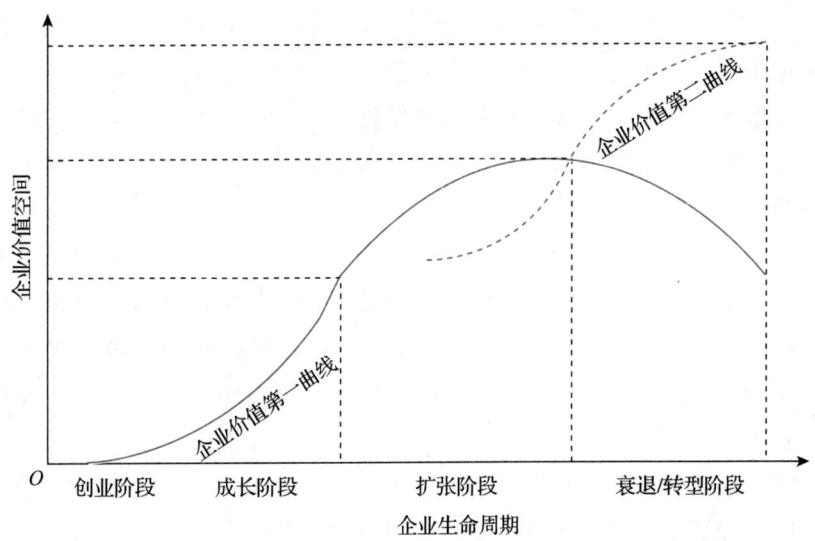

图 10-10 共演战略下的企业成长过程

创业阶段的企业不需要把产品开发完美再推上市，而是要小步快跑，先把具有基本功能的产品推上市，然后在和用户互动的过程中快速迭代产品。创业阶段企业的营销模式多为口碑营销，就是靠用户的口碑快速扩散。创业阶段企业的商业模式多为单点突破，即"一根针捅破天"，把所有力量聚集到一点，实现单一产品或单一需求的突破。

此外，在创业阶段，企业需要抓住技术趋势，应用创新性技术，也就是要抓住技术上升发展的窗口，而不是应用落后的技术。在资本方面，创业企业要注意初始资本的组合，不能完全靠外部融资，也不能一点儿都不从外部融资。既要有自己出的钱，也要有从外面融来的钱。在竞争合作方面，创业阶段的市场可以被称为混沌市场，意思是发展方向不确定，发展路径不连续。创业企业需要不断试错，快速调整，才能走上成长之路。

2. 成长阶段

创业阶段之后能进入成长通道的企业只是少数，原因何在？为了理解这个问题，我们需要先看看"用户"这个要素在成长阶段和创业阶段的差别。创业阶段的用户叫天使用户。"天使"隐含着两层意思：一是人数很少；二是用户有痛点和需求。营销学中有一个词叫"跨越鸿沟"，说的就是跨越不同用户群体之间的鸿沟。企业要想成长，必须满足大多数用户的普遍需求。

接下来看看成长阶段的"组织"要素。首先，创始人的成长是企业成长的关键。创业圈里流行这么一句话，"创始人的成长边界就是企业的边界"。其次，只有创始人一个人成长肯定无法带动企业整体成长。企业成长还需要团队不断成长，即每个团队成员都需要通过学习，在自己负责的业务或职能方面达到专业水平。最后，成长阶段的企业随着员工人数的增加，会开始出现一些层级。

进入成长阶段，企业一定要能够打造自己的爆款产品。所谓爆款产品，就是指能够得到广大消费者青睐的产品。企业有了爆款产品，可以运用广告等宣传形式，在大众群体中进行大规模推广，相应的商业模式叫作规模经济。因此，成长阶段的企业只有打造了爆款产品，才能合理摊销广告营销的高成本，实现规模经济的商业模式。

此外，在成长阶段，企业要运用创新性技术，通过自己投资和融资相结合的方式获得初始资本，并在混沌市场中摸索发展方向。企业必须利用技术的成长性，推动企业顺应市场趋势，不断发展。例如，华为在创建初期就把每年营收的 10% 以上的资金投入研发，经过多年积累，才有了现在强大的研发实力。

在融资方面，成长阶段的企业应该采用精益融资的方式。前几年，中国的风险投资市场比较火爆，很多创业企业融资很容易，这使得它们在没有打磨好产品的时候就快速成长，"还没有学会走就开始跑"。精益融资的概念来自精益生产和精益创业，即每次融资不在多，而在够用，要在正确的时间拿正确的钱，做正确的事情。

在竞争合作方面，成长阶段的企业往往身处一个快速发展的市场环境中。市场中的竞争还不是特别激烈，合作氛围比较浓厚。通常可以把这样的市场叫作蓝海市场，意思是企业在这样的市场中能够找到合作，避免激烈的竞争，实现快速成长。

3. 扩张阶段

当企业经历了一段时间的快速发展后，原来的成长动力一定会被逐渐耗尽。扩张阶段的企业需要从用户、组织、产品和市场这四个方面寻找新的增长动力。

当企业经历了成长阶段后，用户数量的增速一定会下降。因此，扩张阶段需要累积用户。在扩张阶段，企业与其继续发展新用户，不如优先开发累积的用户。此外，当人们的基础需求被满足后，就会产生新的需求，而这些新的需求就是企业新的增长空间。企业要想高效地满足用户，一个窍门就是满足互补性需求。所谓互补性需求，就是那些不同的需求在同一个场景被满足的效用，比在不同场景被满足的效用要高的情况。

接下来我们看扩张阶段的组织要素。企业的创始人经历了创业阶段和成长阶段，已经变得非常成熟，企业的创始团队也往往有非常大的进步，但是企业进一步发展的要求可能会超过这些创始团队的成长潜力。所以我们经常会观察到，一些成熟的企业会引进职业经理人，创始团队会从一线退下来。

在产品开发方面，扩张阶段的企业为满足用户的多元化需求也必须开发关联性产品，并通过关联营销把产品更快地卖出去。关联产品和关联营销可以帮助企业享受范围经济，也就是说，企业可以在一定的产品范围内，分摊产品的研发和销售成本。在技术方面，进入扩张阶段的企业要能够采用市场上的主流设计，引领技术的发展方向。同时，企业应该开始进行资本运营，通过资本的手段寻找扩张的方向和路径。此外，进入扩张阶段的企业往往会在红海市场中拼杀，面临非常激烈的竞争。

4. 衰退/转型阶段

转型是这几年企业家口中的高频词。传统企业在向互联网转型，互联网企业在向平台转型，平台企业在向生态转型。转型之所以这么重要，是因为企业的发展路径经历了创业阶段、成长阶段、扩张阶段后，如果不能转型，必然会进入衰退阶段。

创业者常说的另一个词是颠覆式创新。颠覆式创新之所以被大家重视，是因为经常有曾经非常成功的企业被一些小企业和新企业颠覆。这些曾经非常成功的企业，往往有巨大的用户基础，也满足了用户的多元化需求。但正是这些用户和需求限制了这些企业的视野，束缚了这些企业的手脚。因此，企业要想成功地进行转型，就必须重新认识用户，挖掘用户的潜在需求，抓住需求升级或降级带来的机会。

企业之所以要不断地转型，另一个重要的原因是外部环境发生了重大变化，技术或社会等底层趋势发生了范式变革。所谓范式变革，通常是指有巨大和长期影响的底层变革，比如从互联网到移动互联网的转变，或者从移动互联网到物联网的转变。除了技术的变革外，产品的转型也非常关键。转型阶段的企业需要具备通过品类创新来创造新的细分市场的能力。

在资本层面，转型阶段的企业需要关注的不是过去的资本效率，也不是现有的资本回报，而是未来的增值空间。这几年，有很多企业有了全新的业务方向，叫公司创投。所谓公司创投，就是成熟的企业把自己的资本和资源投入新创企业，目的通常是锁定未来的机会，用句俗话说，就是"用钱买未来"。

在市场中的竞争合作层面，转型阶段的企业面临的市场特点可以用四个字来表示，即蓝冰市场。其中，"蓝"就是蓝海，意味着巨大的发展潜力；"冰"就是冰山，象征市场还没有成熟，需要等待或投入巨大资源来开发。

创业案例

小米的共演成长

小米作为互联网行业的巨头，已经创造了以互联网模式开发手机操作系统、发烧友参与开发改进等模式，并且在不同的企业成长阶段都实现了成功转型。现在我们来看看，小米是如何实现企业的共演成长的。

1. 创业阶段(2010—2011年)

小米在创业阶段,最初只有100位用户。而小米抓住了这100位天使用户在安卓系统上的痛点,设计了个性化的MIUI系统,实现了竞品差异。

小米的创始团队是由雷军和与他能力互补的创业团队一起构建的扁平组织。雷军创立小米的时候其实已经40岁,实现了财务自由,可以自己拿出小米创立时需要的所有钱,但他没有这么做。一个原因是,小米的创始团队担心产生独裁局面。另一个原因是,这样很难快速验证当时做一家手机公司是否靠谱。于是,小米在创立初期就选择了外部融资。

从创立时机来看,小米创立的2010年正是智能手机技术快速发展的时期。小米在这个时间切入手机市场刚刚好,如果太早了,技术还不成熟,如果太晚了,竞争会非常激烈。

小米的精益创业战略画布(2010—2011年)

天使用户	创始人	MVP开发	技术创新
• MIUI的100个铁粉 • 第一款小米手机的拥趸	• 雷军,40岁老男孩 • 互联网老兵 • 资深手机控	• MIUI的快速迭代开发 • 第一款手机样机只能放在桌子上,还不能碰	• 适当采用成本较低、更为稳定的新技术
爽痛点需求	**创始团队**	**口碑营销**	**初始资本**
• 原生安卓操作系统不好用 • 苹果、三星手机太贵	• 7个老男孩 • 来自金山、微软、谷歌、摩托罗拉等	• 靠米粉口口相传	• 雷军、林斌等创始人投入自有资本 • 晨兴等机构投入A轮融资
竞品差异	**扁平组织**	**单点突破**	**混沌市场**
• 价格低、性能可接受	• 几位联合创始人连同40多位早期员工一起,采用直线制组织结构	• 最开始只做一款手机 • 专心做好MIUI	• 诺基亚等非智能手机企业仍然是主流,苹果、三星占据高端市场

2. 成长阶段(2012—2013年)

小米创立以后,确定了从中低端手机市场切入的策略。因为在2010年左右,中低端手机用户众多,而这恰好又是苹果和三星等企业忽视的空白点。小米手机满足了智能手机能用、好用的基本需求,攻占了中低端用户市场。

在成长阶段,小米的组织结构也有了新的变化。小米的创始团队通过在战场上边作战边学习,快速提高了自己的专业化能力,并且形成了由"合伙人-项目负责人-项目成员"三个层级构成的层级组织。

随着小米2、小米3以及红米的爆红,小米开始加大营销投入,用户口碑和广告铺设两头抓,这增加了小米的受众群、知名度以及产品的成本。这不仅与小米始终采用创新技术和精益融资的策略密切相关,也是当时智能手机市场合作氛围浓厚所孕育的成果。

小米成长阶段画布(2012—2013年)

大众用户	创始人成长	爆款产品	技术风口
• 中低端智能手机的需求是大众需求	• 雷军不断向同行学习,比如向魅族学习如何做手机	• 小米2和小米3以及红米都成为爆款产品	• 2012—2013年是手机技术快速发展的阶段

(续)

普遍需求	专业团队	广告营销	精益融资
• 用户对智能手机的普遍需求是能用、好用，而不是炫酷	• 从大企业出来的团队，能快速适应在创业企业工作，实现专业分工	• 成长阶段的小米开始逐步投入广告，同时通过用户口碑营销	• 小米的B、C、D轮融资都是在关键产品上市前进行的，有力地支持了产品成长
跨越鸿沟	**层级组织**	**规模经济**	**蓝海市场**
• 互联网手机的定位帮助小米以低成本快速跨越从铁粉到大众的鸿沟	• 采用"合伙人－项目负责人－项目成员"的三层组织结构	• 单品海量策略很大程度上增强了小米的讨价还价能力，并降低了成本	• 2012—2013年是手机行业爆发的阶段，是"风口上的猪"

3. 扩张阶段（2014—2015年）

在扩张阶段，积累用户至关重要。2015年8月19日，MIUI全球月活用户首次突破1亿，通过MIUI系统的生态建设，小米进一步加强了用户黏性和活跃度。2015年，企业营收及经营利润分别达到668.11亿元、13.73亿元。

在扩张过程中，小米的团队引入了多位职业经理人。在组织结构方面，进入扩张阶段的小米是典型的事业部组织。小米上市时，主要的事业部包括销售与服务部、MIUI事业部、手机事业部、生态链事业部、电视事业部、国际业务部等事业部。在产品体系的构建上，小米提出了一个著名的产品同心圆模型——圆心是手机，接下来是手机周边产品，再往外是智能硬件，最外面是生活耗材。基于产品的同心圆模型，小米采用了关联营销的方式，构建了米家、有品、小米商城等线上渠道和线下的小米零售店，目的就是打造场景化的销售渠道，拓宽用户购买商品的方式和渠道。关联性产品和关联营销给小米带来了范围经济的好处，可以让小米在整个生态链和所有的产品之间共担研发、设计和渠道等成本。

在资本运营方面，小米在发展过程中一直在进行对外投资。小米投资了近200家企业，雷军个人也投资了几十家企业。

小米扩张阶段画布（2014—2015年）

累积用户	创始人成熟	关联产品	主导设计
• 小米在发展中快速积累了大量用户	• 雷军经历快速发展后，逐渐成熟	• 小米生态包括手机、手机周边、智能硬件和生活耗材等关联产品	• 手机的主导设计已经成熟，很难在手机性能上取得突破
多元需求	**职业团队**	**关联营销**	**资本运营**
• 用户从手机开始接触小米，有着围绕手机的多元化需求	• 引入王翔、祁燕、周受资等职业高管	• 电商和新零售为硬件产品提供渠道，并靠互联网服务提升利润	• 小米运用资本投资生态链企业和合作方
需求互补	**事业部组织**	**范围经济**	**红海市场**
• 以手机为核心的智能互联需求之间有很强的互补性	• 形成MIUI、手机、电视、国际业务、生态链等事业部门	• 低成本、高黏性平台+高性价比硬件产品+多元化互联网服务	• 手机市场竞争激烈

4. 转型阶段（2016年至今）

一段时间内，小米手机一直聚焦于中低价位市场。因为使用中低价位手机的人群不易产生多元需求。如果小米只服务这类人群，未来可能会错失很多物联网和增值服务方面的机会。因此，小米必须重新认识用户，努力把用户扩展到高端手机用户人群。小米选择让红米品牌独立发展，正是要给小米品牌更大的上升空间。小米转型，正是要满足随着物联网的到来，人们产生的巨大的潜在需求。

2018年，小米做了重大的组织调整，新设集团组织部和集团参谋部，进一步增强了总部管理职能。小米还把电视事业部、生态链事业部、MIUI事业部和互娱事业部等四个事业部重组成十个新的事业部，新任的十位总经理的平均年龄仅为38.5岁。这次调整的目的主要有两个，一是增强总部的大脑能力和地位，优先进行集团总部人才建设，将经验丰富、年富力强的核心高管集中在总部工作；二是加强一线活力，保持锐气、闯劲和创新能力。小米团队力求回到创业初期充满活力的状态，着手培养、提拔年轻的管理干部，建立更有进取心的各级前线指挥团队。

进入转型期，小米在产品创新方面的重点也转向物联网、新零售和消费升级等方面。体现在具体的产品上，就是持续打造有品电商的品类。小米的产品营销也着重于不断优化和强化线上线下融合的购物场景，强调产品的互联互通，让用户养成闭着眼睛购买的习惯。在商业模式方面，小米采用以手机为核心的，包括硬件产品、电商及新零售和互联网服务的铁人三项商业模式，其发展的方向正是生态型商业模式。

小米转型阶段的市场要素主要有三点。首先，小米的成功是因为抓住了移动互联网的机遇，而现在物联网、云计算和人工智能等新技术的运用可能会颠覆移动互联网。为此，小米需要抓住未来技术和社会发展的大趋势，才能够成功转型。其次，公司创投是小米构建生态的重要手段。小米通过"只帮忙，不添乱"且投资不控股的投资方式，已经初步打造了一个包括上百家企业的生态体系。最后，小米未来能否持续成功，很大程度上取决于它全力投入的新零售和物联网市场能够多快和在多大程度上发展起来。

小米转型阶段画布（2016年至今）

重识用户	二次创业	品类创新	范式变革
• 随着小米用户年龄的增长，需要重新认识用户及非用户	• 雷军二次创业，负责供应链等具体业务	• 以手机为核心的智能互联产品的品类创新	• 顺应消费升级、新零售和物联网的范式变革趋势
潜在需求	**创客团队**	**品类营销**	**公司创投**
• 随着技术的进步和收入结构的变化，用户的潜在需求正在释放	• 引入年轻的高管，打破创始合伙人终身制	• 打出新国货的口号，高调宣传性价比，限定5%的净利润	• 通过顺为资本和小米科技投资新方向和新产业
需求分级	**耗散组织**	**生态经济**	**蓝冰市场**
• 一部分用户有手机等产品的升级需求，另一部分用户则未被原有渠道触达	• 以小米公司为核心，形成了矩阵式孵化网络结构，产生了竹林效应	• 打造包含产品层、平台层和基础层的生态经济	• 物联网和新零售的蓝冰市场完全启动尚待时日，小米缺乏真正意义上的社交属性

10.7 企业传承

> **创业案例**
>
> **洛克菲勒家族**
>
> 洛克菲勒家族是美国的一个家族，其发展到现在已经是第六代了。毫不夸张地说，洛克菲勒家族在过去一个多世纪的发展史就是整个美国历史的一个缩影，并且已经成为美国国家精神的杰出代表，影响着世界各地的人们。
>
> 在20世纪的绝大部分时期，"洛克菲勒"就是"美国财富和权力"的同义词。假如老洛克菲勒活到今天，他的财富将比全球前十大富豪的总资产还多10%。他的财富除了用于慈善，大部分被他传给了儿子小洛克菲勒。小洛克菲勒又分别在1934年、1952年设立了一系列信托，把财富传给妻子、子女和孙辈。在信托委员会和别名"5 600房间"的家族办公室的打理下，老洛克菲勒当年积累的财富已传递至家族第六代成员。
>
> 洛克菲勒家族仍在续写辉煌的历史，洛克菲勒的后代们没有整天躲在房间里计划如何守住自己的财富，不让金钱落入别人的口袋，而是积极地参与文化、卫生与慈善事业，将大量的资金用于建立各种基金，投资大学、医院，与整个社会分享他们的财富。
>
> 资料来源：百度百科，洛克菲勒家族词条。

研究表明，全世界只有2%的企业能够存活50年以上。一个出色的创业企业凭借其完善的管理机制、具有前瞻性的商业发展模式、稳定积极的企业文化等因素，有可能成为基业长青的百年老店。但是作为创业企业的领导者，它终究会因为年龄、疾病、心理等问题而不得不退出企业的管理领导工作，那么创业企业将不得不面临一个重大的变革和挑战——企业传承。能否把握好企业传承的内容和核心，能否妥善地采用合理的传承方式，以及是否培养好了恰当的接班人都将影响企业未来的命运和发展。

10.7.1 企业传承的内容

一个能够持续发展的企业必然有着合理的可传承的要素和内容。因此，把这些经过前人总结过的经验和教训认真地传承下来，必定会对企业将来的发展大有好处。如果具体运用点-线-面的观点看待和分析企业传承的内容，发现一个企业如果点上出了问题，那很可能是技术问题；如果线上出了问题，那很可能是管理问题；如果面上出了问题，那就只能归结为企业文化的问题了。因此，企业传承内容的基础是技术，关键是管理，核心则是企业文化。

技术传承相对来讲是最简单的一项传承内容。目前，技术传承的问题主要有以下几点。

（1）人才传承做得不好，特别是新进员工的培训不系统，专家、专业人才的培养体系不完善。

（2）资料的总结、积累、整合不够。这不仅是一个技术积累的过程，更是一个技术提炼升华的过程。这是传承的基础，更是创新的基点。

（3）技术成果的总结推广力度不够，技术信息的采集传播渠道不畅，致使企业内部还要去研发外部已经成型的成果，企业内部这个地方已经解决的问题在其他地方出现时还要重新组织攻关，甚至最后都解决不了。

（4）专有技术的市场优势体现不够，专利意识不够。作为专业化的企业集团，专业不是挂在嘴上的，而是需要一些专有技术和专利做支撑的。

企业的发展需要管理的相对稳定，企业的管理需要在继承中不断提高，需要循序渐进。盲目地改变或没有合理继承管理的方式很可能带来许多不必要的成本。企业有很多种管理模式，每种模式都有不同的优势。但是，一个企业的基本管理模式需要保持相对稳定，一经选定就不可随意更改。多变必乱，每次管理模式大的调整都意味着一系列管理思路的变化。管理体系是各项管理思路得以落实的基础，这种架构的建立肯定也是在经过很多的论证和检验之后做出的选择，必然有其科学、合理的一面，因为每个系统都有其独特的功能。一方面，企业要挖掘其管理上科学、合理的一面；另一方面，企业要知道一个体系功能发挥的好坏，不仅取决于其本身的科学性，同时也和执行体系的人、执行体系的思路有很大关系。

企业文化是凝员工之心、旺员工之志、聚员工之力、盛企业之事的根本。企业文化的养成不是一朝一夕的事，需要随着企业的发展不断积淀、不断挖掘、不断整合，也需要随着社会的进步不断总结、不断创新、不断升华，因此企业文化需要传承。

10.7.2 企业传承的类型

1. 内部传承（子承父业）

内部传承的方式又被称为子承父业，目前在我国较普遍。它是指创始人退休以后，由其子女直接继位，担任企业的领导者。它不仅是感情上的偏向所致，更是由传统伦理、市场环境、产权属性等多种因素决定的。它比较符合我国的传统伦理和现实情况，是一种较现实和较能够被人们接受的选择方式。基于东方文化的影响，许多民营企业家早早便认定了子承父业的宿命。

泛家族化传承的兴起是当今企业传承的扩展。在选择子女还是职业经理人继任的问题上，我国家族企业相对保守，许多家族企业的非家族化管理本质上仍未能摆脱家族控制的实质。泛家族化是在新时代环境中子承父业的一种替代模式，即内部培养的范围逐步扩大，由子女向亲戚、朋友、同学、同乡延伸。

这为家族企业在"家"的范围内选择继承人提供了更广阔的空间,也成为解决"亲与贤"矛盾的有效途径,但这种方式同样受中国传统家文化的影响。

2. 内部传承(高管晋升)

子女不适合接班时,可以考虑从企业选拔内部经理人。内部经理人在企业历练多年,无论在能力上还是在业绩、人脉上都建立了足够的威信,能令大家信服。内部经理人继任企业管理者有利于增强企业的凝聚力、向心力,有利于调动人才的积极性,有利于企业的稳定和发展。

美国通用电气公司(GE)董事会被认为是世界上较为成功的董事会之一,GE采用从内部原有员工中选取优秀继任者的方法。GE的历任董事长或CEO,都是各时代企业界最优秀的CEO。他们领导的GE的成长速度都远远高于当时经济的增长速度。GE在接班人选择方式上形成了一套制度,这套制度有四个特点:一是接班人是集体选拔出来的;二是制度化选拔,即接班人是经过严格的竞选机制选拔出来的;三是有效的继任规定;四是制度化的人才保证。该公司留住候选人的办法包括无投票权的股票和入股权证,而不是某种承诺。

3. 外部传承(职业经理人)

外部传承是指通过挑选外部优秀的职业经理人继承企业的领导权。从能力上看,外部传承要强于内部培养。这是因为外部可选的空间大,选到能力强的职业经理人的概率较高。当然,由于企业的产权属性难以让职业经理人施展真正的才华,这就要求家族企业在寻找继承人的过程中,谨慎地选择外部经理人。

职业经理人或社会投资者的引入在我国家族企业的传承中已经出现。如浙江金义集团的创始人陈金义对企业家族制进行革命,几乎将在集团内担任管理职务的30多位家族成员全部从集团中清退,由职业经理人傅强担任总经理。这种方式使企业所有权结构发生了变化,创始人拥有的企业控制权被稀释,企业实质上的部分所有权、控制权以及部分甚至全部经营权为家庭以外的其他人士所拥有。在我国的家族企业中,能够直接引入职业经理人的并不多见,这既有创始人的主体因素,如文化背景中家业永续的基本假设,也存在很多客体因素,如职业经理人的信用问题。

创业案例

另起炉灶

方太集团是家族企业传承的典型案例,创始人茅理翔还把企业接班人做成了一项事业。2006年,茅理翔在66岁的时候创办了中国第一家接班人学校,研究和传播家族企业传承,并且自称为自己的第三次创业。在传统家族管理和现代经理人制度之间,茅理翔摸索出一套现代家族企业的管理体系。从某种程度来说,他扮演着中国家族企业接班人的教父的角色。

其实一开始,茅忠群并不愿意接班,1994年他从上海交通大学硕士毕业,作为优等生的他对人生原本另有规划,希望去美国攻读博士学位,但父亲茅理翔希望他留在家里帮忙。

回忆起那段时光,茅理翔说,"家里希望他回来帮忙,毕业后有半年的时间他没表态。"第一代企业家把生活都献给了创业,茅理翔和夫人没日没夜地工作,有时要工作到凌晨三点才下班,父母感动了茅忠群,他同意了接班,但提出了三个条件:不要接点火枪的班,要重新创业;不要老厂里的人;要离开乡下,把厂迁到开发区。

父亲茅理翔作为创一代,在当年经营的飞翔集团中威望很高,很多人都是跟着他父亲一起打拼天下的老人,而茅忠群并不想在父亲的基础上继续做点火枪的生意,而是想另起炉灶做抽油烟机项目。战略的不一致,管理风格的差异,以及用人上的矛盾,引发了父子之间极大的冲突,最后还是茅忠群的母亲亲自出马,劝通了茅理翔,最终才有了方太集团。如今方太集团在茅忠群的带领下已经成为中国高端厨电的领导者,而飞翔集团则继续做点火枪,创业元老还继续留在飞翔集团。新业务、新团队、新机制,通过分灶吃饭,解决了人员文化和利益的冲突。

茅理翔说,他和茅忠群体现着两代人的不同风格。他是第一次创业,亲力亲为,因此带着强烈的个人管理风格,而茅忠群则倾向于创新管理,相信团队的力量。工科出身的茅忠群后来在中欧国际工商学院读过EMBA,到清华大学学了哲学,又到北京大学学了国学。他把国学的思路带到方太集团的日常管理中,希望另辟蹊径,创造中国式管理模式。方太集团办公大楼的一楼有一间孔子堂,员工被要求每天早上要读《三字经》和《弟子规》,茅理翔的《家业长青》授课也选择在此。一个有趣的细节是,茅理翔通常会站在方太集团的大门口目送来访者离去,这是儒家习惯在这家企业的最直观体现。

茅理翔曾经用9个字概括如何让儿子茅忠群接手家族企业:带三年,帮三年,看三年。茅氏父子用了9年实现了完美接班。

创业的第一个三年(1996—1998年),茅理翔首先交出的是产品的研发权。茅忠群是工科生,对油烟机产品轻车熟路,他提出要生产适合国人烹饪习惯的油烟机,产品得到了市场的接纳。

第二个三年(1999—2001年),茅理翔试着把营销权交给了儿子。1997年,宏观经济开始急转直下,茅忠群果断开始了营销方式的革新。他招聘了大批有现代营销经验的人才,建立了星罗棋布的销售网络,还在电视上进行铺天盖地的广告宣传,广告效应带动了销售的大幅提升。

第三个三年(2002—2004年),茅理翔放下了全部管理工作,甚至缺席日常例会,他把企业的事交给儿子,自己投入家族企业的研究事业。

退出实业经营的茅理翔着眼于摸索企业的中国式管理方式,在全国各地讲授家族企业的传承之道,提出了很多源于实践、接地气的观点:家族控股三段论、股权明晰的口袋论、家族企业变革及元老安置等。在企业治理方面,他也提出了很好的解决办法,尤其是在接班人培养和家族传承方面更是总结了一套行之有效的方法论。

中国成功民营企业家的第二代接班人中有相当一部分人在海外接受过良好的教育，眼界也很开阔，很国际化，跟老一辈的思维完全不一样。互联网新锐公司有利网是另外一个典型的例子。有利网联合创始人任用是先声药业董事长任晋生的儿子，2007年赴英国留学，在伦敦大学学习生物化学。2012年，与刘雁南、吴逸然创立互联网金融理财平台有利网，并担任董事长。

他的行业选择跟父辈完全不一样，相对于父辈原来的传统行业，他们做的事情非常新。任用说，"我最早选择这样一个行业创业的初衷，并不是为了要去延续我父亲的梦想，延续他对事业的预期，可能更多的还是跟我个人有关。"他觉得在创业经历中，的确用到了他父亲过去不管是成功还是失败的很多经验。有人说这是遗传，但实际上，从这个维度看也是一种传承，不是事业的传承，而是一种文化、精神层面或者理想层面的延续。因此，对于这类二代继承人，他们更像是创一代，因为他们开创的是一个新领域，而不仅仅是在父辈基础上的延续。

这些人不是从继承父辈财富中享受生活，而是想更努力地开创自己的新事业。传承背后更多的是精神。从这个角度而言，事业由谁来传承便不重要了，只要家还在，魂还在，精神还在，这就是最有意义的。

资料来源：王涛，破解企业传承与治理之谜，符合人性最持久，微信公众号：华夏基石e观察，2020年2月21日。

本章要点

- 企业成长是一种复杂的社会经济现象，企业在成长过程中面临着不确定性和复杂性。
- 企业创建流程包括企业组织形式选择、企业和产品的名称设计、企业选址和企业注册成立。
- 企业诞生之后，往往需要经过培育期、成长期、成熟期和衰退期四个阶段。
- 爱迪思将企业的成长过程划分为成长和老化两部分，包含十个阶段，具体表现为孕育期、婴儿期、学步期、青春期、盛年期、下滑期、贵族期、官僚化早期、官僚期和死亡期。
- 企业成长战略包括内生成长战略、外生成长战略。
- 共演战略强调要在不确定性中寻找确定性，在不连续性中寻找连续性。其核心是企业家要根据企业发展阶段，用动态综合的视角认识企业内部组织、产品以及企业外部用户和市场的新组合。
- 企业传承内容的基础是技术，关键是管理，核心是企业文化。
- 企业传承的类型包括内部传承和外部传承两种。

行动学习

1. 学习目标：创业企业的成长过程分析。
2. 实施流程

    第一步，组建小组；

    第二步，开展小组学习活动，基于数字时代背景，从"中国企业500强榜单"中选择几家创业时间短的企业，进一步收集资料，分析并提炼创业初期企业能够快速成长的原因；

第三步，汇报研究成果。

思维训练

1. 创业管理与传统职能管理有何区别？
2. 对身边熟悉的某个产品（如手机、计算机、空调等）进行创新思维训练，想想这类产品在未来3~5年内将会出现哪些方面的创新。说明这些创新是否具有市场价值，并提供理由。

问题回顾

1. 如何克服企业成长的复杂性和不确定性？
2. 创业企业的成长战略有哪些？
3. 企业成长有哪几个阶段，要克服哪些障碍？
4. 参考小米在创业、成长、扩张和转型四阶段的案例，利用四阶段战略画布，分析一家知名企业各个发展阶段的情况。

参考文献

[1] 巴林杰，爱尔兰.创业学：成功创建新企业[M].6版.杜颖，译.北京：中国人民大学出版社，2022.
[2] 路江涌.共演战略观：刷新企业管理操作系统[M].北京：机械工业出版社，2023.
[3] 路江涌.共演战略：重新定义企业生命周期[M].北京：机械工业出版社，2018.
[4] 路江涌.科幻中的战略思维[M].北京：中国财政经济出版社，2024.
[5] 路江涌.图解企业成长经典[M].北京：机械工业出版社，2019.
[6] 王节祥，杨洋，邱毅，等.身份差异化：垂直互联网平台企业成长战略研究[J].中国工业经济，2021(9)：174-192.
[7] 陆亚东，孙金云.中国企业成长战略新视角：复合基础观的概念、内涵与方法[J].管理世界，2013(10)：106-117+141+187-188.
[8] 加里·杜什尼茨基，余雷，路江涌.公司创业投资：文献述评与研究展望[J].管理世界，2021，37(7)：198-216+14+18-25.
[9] 王云俏，李卫宁，吕源，等.家族企业传承中二代领导身份认知的形成与演化：基于纵向多案例研究[J].管理世界，2023，39(4)：140-160.
[10] 祝振铎，李新春，赵勇.父子共治与创新决策：中国家族企业代际传承中的父爱主义与深谋远虑效应[J].管理世界，2021，37(9)：191-206+232+207.
[11] SHEPHERD D A, SOUITARIS V, GRUBER M. Creating new ventures: a review and research agenda[J]. Journal of management, 2020, 47(1): 11-42.
[12] KAUL A, GANCO M, RAFFIEE J. When subjective judgments lead to spinouts: employee entrepreneurship under uncertainty, firm-specificity, and appropriability[J]. Academy of management review, 2024, 49(2): 215-248.
[13] XU L, YANG S, LIU Y, et al. Seeing the forest and the trees: exploring the impact of inter-

and intra-entrepreneurial ecosystem embeddedness on new venture creation[J]. Academy of management journal, 2023, 66(6): 1954-1982.

[14] ZHENG C, AHSAN M, DENOBLE A F. Entrepreneurial networking during early stages of opportunity exploitation: agency of novice and experienced new venture leaders[J]. Entrepreneurship theory and practice, 2020, 44(4): 671-699.

[15] KLEINERT S. The promise of new ventures' growth ambitions in early-stage funding: on the crossroads between cheap talk and credible signals[J]. Entrepreneurship theory and practice, 2024, 48(1): 274-309.

[16] FOX B C, SIMSEK Z, HEAVEY C. Venture team membership dynamics and new venture innovation[J]. Strategic entrepreneurship journal, 2023, 17(4): 741-769.

第 11 章 社会创业

> 今天世界上之所以到处都还有穷人,并不是穷人自身的原因,而是因为社会的制度、观念和政策是有问题的。只有改变造就贫穷的根源,才能根本地解决贫穷问题。
>
> ——穆罕默德·尤努斯(Muhammad Yunus)

【学习目标】

学完本章后,你应该能够:
- ☑ 了解社会创业的内涵与特征
- ☑ 了解社会创业的类型
- ☑ 了解社会创业与商业创业的区别
- ☑ 了解中国社会创业现状

引例　　从沙漠到绿洲:SEKEM 的社会创业之路

SEKEM 是一个以可持续发展和社会责任为核心的社会企业,总部位于埃及。它通过综合的社会企业模式,成功地应对了多方面的社会挑战,并在社会和经济层面上创造了显著的价值。SEKEM 的发展理念是基于其创始人 Ibrahim Abouleish 博士的愿景和价值观制定的。他的愿景是通过综合可持续发展,改善埃及农村地区的生活质量,并在环境保护、社会发展和经济繁荣之间找到平衡。SEKEM 的使命是通过有机农业、教育、文化和社区发展,推动社会变革和可持续发展。

SEKEM 成立于 1977 年,起初面临埃及农村地区生态环境恶化、社会发展不足以及农民生计困难等问题。在创始人的领导下,SEKEM

逐步发展成为一个综合社会企业，涵盖了多个领域的活动和项目。首先是有机农业与生态保护。SEKEM 推广有机农业，减少化学农药的使用，改善土壤质量和生态系统健康。通过农业合作社和培训计划，提升农民的农业技能和生产效率，提升农产品的质量和产量。其次是社会福利与教育。SEKEM 实施社区教育计划，提供基础教育、成人教育和技能培训，促进农村居民的终身学习和职业发展，提供健康服务、文化活动和社会支持，改善居民的生活质量和社会福利。最后是经济发展与企业运作。SEKEM 运营多个企业部门，包括有机农业、食品加工、草药药品生产和可再生能源。通过建立合作伙伴关系和拓展国际市场，促进埃及农产品的出口和经济增长。

SEKEM 在多个方面都取得了巨大的成就。在社会影响上，提升了数千人的生活质量，尤其是农村地区的妇女和儿童，改善了他们的教育、医疗和社会福利条件，促进了社区的文化和社会凝聚力，推动了社会的发展与和谐。在环境保护上，SEKEM 通过有机农业实践，改善了当地土壤的健康状况，减少了化学农药对环境的污染。保护了生态系统的多样性和可持续性，为未来的农业和生态保护奠定了基础。在经济可持续性上，SEKEM 不仅创造了数百个就业岗位，还通过其经济活动为社区提供了稳定的经济收入来源。提升了农产品的质量和市场竞争力，促进了当地农业的发展和经济增长。

SEKEM 作为一个社会企业，通过其坚定的发展理念、综合的社区项目和有效的执行策略，成功地应对了埃及社会面临的诸多挑战，并为社会和经济发展带来了积极的影响。其经验表明，社会企业可以通过整合经济资源、社会福利和环境保护的方式，实现可持续发展并推动社会变革。

资料来源：根据网络公开资料整理。

11.1 社会创业内涵

社会创业（social entrepreneurship）的出现来自政府、市场和公益部门的"三重失灵"。社会创业寻求的是那些未被商业企业满足，也未被传统政府和公益手段满足的社会机会，旨在解决当今社会面临的贫穷、环境污染和资源匮乏等可持续发展问题，能在一定程度上弥补政府失灵、市场失灵和公益部门失灵的不足。全球创业观察的调查结果显示，全球社会创业普及率已从 2009 年的 1.8% 提升至 2015 年的 3.7%。在包容性发展和可持续发展的大趋势下，社会创业已日渐成为解决复杂社会问题的主要途径之一。

社会企业则是社会创业的产物，兼具商业性和社会性，能够在维持自身持续发展的同时实现社会目标。社会企业最早源于 20 世纪 80 年代的欧美发达国家。对于我国而言，党的十九大报告指出，目前我国社会主要矛盾已经转化为人民日益增长的美好生活需要和不平衡不充分的发展之间的矛盾。面临当下如此纷繁复杂的社会问题，社会企业这种拥有自我造血能力，以解决社会问题为主要目标的新兴组织，为一些社会问题的解决注入了新鲜血液。

11.1.1 社会创业的定义

20世纪60年代,社会创业之父比尔·德雷顿(Bill Drayton)首次提出了社会创业的概念,认为这是一种将企业家务实和注重结果的方法与社会改革者的目标相结合的社会变革模式。

社会企业家的实践历史虽然悠久,但直至近几十年,该领域才开始获得学术界的关注。社会创业研究大体从公共管理、社会学和创业学三种视角展开。公共管理视角关注政府如何通过政策导向引导社会力量解决社会问题;社会学视角关注社会创业者如何解决社会问题,以及推动社会变革的创新行动;创业学视角将社会领域亟待解决的问题看作商业机会,使社会企业管理成为创业管理的重要分支。社会创业教育因为兼具创业教育和引导学生关注社会问题、解决社会问题的功能,将会成为创业教育的重要内容。

各视角下学者对于社会创业的定义虽然有一定差异,但两大基本要素——社会价值的创造和财务可持续性的维持是必不可少的。因此,我们可以说,社会创业是一种运用商业规则,通过采用商业方式持续性解决社会问题的创业形式。它兼具社会性和商业性,可以有效融合商业创业、公益慈善和政策救济的优势,在维持自身持续发展的同时实现社会价值。

与慈善活动相比,社会创业不仅追求社会价值,也追求财务回报。慈善活动基本上不追求任何财务回报,仅追求公益行为产生的社会正效应。通常来说,慈善活动有明确的指向性,也不存在财务回报的风险,比如为疫情捐物资、捐款、无偿献血等。每个人都可以参与慈善活动,但不是所有人都可以进行社会创业。社会创业在进行创业活动的时候,不能完全不图任何财务回报,否则创业者无法扩大企业规模,实现企业的可持续发展,向社会提供更多的产品和服务。

与传统商业创业相比,社会创业借助商业手段追求经济价值,是为了支撑社会价值的实现。也就是说,社会创业追求的是经济价值和社会价值的双重价值,目标是解决社会问题。其中,社会价值优先于经济价值。但是传统商业创业的目标是努力获取财务回报,从而实现经济价值的最大化。相应地,与传统企业家不同,社会企业家优先创造社会价值而不是追求经济价值。社会企业家精神旨在通过整合创新资源解决社会挑战和满足人类的基本需求。两者的特点与区别如表11-1所示。

表11-1 传统企业家精神和社会企业家精神的区别

传统企业家精神	社会企业家精神
● 发展生产力(Cagarman等人,2020)	● 社会变革的催化剂(Phan,2021)
● 商业活动(Wang,2022)	● 创造社会价值(Mair,2006)
● 创造经济价值(Zahra等人,2009)	● 非营利组织(Gupta等人,2020)
	● 通过调动资源缓解社会挑战(Zahra等人,2008)

简单来说，社会创业处于慈善活动和传统商业创业之间，是企业从单纯的财务追求向双重价值追求转变的体现。

> **创业标杆**
>
> ### Toast Ale：用剩面包酿啤酒改变世界
>
> Toast Ale 成立于 2015 年，总部位于英国伦敦，其创始人是特里斯特拉姆·斯图尔特（Tristram Stuart）。Toast Ale 的社会创业目标是通过减少食物浪费促进可持续发展，并且通过其产品改善环境和社会健康。Toast Ale 的创业理念源于对食物浪费问题的关注。据统计，全球粮食生产大约有三分之一最终被浪费掉。斯图尔特意识到，面包是全球浪费的主要食物之一，每年在英国，大约有 9 000 万片面包被浪费掉。因此，他的创业想法是利用这些被浪费的面包酿造啤酒。Toast Ale 的产品不仅仅是一种酒精饮料，更是社会责任和可持续性的象征。他们收集和利用面包生产啤酒，每一瓶 Toast Ale 啤酒使用的面包都可以减少浪费，并通过销售所得的利润支持环境保护组织。Toast Ale 还致力于提高公众对食物浪费问题的认识，通过教育和活动促进可持续的生活理念深入人心，实现了环境保护和社会改善的双重目标。他们的成功不仅在于商业模式的可行性，还在于能够吸引消费者和合作伙伴参与到解决全球食物浪费问题的行动中。

11.1.2　社会创业的特征

通过对社会创业内涵的理解可知，社会创业比传统商业创业更注重社会价值的实现，比慈善活动更倾向于利用商业手段推进自身的发展。一般来说，社会创业主要有以下特征。

1. 混合价值驱动

社会创业的首要特点是双重性，既具有明确的社会目的和使命，也需要依赖商业手段维持自身生存。一方面，社会创业的主要目标是解决社会问题，着眼于创造社会公共利益。因此，社会创业在创业过程中不能单纯以赢利为根本目的，也不能伤害社会利益。但另一方面，社会创业也追求一定程度的经济利益。社会创业会通过商业手段获取企业运作的资本，从而保证自身的可持续发展。这种社会性与商业性的互相作用，使得社会财富在社会创业的过程中被源源不断地创造出来。

2. 整体创新性

社会创业同传统商业创业一样，其本质是创新。社会创业的创新性意味着新思想的产生和新模式的创建。社会创业的创新性主要体现在三个方面：新产品和新服务，现存产品的新社会用途，以及社会问题的新标准定义和新解决方案。在社会创业者的创业过程中,既需要创造性地把握机会,也需要应用更好的工序、观念和组织结构,这些都是创新的过程。在以市场为导向的活动过程中,社会创业也表现出在资源利用、组织运作等方面的创新性。

3. 跨部门合作

社会创业是由不同领域部门共同合作从而实现社会价值的过程。由于存在组织合法性、市场环境、政治等因素,创业者不能期望仅仅依靠社会企业的力量解决大规模的社会问题。社会创业需要通过不同部门的跨界合作,集结政府、社会企业、公共机构、商业企业等多个部门的共同力量,才能够有效解决社会问题。

4. 历史阶段性

社会创业的产生有其历史原因,它是在一定的制度、文化基础上不断演变而来的。从创业伊始,到组织或活动的经营管理,甚至到某一时间的退出,这一系列过程中的所有决策和行动都与其发生的环境、历史背景息息相关。因此,社会环境差异将影响社会创业的各个方面。由此可见,社会创业是非营利组织、商业企业和政府组织在新的时代背景下寻求转型的历史成果。

11.1.3 社会创业研究的理论视角

社会创业研究从多个理论视角出发,深刻探讨了社会结构、社会资本和制度逻辑对创业活动的影响与作用。这些理论视角不仅帮助我们理解创业者如何在复杂的社会环境中运作企业,还揭示了他们如何利用社会资源解决社会问题并推动制度变革。

首先,结构主义视角强调社会结构对创业者行为的影响。Granovetter(1995)提出的嵌入概念指出,经济行为不仅受个体决策影响,还受它所处社会结构的制约和激励。社会创业者通过嵌入社会结构,利用结构提供的规范和资源,或者试图通过改变结构来实现创新和社会变革。此外,社会结构也受到经济和文化制度的影响,与社会创业形成复杂的互动关系,为社会创业提供了多层次的研究视角。

其次,社会资本视角强调了个体或群体社会关系网络中的资源配置与利用。社会资本包括结构、关系和认知三个维度,通过信任、合作等非市场交易方式积累和转化为可利用的资源。研究表明,社会创业者对其独特的社会资本的利用在解决社会问题和推动创业活动的过程中发挥着重要作用。此视角不仅强调了社会资本的积累对创业活动的推动作用,也探讨了社会创业如何通过扩展和改造社会资本网络实现可持续发展和创新。

最后,制度逻辑视角将焦点放在制度对创业活动的规范和约束上。制度是由共同知识和信仰形成的，影响着个体和组织的行动和选择。社会创业者往往通过制度创新和变革解决嵌在制度环境中的社会问题，推动社会变革和创新。研究发现，多重制度逻辑的存在不仅创造了社会创业机会，也为社会企业的发展路径和资源获取带来了复杂的挑战，要求它们在不同制度要素间找到平衡点。

11.2 社会企业的类型

社会企业具有不同的类型，对它进行有效、准确的分类既有助于未来评估社会企业绩效，也有助于深入挖掘促进不同类型或不同模式的社会企业成功实现社会变革的情境因素。

从企业的价值创造视角来看，阿尔特（Alter，2007）提出了一个从传统非营利企业到传统营利企业的社会企业光谱，如图11-1所示。传统非营利企业与传统营利企业在社会变革环境下，为了实现可持续性平衡发展，两种组织形式最终向中间状态"社会企业"或"社会负责型企业"趋近。

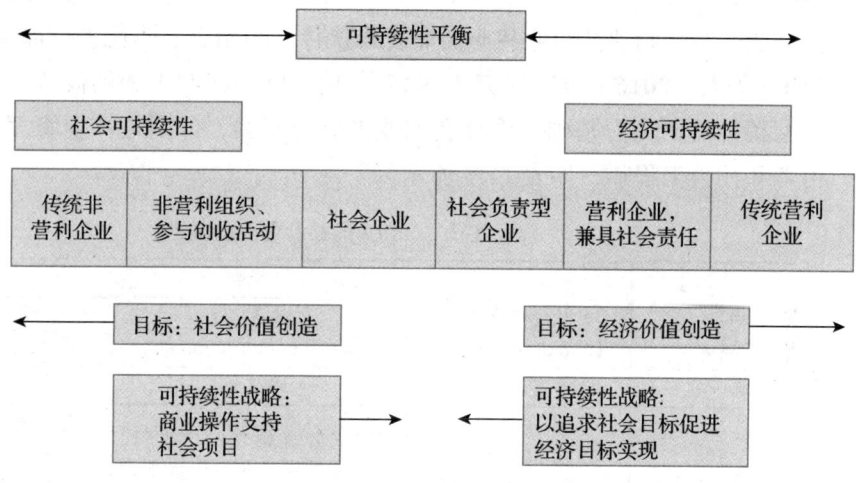

图 11-1　社会企业光谱

从创业的内容来看，Dacin等（2010）将创业者分为四种类型，分别是常规创业者、制度革新者、文化传播者和社会变革者。他围绕可供企业使用的流程和资源，以及企业的使命和结果进行了分析，如表11-2所示。第一类创业者可能是商业创业者，也可能是社会创业者，后三类创业者属于社会创业者。

表 11-2　Dacin 的创业者类型

项目	类型			
	常规创业者	制度革新者	文化传播者	社会变革者
定义	能够使基于创意的愿景变成现实的成功创新者	为了支持或摧毁现有的制度，能够动员资源影响或改变制度规则的人	那些能抓住机会并采取行动以创造社会、文化或经济价值的人	应用商业原则解决社会问题的人

(续)

项目	类型			
	常规创业者	制度革新者	文化传播者	社会变革者
财富分配	股东	股东和/或利益相关者	股东和/或利益相关者	股东和/或利益相关者
主导的组织形式	利润导向	利润导向	非营利或利润导向	非营利或利润导向
主要目标（或动机）	经济	制度改革/发展	文化传播/启蒙	社会变革/福祉
产品	创造和/或分配消费品或服务	建立合法性	建立新的道德标准和价值观	促进意识形态/社会变革
矛盾点	发展与生存	抵抗改变	商业与文化	经济上的可持续与社会使命

资料来源：Dacin 等（2010）。

从社会创业者的职能视角来看，Zahra 等人（2016）[1]通过梳理学者关于社会创业的研究，发现不同类型的社会企业家会以自己的方式，在自己的领域内解决特定的社会问题。事实上，许多社会企业家都拥有的最强大的技能之一是他们能够激励和动员商业和非商业合作伙伴、捐赠者、志愿者、雇员一起努力。Zahra 等人（2016）以哈耶克（1945）、柯茨纳（1973）和熊彼特（1942）的企业家精神的研究为基础，将社会创业者分为三类，分别是社会修理者、社会建构者和社会工程师，如表 11-3 所示。

表 11-3 Zahra 的社会创业者类型

项目	类型		
	社会修理者（social bricoleur）	社会建构者（social constructionist）	社会工程师（social engineer）
理论来源	哈耶克（1945）	柯茨纳（1973）	熊彼特（1942）
工作内容	感知和发现机会，解决当地的社会问题	建立并且运营一个组织，从而提供满足政府、企业无法满足的社会需求	创建更新、更有效的社会系统，旨在取代现有的明显不能满足社会需求的系统
规模、范围和时间	规模小、局部性、偶发性	从小到大、从本地到国际，旨在制度化地解决持续的社会需求	规模非常大，旨在建立可挑战现有秩序的持久结构
必要性	社会需求的知识和解决问题的能力具有多样性，需要熟悉本地情况的人	政府和商业组织很难有效地满足许多重要的社会需求	一些社会需求不适合在现有社会结构内改善
社会意义	面对社会问题，他们的行动有助于维持社会和谐	他们修补了撕裂的社会结构，解决了更广泛社会结构中的突发社会需求，维持了社会和谐	他们试图撕开现有的社会结构，用新的社会结构取而代之，他们是社会变革的重要力量

---

[1] ZAHRA S A, WRIGH T M. Understanding the social role of enterpreneurship[J]. Journal of management studies, 2016(53): 610-629.

（续）

项目	类型		
	社会修理者 （social bricoleur）	社会建构者 （social constructionist）	社会工程师 （social engineer）
对社会均衡的影响	当地社会创业者众多的微小行动让我们更接近理论上的社会平衡	通过提供具有社会意义的商品和服务满足社会需求，创造新的社会平衡	破坏现有的社会平衡，并寻求用更具社会效率的方式取而代之
自由裁量权的来源	当地范围意味着创业者资源需求有限且相对自治；小规模和本地范围保证了快速响应	社会创业者可能是受欢迎的并被视为释放阀门，防止产生可能对现有政府和商业组织有负面影响的社会问题	现有社会结构和在职人员无法满足重要的社会需求，因此，社会创业者受到普遍支持
自由裁量权的限制	除了当地的法律法规外，限制并不多；然而，创业者拥有的有限资源和专业知识限制了他们满足其他需求或扩大服务的能力	需要获得履行使命所需的财务和人力资源，并将它们制度化；创业企业的运营组织需要专业的志愿者和员工	被认定为威胁既定政党的人，因此，从根本上看这类社会创业是非法的；这将阻碍其从传统来源筹集资金和人力资源支持的能力

资料来源：Zahra 等（2016）。

近年来，互联网，特别是社交网络和社交媒体的应用，促进了社会企业家精神的传播。网络技术的应用可以使社会企业家与地理位置相距较远，但又具有相同目标的人通过在线协作、学习、分享信息、众筹资金等方式解决社会问题。

从社会企业的演进机理来看，Tyler 和 York（2017）根据身份理论，将创业者分为单一型创业者、混合型创业者和平衡型创业者，阐述不同类型的社会创业者在创建社会企业的过程中，在机会识别、机会开发中的内部流程与外部反馈，以及形成的独特社会企业结果方面的不同，如表 11-4 所示。单一型创业者从事商业创业，或者从事社会创业；混合型创业者是商业创业与社会创业的混合体；平衡型创业者关注创业过程中经济价值和社会价值的均衡。

表 11-4　Tyler 和 York 的社会创业者类型

创业者类型	机会识别	机会开发		独特社会企业结果
		内部流程	外部反馈	
单一型创业者	仅限于社会福利或商业领域	专注于社会价值或经济价值；最大限度地均衡社会和经济目标	与模型中的社会或商业方面相关，与企业家的身份一致	追求社会目标的慈善或非营利模式；追求商业目标的营利模式；采用已有的社会创业模式
混合型创业者	在社会福利或商业领域	同时专注于创造社会和经济价值；在没有现成模式的情况下，会感受到平衡商业与社会目标的压力；尽可能让企业的社会或财务目标与企业家的身份一致	越来越多地关注与企业身份一致的与社会或商业方面相关的反馈	采用已有的、能够提供所需的社会和经济价值的模式；以创新的方式平衡商业和社会目标；如果未能获得正面反馈很可能使企业家身份与目标不一致

(续)

创业者类型	机会识别	机会开发		独特社会企业结果
		内部流程	外部反馈	
平衡型创业者	在社会福利或商业领域	比混合型创业者更能感知平衡社会和经济价值的困难；比在社会福利或商业领域中的企业家更有能力发现社会和财务目标之间的交叉点	与模型的社会和商业方面均相关；同时关注社会和财务目标，而非牺牲其中之一	通过谈判在社会目标和财务目标间寻求平衡；创新的社会企业模型；努力寻求支持新模式的制度变革

资料来源：Tyler 和 York（2017）。

可以说，从不同的角度理解社会创业及社会创业者，能够挖掘社会创业不同层次的特征。从企业的价值创造来看，单纯追求经济价值的传统商业企业和单纯追求社会价值的非营利组织，最终都会为了实现可持续发展开始追寻双重价值，并逐渐向社会企业过渡。从创业的内容来看，创业对象可以被划分为常规创业者、制度革新者、文化传播者以及社会变革者，其中试图打破现有制度、建立新的标准或者引起社会变革的人，都属于社会创业者；从社会创业者的职能来看，又可以根据他们对社会的贡献划分为社会修理者、社会建构者和社会工程师；从社会企业的演进机理来看，也可以根据机会识别、机会开发的方式，以及所呈现出的结果判断社会创业者是单一型创业者、混合型创业者还是平衡型创业者。

11.3　社会创业的现状

2000 年前后，社会创业概念进入中国，旨在解决社会问题的社会企业和民间非营利组织逐渐兴起。2021 年 8 月，中共中央统战部发布《关于深入推进新时代光彩事业创新发展的意见》，明确指出支持探索发展慈善信托、社会企业、公益创投、影响力投资等新模式，总结推广典型案例和成功经验。据社会企业服务平台的数据，截至 2023 年，全国已有 314 家组织获得社会企业服务平台的社会企业认证，活跃在扶贫、弱势群体就业与环境保护等 16 个社会领域。

11.3.1　中国社会创业现状

在包容性和可持续发展的趋势下，中国的社会企业经历了国营单位、福利企业、非营利组织、社会负责型企业、社会企业等不同历史阶段，呈现出如下几个特征。

⊖ 刘志阳，李斌.中国社会创业发展现状及对策建议 [N]. 光明日报，2018-09-24(6).

1. 中国社会企业多数处于初创和成长阶段

中国大部分社会企业都是在 2000 年以后建立的，总体处在初创和成长阶段，发展历史较短。调查显示，中国社会企业成立年限在 3 年以下的比例高达 46.77%，21.37% 的社会企业成立年限为 3~6 年，18.15% 的社会企业成立年限为 7~10 年，仅有 13.71% 的社会企业成立年限为 10 年以上。

中国社会企业的员工规模、服务范围和收入水平的数值也普遍偏低。调研显示，从员工规模来看，10 人以下的社会企业有 49.19%，10~30 人的有 25.4%，31~50 人的有 6.45%，51~100 人的有 6.85%，100 人以上的有 12.1%；从服务范围来看，22.18% 的社会企业的服务范围为本省（自治区、直辖市），26.61% 的社会企业的服务范围为本市，5.65% 的社会企业的服务范围为本县，而有 42.34% 的社会企业服务范围超出了本省（自治区、直辖市）；从收入水平来看，66.13% 的社会企业年收入不到 100 万元，23.39% 的社会企业年收入在 100 万~500 万元，年收入在 500 万元以上的社会企业占比仅有 10.48%。

2. 中国社会企业家群体以高学历和商业背景者居多

社会创业活动极具挑战性，需要社会企业家具备充足的知识和能力应对复杂的社会问题，以此平衡经济和社会目标。我国超过 90% 的社会企业家都受过高等教育，其中 75% 的社会企业家接受过本科及以上教育，21% 的社会企业家接受过硕士及以上教育。

此外，中国社会企业家群体主要来自两个渠道：一是由社会企业者或公益事业者转型，二是由商业企业家转型。在中国社会企业家中，拥有商业背景的占多数：超过 60% 的社会企业家曾经在商业部门有从业经历，有 17.3% 的社会企业家同时具有商业部门和社会部门的从业经历。

3. 中国社会企业行业分布较广，社会民生领域比重较高

中国社会企业主要分布在教育培训、助残、环境保护、能源、农业等多个行业，其中教育培训行业占比最高，达到 19.35%；其次是社会服务行业，占比 12.5%。助残行业、妇女儿童行业、文化艺术行业、互联网行业、扶贫领域、养老行业和医疗健康行业也是中国社会企业主要涉及的领域。这些领域大多是社会民生行业，也是中国社会问题较为凸显和复杂的领域。

创业案例

农业社会企业的摇篮：万春智汇·创客空间的创业之路

万春智汇·创客空间是以现代农业垂直领域孵化的专业型孵化基地，坐落于温江区万春镇天乡路社区天乡后街 51 号，占地面积 1 200m²，主要由东篱茶咖、核心企业区、伙

伴企业区和智汇火种孵化区四部分组成。该基地于 2016 年正式投入运用，采取"公建民营"的方式，由万春镇政府出资修建，由成都万春智汇孵化器管理有限公司负责运营管理。2016 年至今，为积极响应国家"精准扶贫"的号召，助力乡村振兴战略发展，万春智汇与空间企业分头协作，通过先进的技术和经营理念带动了很多贫困地区的农业发展。

该基地主要服务大学生、返乡农民工、青年职工、退伍军人等创业实体，积极创新"4+1+N"服务模式，创新"1+20+N"基地运营模式，"三+"创新理念模式，积极搭建创业孵化服务平台，协助孵化实体解决生产经营场地和基本办公条件；为孵化实体提供咨询、物业、商务、会展、信息、金融等服务；协助孵化实体办理开业手续，落实相关创业优惠政策；帮助孵化实体进行风险投资、项目申报、科技开发、企业策划、国际交流、专利技术转化；为孵化实体代理人事、工商、财政、专利、法律等相关事务；积极开展宣传工作，营造良好的创业环境与氛围；免费为孵化对象开展创业指导培训和企业管理业务培训，提供创业项目，提供经营管理服务，定期和不定期对经营者提供咨询服务。搭建企业成长全生命周期的产业链条，为企业提供集生产、经营、销售为一体的增值服务。

11.3.2　中国社会创业的瓶颈

目前，中国社会企业在发展过程中还存在几个瓶颈。

1. 合法性约束

中国社会企业作为新型社会组织，在发展过程中通常面临难以获得社会公众等利益相关者的认同与接纳的合法性障碍。可以说，缺乏规制合法性和认知合法性是中国社会企业的普遍难题。

一方面，中国社会企业缺乏规制合法性。目前我国社会企业注册形式主要有六类：①民办非企业单位（社会服务机构）法人，这是我国目前社会企业的主要注册形式；②公司法人；③社会团体法人；④公司法人和民办非企业单位（社会服务机构）法人两者兼有；⑤基金会法人；⑥事业单位法人。目前我国法律对社会企业还没有明确的定位，尽管个别地方出台了相关行政法规，但对社会企业的规制和引导作用仍然欠缺。

另一方面，中国社会企业缺乏认知合法性。尽管我国已经有很多社会企业，但这一特殊组织形式还远未得到社会的认同。仅有 62% 的社会企业表示非常愿意被称为社会企业，高达 22% 的社会企业表示不愿意被称为社会企业或对被称为社会企业存在顾虑。认知合法性的缺失也反映在社会企业的招聘上，76.6% 的社会企业表示在招聘方面存在困难。这是因为社会企业作为一种新兴事物，被大众认同还需要一定的时间。尤其是社会企业兼具公益组织和商业公司两种身份，注册的组织形式无法与社会企业的组织目标完全契合，导致受众在认知上容易形成偏差。

2. 融资约束

社会企业融资与其他创业企业融资一样，也会经历不同阶段。不同的是，社会企业通常会集合各种不同类型的资本，对应商业创业融资不同阶段的天使投资、风险投资和私募股权。我国社会企业融资生态尚未建立，社会企业创建阶段融资约束更突出。调研数据显示，64.52%的社会企业的创业资金主要来自自身储蓄，27.42%的社会企业创业资金主要来自亲朋好友，仅有14.92%的社会企业创业资金来自外部投资，这说明中国社会企业的发展急需投资支持。

从社会企业融资的典型形式——捐赠和公益创投来看，社会企业面临如下约束。第一，仅有42.3%的社会企业获得过捐赠，超过一半的社会企业无法获得捐赠。在捐赠资金来源方面，29.03%来自非营利组织或基金会，22.58%来自企业，17.34%来自个人，15.73%来自政府。在获得过捐赠的社会企业中，68.6%的社会企业是在2010年之后获得捐赠的。第二，尽管超过80%的社会企业希望引入公益创投，但事实上，仅有25.8%的社会企业获得过公益创投资金。之所以缺少公益创投的参与，一方面是因为我国公益创投数量少、规模偏小，另一方面是因为我国公益创投没有建立起真正的创业投资机制，也未能有效地利用自身市场化力量帮助社会企业实现规范和专业发展。除此之外，仅有37.5%的社会企业对公益创投的指导服务表示满意，35.9%的社会企业明确表示不满意。

3. 治理约束

中国的社会企业大多未建立起完善的治理结构，仅有26.61%的社会企业建立了股东会，22.98%的社会企业建立了董事会，45.56%的社会企业建立了监事会，而"三会"都建立的社会企业仅有6.5%。"三会"的不完善直接导致社会企业存在决策方式问题。绝大多数社会企业暂无正式决策机构，重要事务的决策或者由机构负责人决定，或者由全体成员协商决定，这在很大程度上降低了社会企业决策的科学性和高效性。

中国社会企业治理结构不完善主要有三个原因：一是社会企业家对企业治理机构重视度低，绝大部分社会企业家都认为没有必要关注内部治理结构；二是社会企业存在形式不规范，我国还缺少对社会企业的统一规范，使得社会企业治理结构的完善缺少外部动力；三是专业管理人才缺乏，社会企业普遍存在专业人才缺乏或从业人员专业知识缺乏的问题。

11.4 数字时代社会创业运行机制

数字技术的创新和普遍应用催生了一个全新的数字时代。在数字时代，数字化技术普遍应用于社会的生产生活中，不断推动社会范式的革新，构成一个产业系统、技术系统和社会系统高度优化，通过物联网连接所有人和事物，共享各种知识、信息，从而创造前所未有的新价值解决问题和困难，以社会效益最大化、风险成本最小化为特征的可持续发展的高度智能化的社会。可以说，数字时代是一个虚拟空间与真实空间、数字经济与实体经济高度融合的时代。数字化技术会分析大量数据，并将结果通过数字渠道反馈给人类，从而把以前无法实现的新价值带入人类社会。[一]

数字化技术颠覆了社会的生产生活及交互方式，数字时代的社会创业也开始以创新性的方法解决社会问题和社会痛点，强调利用数字化手段在社会问题和社会方案间建立起有机联系。[二]作为社会创新发展的驱动力，社会创业在数字时代的新场景中也显现出新的发展现状和发展格局。

11.4.1 数字时代社会创业过程[三]

社会创业过程研究大多集中于探讨社会创业机会识别、机会开发、机会实现等方面，数字社会创新强调如何利用数字技术提供更易复制、效能更高的解决方案，加速社会创业的过程。

1. 机会识别

机会识别无论在商业创业还是社会创业领域，都是创业研究的核心概念。因此，社会创业也将机会识别视为社会企业家进行创业的开端，其显著特征是要解决社会问题或创造社会价值。Zahra等（2008）提出了社会创业机会的五个关键特征，如表11-5所示，来区分社会创业机会识别和商业创业机会识别，即普及性、相关性、紧迫性、可获得性以及创新性。[四]

表11-5 社会创业机会的关键特征

关键特征	说明
普及性	人类社会需求的普遍存在
相关性	企业家的背景、价值观，拥有的技能和资源与机会相匹配
紧迫性	企业家对于不可预测性事件的迅速及及时的反应
可获得性	对通过传统的福利机制解决社会问题的困难的感知程度
创新性	社会企业有别于传统福利组织，为解决一个特定的社会问题，重大创新和社会变革是必要的

但在社会问题的识别上，传统社会创新场景具有封闭性，社会问题和解决方案只能在有限空间内进行漫长的匹配。而数字时代的社会创新利用互联网技

[一] 周玮生：跑步进入数字时代，百家号：中国日报网，2020年6月4日。
[二] 刘志阳，陈咏昶. 全数字技术-社会新范式：以区块链社会创新为例[J]. 东岳论丛，2020，41(8)：113-124+191-192.
[三] 刘志阳，李斌，陈和午. 企业家精神视角下的社会创业研究[J]. 管理世界，2018，34(11)：171-173.
[四] ZAHRA S A, RAWHOUSER H N, BHAWE N, et al. Globalization of social entrepreneurship opportunities[J]. Strategic Entrepreneurship Journal, 2008, 2(2):117-131.

术,连接不同地区、不同部门、不同文化背景下的利益相关者,其创业场景相对更开放,覆盖范围更广,信息的传播速度更快,能够加速待解决社会问题与解决方案的匹配。○

2. 机会开发

社会企业家进行社会创业机会开发主要涉及合法性构建、资源动员和社会创新三个重要方面。

(1)合法性构建。合法性来自文化一致性,在证明社会价值和获取资源方面很重要。社会企业家想要达成的社会变革,通常都会面临制度上的抵制。社会企业家在解决社会问题时运用的创新手法并不为人所熟知,因此获取合法性是社会创业成功的关键。数字时代社会创业强调通过数字技术构建支持者网络,提高资源参与自下而上的主动性,这增加了社会创业基于市场的社会问题解决方案的合法性,使社会创业过程足迹清晰、结果可回溯、影响力可量化。○

(2)资源动员。资源动员在创业过程中发挥着重要的基础性作用,因为大多数创业者都面临着资源约束,缺乏资本、原材料或专业知识充分开发创业机会。相比商业创业,社会创业面临着更加严重的资源约束,社会使命和经济回报之间的冲突、利润分配的约束以及制度环境的缺失都限制了社会创业中的资源获取。

资源的稀缺性是传统商业创业和社会创业都必须面对的困境。○与传统商业创业相比,社会创业在资源获取方面临着严重的资源约束。Desa 和 Basu(2013)指出,资源拼凑和资源优化是已有研究提出的两种重要手段。○但是,传统社会创新的资源只能在小范围内共享,数字社会创新基于网络传播效应,信息和资源可以被更多的人群熟知和享有。

(3)社会创新。社会创新作为一种社会导向的创新精神,是社会创业的内在特质。在社会创业中,社会创新一般表现在政治、经济和制度三个层面。在政治层面,社会创业者通过开展地方运动挑战传统权力,这种方法能够为边缘化群体赋能,增加他们的政治影响力;在经济层面,社会创业者通过商业模式创新等方式有针对性地解决问题,这种方法提供了解决问题的工具和资源,从而提高生产力和转变经济环境;在制度层面,社会创业者通过打破惯例改变当地的传统规范和认知,建立更好的制度环境和社会体系。

3. 机会实现

社会创业机会的实现主要体现在组织和制度两个层面。在组织层面,社会

○ 刘志阳,李斌,陈和午. 企业家精神视角下的社会创业研究[J]. 管理世界,2018,34(11):171-173.
○ 刘志阳,赵陈芳,李斌. 数字社会创业:理论框架与研究展望[J]. 外国经济与管理,2020,42(4):3-18.
○ 王晶晶,王颖. 国外社会创业研究文献回顾与展望[J]. 管理学报,2015,12(1):148-155.
○ DESA G, BASU S. Optimization or Bricolage? Overcoming Resource Constraints in Global Social Entrepreneurship[J]. Strategic Entrepreneurship Journal, 2013, 7(1): 26-49.

创业机会的实现体现为社会创业者建立社会企业或新型公益组织，包括社会企业的可持续发展能力、使命漂移等。社会企业的可持续发展能力是指社会企业能否实现长期生存的能力，这也是社会企业与传统公益组织的重要区别。社会企业的战略管理，市场能力，收入能力和吸引利益相关者、获得政府支持的能力都对其可持续发展能力有着重要影响。社会企业的使命漂移是指社会企业为了追求商业目标而偏离，甚至放弃其社会目标的一种现象。社会企业发生使命漂移的原因可能来自不同利益相关者的不同诉求压力。

在制度层面，社会创业机会的实现主要在于社会创业活动对地区和社会发展的影响，即社会创业能否利用可持续发展方式来推动社会问题的解决，有效融合商业创业和慈善公益的各自优势，实现消除贫困、赋能边缘化群体、社会变革、包容性增长、地区或社区发展等积极结果。

数字社会创新凭借网络技术支撑，推进了跨地区、跨部门的社会分工协作，淘汰了传统以第三方实体机构进行仲裁和评判的信用体系，能够缩短社会创新活动的流程，加速解决方案的产生和执行，推进社会创新的机会实现。

11.4.2　数字社会创业的运行机制[一]

传统社会创业由于由混合逻辑驱动，存在社会问题向机会转化的高壁垒，资源获取的高成本，跨部门合作利益的难协调以及社会影响力的难测度等一系列难题，导致社会问题解决方案无法被大规模复制。但数字技术颠覆了传统的社会创业方式。一方面，大数据、区块链、人工智能等新一代数字技术深度参与到社会生产的过程中，改变了传统的投入产出组合。另一方面，数字技术也串联了政府、企业、公益组织等在内的全社会各个部门，加速了信息传播的过程，推进了社会创新活动的开展。

当前，数字技术应用在社会实践领域成果斐然，展现出独特的数字社会创业机制。数字社会创业构成要素在运行中逐渐形成以数字社会创业平台及其自身治理为基础的平台主体结构，数字社会创业者和数字社会公民通过与数字社会平台和治理制度的相互作用影响社会创业实践，形成了"数字社会创业者-数字社会创业平台/数字社会治理-数字社会公民"的往复链条。这一过程塑造了机会-资源智能一体化、赋能-规制孪生化、混合价值共创化、社会影响力规模化的独特数字社会创业运行机制，如图11-2所示。

1. 机会-资源智能一体化

机会-资源智能一体化是指社会创业者在数字技术作用下能够快速准确地识别、获取和利用创业机会和创业资源。创业机会与创业资源两者互为条件、

[一] 刘志阳，赵陈芳，李斌. 数字社会创业：理论框架与研究展望[J]. 外国经济与管理，2020，42(4): 3-18.

不可分割。数字技术与社会价值主张的结合有助于创业者对社会问题的认识和把握,提高社会创业机会识别的有效性和资源获取的准确性。

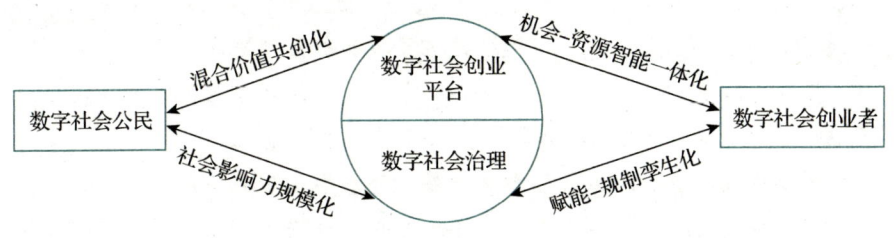

图 11-2 数字社会创业运行机制

资料来源:刘志阳,赵陈芳,李斌.数字社会创业:理论框架与研究展望[J].外国经济与管理,2020,42(4):3-18.

2. 赋能 – 规制孪生化

数字社会创业者和数字社会治理之间存在赋能和规制的同步效应。赋能是指增加个体或团体的资源和能力,使它做出有目的的选择,并将这种选择转变为具体实践的过程。它既包括权利的赋予,也包括能力的培养。

3. 混合价值共创化

混合价值共创化是指代表社会、政府、商业等不同部门参与者共同创造多元化价值的过程。数字社会创业平台的去中心化、无边界性、共享性强化了平台内的知识和价值的溢出,这种溢出效应在与数字社会公民群体的作用下解构、重塑、发酵,形成了更具大众代表性的新社会价值,完成了混合价值共创的过程。

4. 社会影响力规模化

社会影响力规模化是指社会创业者通过社会网络扩散社会价值,从而使他人意见、态度和行为发生变化的过程。数字社会公民的广泛参与和数字社会治理形式的多样性意味着开放的空间和灵活的模式,社会价值通过公民网络激发了社会创业内外部参与者追求社会目标的意愿,扩大了社会影响力的规模。

 创业标杆

博迅:数字技术助力消防革新与社会创业

新余博迅汽车有限公司(以下简称"博迅")利用数字技术在社会创业领域展开了积极的探索和实践。通过与北京航空航天大学等多家技术单位的合作,博迅首次成功实现了车载无人机高楼灭火,这一成就标志着博迅在消防领域的突破性进展。作为国内首家创建无人机侦察、破窗、灭火联合作战指挥系统的企业,博迅在消防装备、无人机、机器人及消防物联网等领域已获得110项专利。博迅致力于为消防和民生工程提供创新解决方案，特别关注基层消防的"最后一公里"问题。针对当前消防面临的"四难"社会问题（高楼难上、社区难进、危化品难近、山区难养），博迅设计并推广了智慧消防解决方案，从而提升应对能力和效率。在产品创新方面，博迅已建立了包括智慧消防车、无人机灭火系统以及智慧消防物联网系统在内的数字产品矩阵。此外，公司还创建了国内首家国家级应急消防科普教育基地，致力于推广消防安全知识和技术应用。

博迅不仅在技术创新上取得了显著进展，还获得了多方关注和认可。被评定为"2022年江西高成长性科技企业"和"潜在独角兽企业"，并成功吸引了包括北汽集团、中关村意谷、招商银行、长沙银行及江西省应急厅在内的多家重要客户的关注和合作。通过两次成功的资金募集，博迅得以进一步加强其技术研发能力和市场拓展战略，为未来的发展奠定了坚实基础。

资料来源：根据网络公开资料整理。

本章要点

- 社会创业的价值主要体现在弥补来自政府、市场和公益部门的"三重失灵"。
- 社会创业的特征包括混合价值驱动、整体创新性、跨部门合作和历史阶段性。
- 中国社会创业现状共有三个特征：多处于初创和成长阶段；社会企业家以高学历和商业背景者居多；社会企业行业分布较广，社会民生领域比重较高。但中国社会企业在发展过程中也面临着合法性约束、融资约束和治理约束的瓶颈。
- 数字时代社会创业的过程包括机会识别、机会开发和机会实现，其中机会开发包括合法性构建、资源动员和社会创新。
- 数字社会创业的运行机制主要由四个部分组成：机会-资源智能一体化、赋能-规制孪生化、混合价值共创化以及社会影响力规模化。

行动学习

根据本章所学社会创业知识，完成一份《中国社会创业发展情况》报告，内容包括中国社会创业发展现状、发展规模、行业分布、地域分布、社会创业者情况及政策法规等。

思维训练

1. 从发展目的、运营模式以及社会影响等方面，分析中国社会企业与国外社会企业的异同点。
2. 突破中国社会创业发展瓶颈的解决方法是什么？
3. 你认为应该如何促进中国社会创业的发展？

问题回顾

1. 阐述社会创业与商业企业、政府机构和非营利组织的异同点。
2. 阐述社会创业的本质特征。

参考文献

[1] DEES JG. The meaning of social entrepreneurship[J]. Corporate governance international journal of business in socicty, 1998(5): 95-104.

[2] AUSTIN J,STEVENSON H,WEI-SKILLER N J. Social and commercial entrepreneurship: same, different, or both?[J]. Entrepreneurship theory and practice, 2006, 30(1): 1-22.

[3] MAIR J,MARTI I. Social entrepreneurship research: a source of explanation, prediction and delight[J]. Journal of world business, 2006, 41(1): 36-44.

[4] SHORT J C, MOSS T W, LUMPKING T. Research in social entrepreneurship: past contributions and future opportunities [J]. Strategic entrepreneurship journal, 2009, 3(2): 161-194.

[5] HOSSAIN S, SALEH M A, DRENNAN J. A critical appraisal of the social entrepreneurship paradigm in an international setting: a proposed conceptual framework[J]. International entrepreneurship and management journal, 2017, 13(2): 1-22.

[6] 陈劲，王皓白. 社会创业与社会创业者的概念界定与研究视角探讨 [J]. 外国经济与管理，2007（8）：10-15.

[7] 刘振，杨俊，张玉利. 社会创业研究：现状述评与未来趋势 [J]. 科学学与科学技术管理，2015，36（6）：26-35.

[8] 傅颖，斯晓夫，陈卉. 基于中国情境的社会创业：前沿理论与问题思考 [J]. 外国经济与管理，2017，39（3）：40-50.

[9] 刘志阳，李斌，陈和午. 企业家精神视角下的社会创业研究 [J]. 管理世界，2018，34（11）：171-173.

[10] 刘志阳，李斌，陈和午. 社会创业与乡村振兴 [J]. 学术月刊，2018，50（11）：77-88.

[11] 刘志阳，王陆峰. 中国社会企业的生成逻辑 [J]. 学术月刊，2019，51（10）：82-91.